한국아동청소년상담학회 교육사각지대연구총서 1

RTi

중재반응(RTI) 기반
학습장애 진단 평가

Joseph F. Kovaleski | Amanda M. VanDerHeyden | Edward S. Shapiro 공저

김동일 역

박영story

This work was supported by
the Ministry of Education of the Republic of Korea and
the National Research Foundation of Korea (NRF－2017S1A3A2066303)

    학습장애 연구는 실제로 연구 이전의 가치문제와 법적, 제도적 정비와 밀접한 관련이 있습니다. 미국에서 학습장애 연구가 첫 번째로 붐을 이루게 된 것은 1977년부터 1982년까지 미국 교육부가 5개 대학의 연구소들에 대해 막대한 연방기금을 지원한 것이었습니다. 이 연구소들은 컬럼비아 대학, 시카고의 일리노이 대학, 캔자스 대학, 미네소타 대학, 그리고 버지니아 대학 등에 소재해 있었습니다. 각 연구소에 학습장애의 판별, 평가, 교육방법에 대한 막대한 연구비를 다년간 지원하였습니다. 특히, 이 시기에 연구비를 지원받아 미네소타 대학의 학습장애연구소(Institute of Research on Learning Disabilities)를 중심으로 학습장애 진단 및 평가에 대한 연구가 5년 동안 지속되었고 다양한 주제와 훈련받은 전문가를 배출하여 지속적으로 학습장애 분야의 발전에 기여하게 되었습니다. 본 역자도 미네소타 대학에서 박사과정을 이수하면서(1988 – 2003) 학습장애 진단 및 평가, 중재와 상담에 대한 "특수한" 관심을 가지게 되었습니다. 다음으로 학습장애 연구에 있어 기억할 만한 커다란 움직임은 2000년 미국 교육부 산하의 OSEP (Office of Special Education Programs)에서 학습장애의 진단 및 평가를 중심으로 학습장애 전문가를 초빙하여 2년에 걸쳐서 연구 작업을 수행한 것입니다. 그 결과 2001년 8월 미국 워싱턴에서 개최된 연구모임(Learning Disabilities Summit)에서 중재반응(RTI)에 대한 공식적인 합의와 2005년 IDEA 재승인에 대한 근거를 제시하였습니다(자세한 내용은 김동일 역, 학습장애 연구와 실제, 2010 참조).

중재반응(RTI)모델은 효과적 수업(중재)에 어떻게 반응하는가의 정도로 학습장애 여부를 판단하는 교육중심 평가 접근입니다. 반응도는 반응속도와 학업성취 수준의 두 가지 측면을 고려합니다. 일단 첫 단계에서 또래에 비해 심각하게 반응도가 낮은 학생에게는 다음 단계에서 효과적인 수업을 일정 기간 체계적이고 집중적으로 투입하면서 그 반응도를 추적해 갑니다. 이러한 집중적인 중재와 이후의 개별화 교육에 참여하였음에도 동등한 지적 능력의 또래들에 비해 효과적인 중재에 반응하는 정도가 심각하게 낮을 경우 이를 학습장애 위험군으로 진단하게 됩니다. 아직 우리나라 교육 기관과 상담 현장에서는 RTI기반 학습장애 진단 평가 매뉴얼이 완벽하게 준비되어 있지 않은 경우가 종종 있으므로, 이 책을 통하여 필요한 정보를 얻고 체계적인 지식을 가지는 것도 의미가 있다고 생각됩니다.

이 책을 내놓기까지 매우 많은 분들의 도움이 있었습니다. 교육사각지대 아동과 청소년을 위한 상담사와 교사 연수 워크숍을 직접 참여하고 운영해 준 서울대학교 연구원들, 그리고 정성어린 손길로 책을 만들어준 박영스토리 임직원 여러분께 진심으로 고마운 마음을 전합니다. 특히, 교육부와 한국연구재단이 지원하는 SSK중형단계 교육사각지대연구사업단을 운영하는 과정에서 학습부진 및 학습장애 전문가 양성과정에 참여한 여러 현장 교사와 상담사들을 기억하고자 합니다. 마지막으로 지속적으로 동참해준 독자 여러분들께 깊은 감사를 드립니다.

2021년 관악산 연구실에서

오름 김 동 일

powered by WITH Lab. (Widen InTellectual Horizon):
Education and Counseling for Children—Adolescents with Diverse Needs

중재반응(RTI) 기반 학습장애 진단 평가

저자 서문

24/7

2004년 장애인교육향상법(IDEIA)이 통과되면서 특히 일반 대중과 교직원에게 중재반응(RTI) 개념이 도입되었다. 이 법과 2006년에 그에 수반되는 규정들은 지역교육청으로 하여금 특정학습장애(SLD) 진단평가에 따른 특수교육 적격성 결정에 있어, 전통적인 능력－성취 불일치 접근법의 대안으로 학생의 RTI 평가를 사용할 수 있도록 대안을 제시하였다. 비록 이 용어 자체는 그 당시 상당히 새로운 것이었지만, RTI는 1975년 전장애아 교육법(EHA; Public Law 94－142)의 최초 제정 이래로 하나의 틀로 발전해왔다. 학생의 RTI 평가에서는 효과적인 중재의 제공을 필수적으로 요구하기 때문에, 2004년 장애인교육향상법(IDEIA)의 시행 전과 시행 후 모든 시점에서 학교 개혁을 위한 전체적인 틀로서 RTI에 많은 관심이 집중되었다. 실제로 많은 책과 논문, 그리고 교직원을 위한 전문적 워크숍 및 회의가 학교 개혁의 모델로서 RTI의 필수적인 특징으로 광범위하게 여겨지는 교육과정, 교수, 중재의 인프라에 집중되었다. 그러나 주 교육부가 개발한 정책 가이드라인을 제외하면, SLD(특수학습장애)가 있고 특수교육이 필요하다고 여겨지는 학생들에 대한 종합적 평가의 일부분으로서 RTI 활용에 대한 구체적인 절차가 많이 다뤄지지 않은 상태이다.

이 책은 그 공백을 채우기 위함이다. 우리는 SLD(특수학습장애) 학생을 위해 RTI를 활용하고자 시도하는 학교심리사들과 다른 다학제 평가팀의 구성원들을 위해 지침을 제공한다. SLD(특수학습장애) 위험군 학생들을 평가하기 위한 정의의 다른 측면들이 그 학생에 대한 종합적 평가를 도출할 수 있도록 조화를 이룰 수 있는지, 또한 어떻게 RTI가 평가될 수 있는지에 대해 일련의 실제적 절차 및 예를 제공하는 것이 우리의 과제다. 교수 시스템으로서 RTI 수행의 구성요소에 대해서는 많이 다뤄졌기 때문에, 우리는 RTI의 이러한 측면에 대해서는 자세한 정보를 제시하지 않을 것이다. 다만 RTI 수행에 필수적인 인프라에 관해서는 법에서 요구하는 교수 환경 분석의 기초 지식을 제공하고 독자들의 방향을 안내하기 위해 약간 다뤄질 것이다(제2장 참고). 오히려, 학교에서 RTI 실시에 관한 우리의 종합적인 경험과 연구에 기반을 두고, 최상의 실제라고 사료되는 기존의 SLD 연방 규정들과 그 평가 절차들을 해체하여 제시하고자 한다.

평가 시스템으로서 RTI에 대한 설명은 제1장에서 다뤄지는데, SLD(특수학습장애) 진단평가를 위한 요구조건에 대한 세부 정보들에 더하여 어떻게 RTI가 연방법에서 제도화되었는지 역사적 고찰로부터 시작한다. 개별 학생의 평가에 있어 정책입안자들로 하여금 SLD(특수학습장애) 학생들을 평가하는 전통적인 접근법(즉, 능력−성취 불일치)에서 탈피하도록 했던 광범위한 관심들, 그리고 그러한 평가 접근법이 어떻게 의도치 않게 전반적인 학교 교육에 해결되어야만 하는 부정적 결과를 초래했는지를 아는 것이 중요하다. 또한 이 장에서 RTI가 2001년 아동낙오방지법(NCLB)의 제정과 맥을 함께 하며 학교 개혁을 촉구할 수 있는 힘이 있었다는 점에서, 어떻게 전통적 접근법에 대한 실행 가능한 대안으로서 선호되었는지 다룰 것이다. 이 장에서 중재 과정 동안 수집된 학생의 데이터에 기초하는 종합적 평가의 일부분으로서 RTI의 이론적 근거를 제시할 것이고, 또 다른 광범위한 심리 검사들이 종종 불필요한 이유를 설명할 것이다.

이 책의 대부분에서는 SLD(특수학습장애) 판별을 위한 2006년 IDEA 규정의 구체적인 조건들에 초점을 두고, 규정에 명시된 순서대로 다룰 것이다. 그러나 제2장에서는 평가팀이 SLD(특수학습장애) 종합 평가의 일부분으로 RTI를 활용하기 위해 갖춰져야 하는 평가, 교수, 중재의 인프라를 설명하는 것으로 시작한다. 3단계 지원 모델에 기초하여, RTI의 "I"(Intervention: 중재)를 보장하는 핵심적인 교수와 보충 중재를 제공하기 위해 학교가 어떻게 구조화될 수 있는지 다룬다.

　　제3장은 SLD(특수학습장애) 요구조건의 첫 번째 구성요소를 다루는데, 그것은 연령 또는 주 표준에 비추어 학생의 학업 성취를 평가하는 것이다. 학교심리사들과 다른 평가 전문가들은 오랫동안 규준 참조 학업성취 검사를 활용하여 학생의 학교 수행을 평가해왔다. 비록 이러한 검사들이 RTI 시스템에 있어 고려 대상에서 제외된 것은 아니지만, 이 장에서는 교육과정중심측정(CBM), 교육과정중심사정(CBA), 교육과정중심평가(CBE)를 비롯하여, 교수 및 학습 과정과 밀접한 연관이 있는 평가 절차에 집중한다. 더불어 주 단위 시험 및 컴퓨터 기반 평가를 비롯한 다른 데이터의 활용에 대해 자세히 다룬다. SLD(특수학습장애) 위험군 학생의 수행과 일반적인 또래와의 수행 간의 격차를 다루는 구체적 절차에 대해 제시한다.

　　제4장에서는 강력한 연구 기반 중재에 대한 반응으로서 학생의 진전율(ROI)을 계산하는 구체적 절차를 다양한 실제 예와 함께 다룬다. 진전도 점검, 그래프 데이터 분석, 학생의 ROI 계산을 위한 방법을 설명한다. 더 나아가 학생의 평가된 RTI와 관련하여 결손 정도를 결정하는 변수들을 제시한다.

　　제5장은 평가팀에서 학생의 학업 성취가 SLD(특수학습장애)가 아닌 다른 임의적 요소로 비롯되는 것을 배제하는 방법(배제요소)을 설명하는 두 개의 장 중 첫 번째이다. 제5장에서는 시각적 결손, 청각적 결손, 운동상의 문제, 지적장애, 정서장애와 더불어 문화적, 환경적, 경제적 결손 혹은 제한된 영어 실력과 같은 경우를 배제하기 위한 조건을 설명하고, 이러한 경우를 증명하기 위한 평가 절차를 제시한다. 제6장에서는 학생의 학교 문제가 "교육의 결핍"으로 인한 경우를 배제하는 절차를 설명한다. IDEA 규정의 이 조항은 아마 연방법에 있어 가장 어려운 부분일 것이며, 시스템이 RTI를 활용하든 하지 않든 특수교육 적격성에 대한 모든 평가와 관련이 있다. 학교 팀이 핵심적인 교수 및 개별화된 중재의 충분함을 평가 및 증명해야 한다는 점과 더불어, 학생의 학업 성취에 대해 반복적 평가를 하고 그 결과를 부모에게 보고해야 한다는 점은 NCLB와 IDEA 간 연결점을 직접적으로 반영하고 있다. IDEA 규정의 이 부분은 이전 IDEA로부터의 가

장 중대한 변화를 나타내고, 제1장에서 자세히 설명하는 것과 같이 과거 반복의 의도하지 않은 결과를 직접적으로 해결하고자 하는 포부를 반영한다. 제6장에서는 적절한 교수의 부족을 배제하기 위한 구체적인 절차를 제시한다.

SLD(특수학습장애) 위험군 학생 평가에 대한 IDEA 규정은 해당 학생이 일반 교육 환경에서 관찰되어야 한다는 조건을 포함해왔다. 제7장에서 이러한 관찰을 수행하기 위한 최상의 실제를 설명하는데, 이는 종합 평가의 이러한 필수적인 측면이 종종 형식적인 방식으로 이뤄진다고 생각되기 때문이다. 또한 학생의 학업 수행수준을 이해하는 데 있어 보다 공식적인 관찰을 다른 학업 평가 데이터와 연결하는 방법을 제시한다.

제8장에서는 IDEA의 역사적 조항이었던 평가 절차에의 부모 참여를 가장 효과적으로 실시할 수 있는 방법을 다룬다. 이 장에서는 평가 결과를 부모에게 전달하고, 중재 팀에 부모를 포함하고, 중재에 대한 부모의 지원과 참여를 요청하며, 평가 과정 동안 아동 및 부모의 법적 권리를 보호하는 것과 관련하여, 현장에 기초한 아이디어들을 포괄한다.

제9장에서는 특수교육 적격성 결정을 위해 학생의 종합 평가에서 수집한 데이터를 어떻게 분석하는지 설명한다. RTI가 종합 평가의 일부분으로 활용될 때 어떤 학생이 특수교육에 적격한지 그 판단 기준을 다룬다. 이에 더하여 평가 과정에서 수집된 데이터가 어떻게 종합 평가 보고서로 통합되는지를 제시한다. RTI 접근법에 대한 예로 두 개의 사례 연구가 제시되는데, 하나는 (SLD로) 특수교육 적격성이 확인된 학생의 예이고, 다른 하나는 적격하지 않은 것으로 확인된 학생의 경우이다.

제정 이래 IDEA의 중요한 특징은 평가팀이 특수교육 적격성을 결정할 뿐 아니라 특수교육요구 학생을 위해 특별히 고안된 강력한 프로그램을 계획한다는 점이다. 제10장은 RTI 실시 과정에서 수집된 데이터가 어떻게 하면 학생의 학업 수행을 증진하기 위한 효과적인 개별화 교육 계획(IEP)을 작성하는 성과를 거둘 수 있는지 자세히 다룬다.

제11장에서는 학생의 특수교육 자격을 결정하는 데 있어 RTI를 활용하는

것과 관련하여, "자주 묻는 질문"의 형식으로 많은 법적, 실제적 적용을 다룬다. 특히 법적 대응, 그리고 학교 평가팀과 학교의 행정가들이 적격성 결정에 대한 전통적 접근법으로부터 RTI로의 변화를 가장 잘 다룰 방법을 관심 있게 다룬다.

이 책 전반에 걸쳐 초등학교(K-5)의 예를 주로 활용하는데, 이는 SLD(특수학습장애) 학생들이 이때 판별되기 때문이다. 그러나 이 책에 제시된 평가 절차와 결정에 대한 가이드라인은 중, 고등학생(K-12)까지 적용될 수 있다. 더불어 RTI 평가에서 다룬 내용들은 주로 읽기와 수학 영역에서의 어려움에 대한 예를 활용하는데, 이는 현재로서 해당 영역에서의 평가에 대한 실제가 가장 구체적으로 연구되었기 때문이다.

차 례

4장 **향상률 결정**

5장 **배제 조건**

6장 **배제 준거: 적절한 교육의 결핍**

7장 **관찰 평가**

8장 RTI 시스템의 학부모 참여

9장 학습장애 특수교육 적격성 결정

10장 IEP 작성을 위한 RTI 데이터 사용

11장 RTI와 특정학습장애에 대하여 자주 묻는 질문

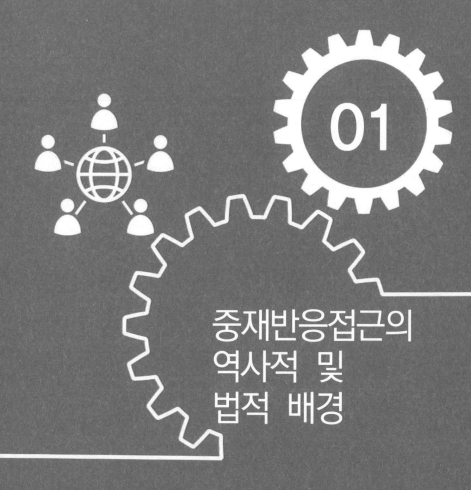

01

중재반응접근의
역사적 및
법적 배경

1장

중재반응접근의
역사적 및 법적 배경

　본 장에서는 1975년 장애인교육법(Education of the Handicapped Act; EHA; 공법 94-142)이 통과된 이래 법과 규정에서 특정학습장애(specific learning disabilities; SLD)라는 용어가 어떻게 사용되어 왔는가와 더불어 이에 따른 논쟁 및 의도치 않은 결과에 대해 살펴볼 것이다. 30년 이상 특정학습장애(SLD) 판별의 기초를 형성한 능력-성취 불일치 개념이 평판을 잃고, 중재에 대한 학생의 반응(response to intervention; RTI) 평가가 연방 정부의 승인을 받은 대안으로 떠오른 과정을 추적한다. 이러한 역사와 맥을 같이 하며, RTI에 역점을 두고, 장애인을 위한 교육법(Individuals with Disabilities Education Act; IDEA)의 현재와 이에 따른 특정학습장애(SLD) 판별을 위한 요구사항을 검토해 볼 것이다.

역사적 배경

장애인교육법(EHA)

1975년 장애인교육법(EHA)의 제정은 미국 공교육에서 획기적인 사건이었다. 이 법은 장애를 가지고 있고, 특수교육이 필요한 모든 학령기 아동에게 무상의 적절한 공교육(FAPE)을 보장하였다. 또한 이 법은 교육청이 각 학군에 이러한 프로그램과 서비스를 받을 자격이 있는 모든 학생을 판별하기 위한 "아동 찾기" 활동을 수행하도록 했으며, 어떤 학생이 적격성이 있는지를 결정하는 장애 조건 목록을 명시했다. 첫 장애인교육법(EHA) 규정이 발표된 이후 1977년에 새로운 법이 시행되었다. 법과 규정 모두 장애 목록에 특정학습장애(SLD)를 포함했다. 이 용어는 10년 전 Samuel Kirk(1962)에 의해 만들어졌다. 법에서는 특정학습장애(SLD)를 다음과 같이 정의하고 있다.

구어나 문어의 이해나 사용과 관련된 기본적인 심리과정에서의 장애로 인한 듣기, 말하기, 읽기, 쓰기, 철자, 산술 능력의 결함을 지칭한다. 지각장애, 뇌손상, 미소뇌기능장애, 난독증, 발달적 실어증 등을 포함한다. 시각·청각·운동 장애나 지적장애, 정서장애 또는 환경적·문화적·경제적 불이익으로 인하여 학습에 어려움을 보이는 아동은 포함하지 않는다(§620[b][4][a]).

1977년 규정에서는 현재 잘 알려진 조항과 더불어 해당 정의를 사용한다.

다음의 경우에 팀은 아동을 특정학습장애로 진단할 수 있다. (1) 아동의 나이와 능력 수준에 적절한 학습 경험이 제공되었음에도 불구하고, 본 섹션의 (a)(2)에 열거된 아동의 연령 및 능력 수준에 상응하는 성취를 보이지 못하는 경우. (2) 다음 중 하나 이상의 영역에서 능력과 성취 간의 심각한 차이를 보이는 경우: (i) 구어 표현, (ii) 듣기 이해, (iii) 쓰기 표현, (iv) 기본적인 읽기 기술, (v) 읽기 이해, (vi) 수학 계산, (vii) 수학 추론(미국 교육부[USDOE], 1977년, p. 65083).

이 조항에서 주목할 만한 것은 특정학습장애(SLD)로 판별된 학생들이 그들의 평가된 능력에 근거해 예상치 못한 수준의 학업 성과를 보여줄 것이라는 개념이다. "지능"이라는 용어는 법률이나 규정에서 사용되지 않았지만, "능력 수준"이라는 용어는 실무자들이 지적 기능으로 변환하여 능력을 위한 대용물로 사용됐다. 따라서 학업에서는 실패했지만 표준 미달의 IQ를 가진 학생들은 학업 능력이 평균보다 훨씬 낮을 것으로 예상되기 때문에 적격성이 있다고 여겨지지 않을 것이다. 능력-성취 불일치를 보인 학생들만이 특정학습장애(SLD)를 가졌다고 여겨질 것이다. 이러한 능력-성취 불일치를 어떻게 수량화할지는 정부에 맡겨졌으며, 일반적으로 이 책임을 지방 교육 기관(LEAs)에게 전가했다. 그 결과, 특정학습장애(SLD)는 학군에 따라 전반에 걸쳐 어떻게 시행될 것인가에 대한 지침이 거의 없이 도입되었다.

장애인교육법(EHA)의 여파

특정학습장애(SLD)라는 용어의 사용은 특히 연방 정부로부터 자금을 지원받는 미네소타 대학의 학습장애연구소(특정학습장애(SLD)를 연구하기 위한 자금을 지원받는 여러 국가 기관 중 하나)에서 수행된 일련의 연구에 의해 거의 즉각적으로 도전을 받았다. 연구소에서의 5년간의 연구를 요약한 논문에서 Ysseldyke와 동료들(1983)은 학습장애(LD)라는 용어를 사용하면서 다음과 같이 보고하고 있다.

- "특수교육팀의 의사결정 과정은 좋게 말해 일관성이 없으며 … 팀의 노력은 대개 '질병을 발견'하는 데 초점이 맞춰져 있다(77쪽)."
- "팀이 내린 배치 결정은 … 수집된 학생의 자료와 거의 관계가 없다(78쪽)."
- "현재는 학생이 학습장애(LD) 서비스를 위한 적격성을 갖춘 것으로 결정하는 데에 대한 방어체계가 없다(79쪽)."
- "일반학급에서 저성취를 보이는 학생에게 흔히 사용되는 학습장애(LD)의 정의를 적용했을 때, 3/4 이상이 적어도 하나의 정의에 따른 학습장애(LD)로 분류될 수 있었

다 … 학교에서 학습장애(LD)로 판별된 많은 학생이 적어도 하나의 기준에 의해 학
습장애(LD)로 분류되지 않았다(79쪽)."

- "학습장애(LD)로 진단받은 학생과 단지 저성취로 여겨지는 학생 간의 신뢰할 만한
심리측정학적 차이가 없다(80쪽)."

특정학습장애(SLD)로 학생을 판별하는 데 사용된 접근법이 일관성이 없기
때문에, 그렇게 확인된 학생의 수가 급증할 것이라고 예측될 수 있었다. 실제로
1977년과 1990년 사이에 특정학습장애(SLD)로 판별된 학령기 인구의 비율은
1.8%에서 5.2%로 증가했다(USDOE, 2010; [그림 1.1] 참고). 특정학습장애(SLD)로 진
단받은 학생 수의 급격한 증가는 장애인교육법(EHA)의 의도하지 않은 결과, 특
히 특정학습장애(SLD) 구성에 의해 가속화되었다. 평가 진행 신호로 나타날 수
있는 특정학습장애(SLD)의 전형적인 증상이 특정학습장애(SLD)의 존재에 대한
특이하거나 구체적인 지표가 아니라는 사실에 대해서는 거의 관심을 기울이지
않았다. 즉, 가장 흔한 "증상" 중 하나인, 책을 읽는 능력이 떨어지는 것은 장애
를 가진 아이들과 아무 관련이 없는 다양한 이유로 발생할 수 있다. 특정학습장
애(SLD) 진단은 그 후 부적절한 지시와 같은 학업 성취의 다른 원인들을 배제하
는 과정이 되었고, 시스템은 그러한 배제 판단을 위한 강력한 절차를 갖추지 못
했다(이러한 진단의 어려움과 권장되는 절차에 대해서는 6장에서 다룬다). 또한, 특정학
습장애(SLD)로 아동을 진단하는 것이 전문화된 교육과 지원이 될 것이고, 진단이
이루어진 후 학생의 학습은 지속적이고 긍정적으로 향상될 것이라는 지나친 낙
관론이 있었다. 마지막으로 진단을 하는 사람들이 종종 기대보다 낮은 수행수준
을 보이는 바로 그 학생을 가르치려고 했던 사람들과 같은 사람들이라는 점에서
잠재적인 편견이 있었다. 기본적으로 좋은 의도를 지닌 교육자들은 진단이 학습
을 향상시킬 것이라고 믿었고, 일반 교육 교실에서 학생들의 학습을 향상시키기
위해 그들이 할 수 있었던 것을 해왔다고 느꼈으며, 체계적으로 과잉진단
(overdiagnosis)을 선호하는 구조가 있었다.

교사들은 일반교실에서 제공되는 것 이상의 특별한 교수기술이 필요하다고

알려진, '숨겨진 장애'에 민감해지기 위해 예비교육과 서비스 수준에서 훈련을 받았다. 기초기술에 능숙하지 못한 많은 학생들을 항상 직면했던 교사들은 그들이 세심한 교육을 필요로 하는 어떤 학생보다도 효과적으로 가르치는 것이 불가능하다고 믿게 되었다. 오늘날 학생들의 요구에 맞는 강력한 증거 기반 교육(즉, 차별화된 교육)을 제공하는 데 있어 보편적으로 받아들여지는 특징과는 대조적으로, 이 시기의 교사들은 학생들이 "그들이 필요한 도움을 받을 수 있도록" 특수교육에 배치되는 결과로 이끌 수 있는, 검사에 의뢰하는 것을 통해 가장 큰 도움을 받게 될 것이라고 믿었다. 또한 많은 교육자들은 평가를 통해 확인할 수 있고 특수교육 실행으로 이어질 수 있는 고유한 적성─치료 상호작용(aptitude─by─treatment interactions ATIs)이 있다고 믿었다(Reschly, 2008). 예를 들어, 판독 결함이 있는 학생들이 시각─동작 통합 시험(예: 벤더 시각─운동 게슈탈트 검사(Bender Visual─Motor Gestalt Test), Koppitz, 1963년)에서 좋지 않은 수행을 보인 경우, 읽기 어려움의 원인이 시각─운동(처리) 문제로 가정되었다. 그 이론은 학생의 부족한 처리를 향상시키면, 본질적으로 읽기 수행을 방해하는 장애물이 제거되기 때문에 즉각적으로 읽기 능력을 향상시킬 수 있다는 것이었다. 특히 특수교육에 있는 학생은 읽기 기술을 향상시키기 위한 노력으로 비문맥적인 시각적─동작 훈련을 받을 것이다(예: Frostig & Horne, 1964). 안타깝게도 이러한 활동에 참여하여 교육 경력을 쌓은 수많은 학생들에게 있어서, 경험적 연구는 그러한 접근 방식을 지지하는데 지속적으로 실패했다(Kavale & Mattson, 1983; Myers & Hammill, 1976).

1980년대 후반까지, 많은 연구자들과 정책 전문가들은 특정학습장애(SLD)를 가진 학생들의 걷잡을 수 없는 증가는 정확한 아동 발견보다는 장애를 가진 학생들의 과다 선별을 반영하는 것이라고 추측하기 시작했다. Rosenfield(1987)는 특정학습장애(SLD) 학생으로서 특수 교육을 받을 자격이 있는 많은 학생들이 실제로 "교육과정 피해자들(27쪽)"이며, 이는 그들의 결손이 일반교육에서 더 효과적으로 예방되거나 교정될 수 있음을 암시한다.

영향력 있는 논문에서 Madeline Will(1986)은 교사가 모든 학생을 효과적으

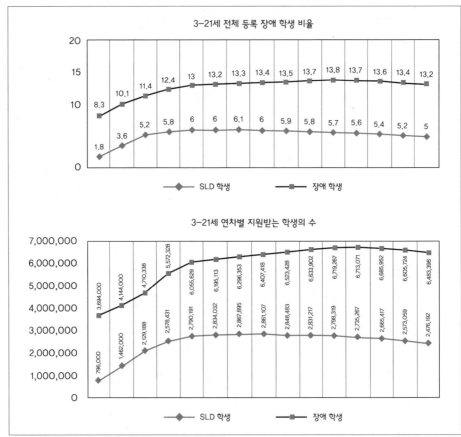

그림 1-1 **장애인교육법(EHA)이 통과된 이후 특정학습장애(SLD)로 확인된 학생들의 비율이 증가함**

출처: 미국 교육부, 특수교육 프로그램 부, 장애인 교육법 시행에 관한 의회 연례 보고서, 1979년
부터 2006년까지 선택된 해에서, 장애인 교육법(IDEA) 9월 13일, 2010, www.ideadat-
a.org/PartBdata.asp. 공립초등학교 및 중등학교 시스템 통계, 1977년과 1980년; 공통자료
(CCD), "공립 초/중등교육의 국가비재정조사", 1990년 9월~2008-2009년(2010년 9월 표).

로 교수할 수 있도록 지원을 받는다면 특수교육을 위한 판별 없이 특정학습장애
(SLD)로 판별된 많은 학생이 일반학급에서 적절하게 지원을 받을 수 있다는 생
각을 잘 담아냈다. "일반교육주도(regular education initiative; REI)"는 학생의 필요
에 의해 주도되는 학교중심(building-based)교육 프로그램, 조기 판별 및 중재,

증거 기반 교수 실제를 포함한 많은 지원을 포함하고 있다. 일반교육주도(REI)의 결과로, 다양한 구조의 팀(예: 교수지원팀, 교수자문팀)에서의 문제해결모델 사용, 특수교육에서의 팀 티칭, 장애학생의 일반교육 통합 증가 등을 포함하는 오늘날 친숙한 많은 프로그램과 절차가 시작되었다. 이러한 시책들 중 다수는 특수교육 고려사항에 선행해 학생의 학업 부족을 해결할 수 있는 향상된 일반교육 환경을 만들어 특수교육(특히 특정학습장애(SLD)로 판별된 학생)의 수를 줄이려는 의도였다.

이러한 프로그램 중 다수가 바람직한 결과를 얻었지만(Hartman & Fay, 1996; Kovaleski & Black, 2010), 특정학습장애(SLD) 학생의 수는 1990년대 내내 1990년도의 5.2%에서 모두 높은 수준으로 계속 증가했고, 2000년대에는 역대로 가장 높은 6.1%였다. 능력－성취 불일치가 연방 규정에서 특정학습장애(SLD)의 판별을 위해 확인된 유일한 절차이기 때문에, Yseldyke와 동료들(1983)이 과잉진단을 불러일으키는 평가 절차와 관련된 문제를 확인했다.

미국장애인교육법(IDEA) 1997

1997년까지, 과도한 판별에 대한 우려가 만연해 있어서, 교육청에서 "읽기 또는 수학 교수 결핍"의 결과로서 학생들을 장애가 있는 것으로 판별하는 것을 금지하기 위한 조항이 미국장애인교육법(IDEA)에 추가되었다(IDEA 1997, §614 [b][5]). 이 조항은 단순히 학생들이 학교에 가지 못하는 상황(예: 노숙 또는 단기체류 때문)뿐만 아니라 비효과적인 교육으로 인해 학습하지 못하는 학생들을 더 특별하게 반영했다. 미 상원에 대한 미국장애인교육법(IDEA) 개정 위원회에 대한 보고서는 그 당시 의회의 생각을 보여준다.

이전에는 적절한 학업 지원을 받지 못했기 때문에 장애로 판명될 가능성이 높은 아이들이 상당히 많다. 그러한 아이는 종종 학습 장애가 있는 것으로 판명된다. 왜냐하면 그 아이는 적절하거나 효과적인 방법으로, 읽기 핵심기술을 배우지 못했기 때문이다. 따라서 이 법안은 아동의 적격성을 결정할 때, 그러한 결정의 결정적인 요인이 읽기나 수학의 교육이나 제한된 영어 능력의 부족이라면, 장애를 가진 아동으로 결정해서는 안 된다고 명시하고 있다. 위원회는 이 규정이, 실제 교육적 어려움이 다른 원인에서 비롯되어서 특수교육에 부적절하게 포함되는 아동이 적어지게 될 것이고, 학교들이 저학년에 더 많은 관심을 집중하도록 이끌 것이라고 생각했다(S. Rep. No. 105-17, 1997, 19쪽).

의회의 의도는 분명하게 두 가지였다. (1) 특정학습장애(SLD)로 잘못 식별된 학생 수를 제한하기 위한 것과, (2) 다학문평가 팀이 효과적인 교육을 제공하지 않은 상황을 배제하도록 요구함으로써 그렇게 하도록 하는 것이다. 여기서 흥미로운 점은 오인에 대한 우려가 1975년 장애인교육법(EHA)의 특정학습장애(SLD)의 원래 정의에 반영되었다는 것이다. 규제에서는 특정학습장애(SLD)로 간주되는 아동이 다른 배제 요인 외에도 "아동의 나이와 능력 단계에 적절한 학습 경험"(§121a.541[a][1])을 제공받아야 한다고 규정했다. 즉, 원래의 법조차도 장애 이외의 원인이 학업적 결손을 초래할 수 있다는 것을 인식하고, 장애를 결정하기 전에 적절하고 효과적인 일반 교육이 필요하다는 것을 인정했다. 그러나 그러한 개념은 대부분 실무자들에 의해 무시되었고, 1997년 미국장애인교육법(IDEA)의 교육 부족을 배제하는 것에 대한 강화로 이어졌다. 그럼에도 불구하고 교육 부족에 대한 규칙 제정이 어떻게 이행되어야 하는지는 실행되지 않았으며, 실행에서 이 규정은 다시 무시되었다. 게다가 1997년 미국장애인교육법(IDEA)은 능력-성취 불일치를 특정학습장애(SLD)로 학생들을 식별하는 유일한 옵션으로 유지했고, 그래서 문제는 지속되었다.

전반적인 기초학력 부진에 대한 우려

이 기간 동안 과잉판별에 대한 우려는 기초 학력에 있어서 미국 학생들의 전반적인 숙달도가 부족하다는 전국적인 우려와 일치했다. 이 점에서 위기에 처한 미국(Nation at Risk; National Commission on Excellence in Education, 1983)의 보고서는 종종 미국의 학생들이 다른 선진국 학생들과 같은 수준을 맞추는 데 실패한 것에 초점을 맞추고 있기 때문에 주된 자료로 인용된다. 이 보고서에는 미국 학생들의 학업수행 하락의 직접적인 원인으로 낮은 기준, 낮은 기대감, 비효과적인 교수가 인용되었다. 이러한 우려의 대부분은 기본 기술로 보이던 읽기에 초점이 맞추어져 있었고, 읽기 이론가들이 어떤 교육이 능숙한 학습자를 만드는 데 가장 효과적인지에 대해 논쟁했던 소위 "읽기 전쟁"의 주제였다. 두 개의 중요한 수탁 보고서가 2000년과 2001년에 발표되었다. 첫째, 미국 교육부가 국립읽기패널(National Reading Panel)을 의뢰한 것이다. 국립읽기패널(National Reading Panel) 보고서는 2000년에 발간되었고 읽기에서 "다섯 가지 중요한 개념"을 명시했다. 보고서에서 읽기에 관한 철학 논쟁을 끝내려고 시도했고, 연구-기반 교수의 판별과 사용에 국가적인 초점을 선도했다. 이 보고서는 내용뿐만 아니라 논의를 전환하는 데 중요한 역할을 한 점에서 의의가 있다. 읽기 교육이 연구에 의해 효과성이 입증되어야 하며, 단순하게 읽기 실패 문제에 수동적으로 반응하는 것이 아니라 적극적으로 예방하는 데 있다는 점을 강조했다. 2002년에 대통령 특수교육 위원회에서 작성한 두 번째 수탁 보고서가 나타났다. 이 보고서는 학교가 아이들을 특히 소수민족 학생들을, 특별히 특수교육에 과잉 배치하는 것에 대해 경보를 울렸으며, 부분적으로 적격성 결정을 위해 연구기반 교수 사용의 필요성을 강조했다. 대통령 특수교육 위원회는 특별히 중재반응접근(RTI) 절차 사용을 요청했다. 우리는 이러한 발견들을 아래에 자세히 설명하지만, 우선 중재반응접근(RTI)의 발판을 마련하는 핵심 정책과 입법 과정에 대해 계속 다룰 것이다.

이러한 경향은 2001년에 '아동낙오방지법(No Child Left Behind)'으로 유명한 미국 '초중등교육법'의 개정으로 절정에 이르렀다. 아동낙오방지법(NCLB)은 학교가 과학(연구)으로 기반을 둔 교수 절차를 사용할 것을 요구했다. "과학적 기반"이라는 용어는 그 법에서 100회 이상 등장했다(Sweet, 2004). 사실, 이 법의 한 절에서는 효과적인 읽기 교수법을 국립읽기패널(81208[3])에 의해 명시된 다섯 가지 주요 개념들을 통합시킴으로써 정의했다. 이 법은 또한 적절한 연간 진전도(adequate yearly progress; AYP)로 정의된 중간 목표와 함께, 학교가 학생의 수행을

100% 달성할 수 있도록 2013-2014년으로 목표 일정을 정했다. 1997년 상원 보고서에 반영된 바와 같이 교육이 개선되어야 한다는 의회의 이해는 이 시점에서 완전히 법제화되었고, 일반교육도 똑같은 상황에 놓였다. 의회는 이 메시지가 주요 국가 교육법(NCLB와 IDEA)에서 모두 반영되어야 한다는 것을 이해한 것이 분명했다.

능력-성취 불일치 접근법에 대한 우려

한편, 특수교육 측면에서, 두 가지 주목할 만한 사건은 특정학습장애(SLD)에 대해 진행 중인 소요와 직접적으로 관련이 있는 새로운 세기 초에 일어났다. 2001년 "학습장애(LD) 정상회의"에서는 현재 특정학습장애(SLD) 판별 현황을 파악하고 법률 및 실천 요강의 변화를 권고하기 위해 많은 연구자와 정책 전문가를 모았다. Bradley, Danielson, Hallahan(2002)이 요약한 바와 같이, 학계 전문가들은 학업적 어려움이 격차가 심각하게 증가될 때까지 저학년에는 특정학습장애(SLD)로 판별되지 않기 때문에 "실패할 때까지 기다리는(wait-to-fail)" 모델로 특징되는 능력-성취 불일치 접근을 비판했는데, 이 학생들은 나이가 들고 오랜 기간 동안 실패를 경험했으며 학업수행을 따라잡을 가능성은 낮았다. 여기서 주목해야 할 것은, 저자들이 초등학교에서 특정학습장애(SLD)를 받은 학생들을 더 많이 식별하기 위해서가 아니라, 형성되는 시기에 튼튼한 조기 중재가 학생들의 학업 성취를 불러일으키고, 특정학습장애(SLD)로 판별될 필요성을 예방할 수 있다는 기대를 요구하고 있다는 것이다.

회담 참가자들은 또한 이러한 시험들이 종종 장기적인 학업 성공(예: 음운 인식, 수 인식)을 예측하는 중요한 교육적 결과를 평가하지 않았다고 언급하면서, 일반적으로 사용되었고 때때로 여전히 능력-성취 불일치를 결정하는데 사용되는 실제 평가 관행을 비판했다. 대신에 평가는 종종 IQ 추정에 집중되며, 이러한 평가는 대상 학생들에게 유용한 교육적 권고로 이어질 수 없다.

IQ 검사는 종종 장기적인 학습 성공을 예측하는 중요한 교육적 성과
(예: 음소 인식, 수감각)를 평가하지 못한다.

"IQ 검사"의 사용에 대한 우려는 1990년대에 실시된 여러 중요한 연구에 기초했으며, 이는 학습과 관련된 많은 다양한 것에 능력−성취 불일치를 가진 학생이 능력을 보여주지 못한 학생(소위, 느린 학습자)들과 차별화될 수 없다는 것을 보여준다(예: Torgesen et al., 1999; Vellutino, Scanlon, 2000). 특히, IQ는 학생들이 나이에 맞는 읽기 기술을 습득할 가능성이 높은 예측 변수가 되지 않는 것으로 나타났다. 이 학습장애(LD) 전문가 위원회(summit)에 대한 연구를 검토하면서, Fletcher와 동료(2002)는 학습장애(LD)를 가진 학생들이 IQ−성취 불일치를 기반으로 한 것은 아니지만 다른 학생들(ADHD)과 구분될 수 있다고 결론지었다. 이 연구에서 특히 주목할 만한 것은 IQ가 낮은 학생들이 강력한 개입을 제공하면 실제로 연령에 맞는 읽기 기술을 얻을 수 있다는 것이다. 그러나 능력−성취 불일치를 보인 학생들에게만 특수 교육 서비스를 제공하는 시스템에서는, 불일치를 보이지 않는 저성취(예: 고위험군) 학생들이 특수교육서비스를 받는 데 체계적으로 거부되었다. 이러한 상황은 불공정하고 비논리적으로 보였으며, 경험적으로 적절한 수준의 지원을 받은 적이 없는 구체화된 개념에 근거를 두었다. Kelman과 Lester(1997)가 취한 입장을 반영한 Stanovich(1999)는 특히 비평적으로 이 문제를 다루었다. "불일치모델의 옹호자들은 IQ에 미치지 못하는 성취 수준의 학습자를 지원해야 하는 사회적 의무를 강조하는 사회정의 이론에 대해 관심이 없고, 이 학습자들의 낮은 성취 수준만 그냥 강조한다". 여기서 문제는 어떤 학생들이 특정학습장애(SLD)를 가지고 있느냐 하는 것이 아니라, 그러한 학생들을 구별하기 위한 분명한 표시가 있어야 하는 것처럼 보이기 때문이다. 결국 이 문제는 기대보다 낮은 성취라는 개념이 타당한가이다. 정책 입안자, 연구자 및 실무자들 사이에서 중요한 학습 목표를 달성하기 위해 지원이 필요한 모든 학생에게 숙련되고 효과적인 중재를 제공할 의무가 있다는 데 합의가 이루어졌다.

중재반응접근(RTI)

기초 기술을 습득하지 못한 학생들에게 강력한 중재를 제공하는 문제를 해결하기 위해, 학습장애(LD) 정상회의(summit) 참가자들은 특정학습장애(SLD) 가능성이 있는 학생들을 평가하는 대체 절차로 중재반응접근(RTI)을 사용할 것을 권고했다. 즉, 중재 지원의 필요성을 나타내고 그 다음 높은 수준의 충실도로 제공되는 효과적인 교육에서 그들의 성과를 향상시키지 못하는 학생들은 특수 교육 서비스가 가장 필요한 학생으로 간주될 것이다.

학습장애(LD) 정상회의의 결론, 특히 중재반응접근(RTI)의 사용에 대한 지지는 대통령 특수 교육 위원회에서 재차 강조되었는데, 2001년에 의회에 예정되었던 재승인 미국장애인교육법(IDEA)에 대해 조언하기 위해 통과되었다. 위원회는 특수교육의 상태에 대한 광범위한 증언을 듣고 많은 권고안을 내놓았다. 위원회는 2002년 보고서에서 현재의 특수교육 시스템이 결과보다 절차와 준수(즉, 학생 학습)를 중시하며, 특수교육의 결과를 개선하기 위해 엄격한 연구기반 관행을 사용할 것을 요구했다. 위원회는 또한 장애 학생을 판별하는 데 사용되는 범위 절차, 특히 특정학습장애(SLD) 학생 식별에 대한 지능 검사 사용을 비난했다.

위원회는 특정학습장애(SLD)의 존재를 평가하는 현재의 방식이 바뀌었다는 과학적 문헌 증언을 반복하여 전문가의 권고를 전적으로 지지한다. 위원회는 IQ 성취 불일치(및 IQ검사)가 학습장애(LD)가 있는 아동을 판별하기 위해 꼭 필요한 것은 아니라는 것을 나타내는 현재 연방 규정을 개정하기 위한 적절한 조치를 취할 것을 권고한다. IQ 검사를 판별과정에서 제외시키는 것은 특수교육에서 학생들의 적격성 여부에 초점을 맞추는 것에 중점을 두는 것에서 학생들이 성공적으로 배워야 할 중재를 제공하는 쪽으로 전환시키는 것으로 도움이 될 것이다. 특히 IQ 검사 결과와 중재 결과 간의 유의미한 상관이 있음을 나타내는 증거의 부족과 IQ 검사에 소요되는 비용을 고려할 때, 경도 지적장애인 경우를 제외하고는 경도 장애를 가진 아동을 대상으로 IQ 검사를 실시하는 것은 정당화하기 어렵다(25쪽).

학습장애(LD) 정상회담 보고서와 마찬가지로 위원회 보고서는 중재반응접근법(RTI)을 특정학습장애(SLD) 결정에 있어 선호되는 평가 절차로 사용한다고 했다.

위원회는 고빈도장애 아동의 판별 절차를 간소화할 것을 권고하고 있다. IQ 검사와 성취검사에 대한 의존도를 낮추고 교실에서 학습과 행동을 반영하는 평가를 권장한다. 판별과정의 핵심 요소, 특히 교육의 필요성을 확립하고 이 결정을 덜 주관적으로 만들기 위해서는 교수에 대한 아동의 반응이 신중한 평가가 되어야 한다(26쪽).

비록 중재반응접근법(RTI)이라는 용어를 학습장애(LD) 정상회의와 대통령 특수교육 우수위원회 보고서에서 도입하였지만, 보다 기능적이고 교실기반 평가가 될 수 있고 특수교육 적격성이 있는 학생들을 판별하는 데 사용되어야 한다는 개념이 장애인교육법/미국장애인교육법(EHA/IDEA)의 적용과 동등하게 역사를 나란히 하고 있다. 1970년대 자료 기반 프로그램 수정(Deno & Mirkin, 1977) 및 교육과정 기반 평가(Gickling & Havert), 교육과정 중심측정(CBM; Deno, Marston, & Tindal, 1986)의 개발을 통해 직접적인 학업기술 평가를 체계화하기 위한 노력이 시작되었다. 사실 1983년까지, Ysseldyke와 동료들은, 앞에서 언급한 학습장애(LD) 연구소의 연구에서, 교육과정중심측정이 교수에 대한 정보 제공과 보다 중요한 적격성 결정, 둘 다에 기술적으로 적합하다고 결론지었다. 이러한 절차들이 장애인교육법(EHA)의 초창기 동안 능력－성취 불일치 접근방식이 아니라 특정학습장애(SLD) 판별을 위한 기본 평가 관행이 되지 않은 것은 유감스러운 일이다. 그럼에도 불구하고, 이러한 직접 평가 절차는 출간된 연구들에서 기술적 적합성에 대해 인용되는 지속적인 지지를 받아오며 지난 30년 동안 계속해서 개발되었다.

미국장애인교육법(IDEA) 2004/2006

2004년 IDEA 재허가로 특정학습장애(SLD)에 대한 국가적 격동이 정점에 도달했다. 2004년 법의 재허가를 위한 준비과정에서 앞서 설명한 이슈들은 분명히 의원들의 마음에 있었다. IDEA(S. Rep. No. 108-185, 2003)에 대한 상원 보고서에서 지적했듯이, 상원의원들은 특정학습장애(SLD) 학생 식별과 관련된 문제들이 미국 학교 아동의 기본적인 기술 습득에서 전반적인 실패와 위험에 처한 학생들을 적절한 수준으로 숙달시키는 과학적 기반을 둔 읽기 교수의 효과성 연구의 인식을 나타낸다.

> 판별 과정의 핵심 요소, 특히 교육의 필요성을 확인하고 이 결정을 덜 주관적으로 하기 위해 교수에 대한 아동의 반응을 신중하게 평가해야 한다.

위원회는 너무 많은 아동들이 특수 교육 및 관련 서비스를 필요로 하는 것으로 밝혀지고 있다고 크게 우려하고 있으며, 미국장애인교육법(IDEA)에 따른 특수교육 서비스에 학생들이 부적절하게 판별되는 것을 막기 위한 방법을 모색해 왔다. 연구는 적절한 조기 정규 교육 중재를 통해, 많은 아동들이 특수 교육 서비스를 필요로 하지 않고도 정규 교육 환경에서 효과적인 수행 방법을 배울 수 있다는 것을 보여준다. 이 절차들은 또한 궁극적으로 특수 교육에 의뢰되는 아동들에게 필요한 서비스의 양이나 강도를 줄이겠다고 약속한다(S. Rep. No. 108-185, 2003, 23쪽).

미국장애인교육법(IDEA)에 대한 하원 위원회 보고서(H. Rep. No. 108-77, 2003)는 일반 교육에 적합한 교육을 받을 수 있는 학생들이 특정학습장애(SLD)를 가지고 있는 것으로 잘못 판별되고 있다는 생각을 더욱 명확히 했다.

단지 과학적 기반의 읽기 교육을 받지 못했다는 이유만으로 아동이 장애를 가진 아동이라고 단정할 수는 없다. 초등교육법 및 중등교육법, 특히 Reading First 및 조기 Reading First, 그리고 조기 의뢰서비스 개념에 대해 위원회는 지역 교육 기관들에서 모든 아동들이 3학년까지 읽을 수 있도록 그들의 읽기와 독해 교수를 향상시키기를 바란다. 위원회는 이러한 변화들이 특수교육에 부적절하게 의뢰되고 판별되는 아동들의 수를 줄이는 데 도움이 될 것이며, 학교가 초기 학년기에 이러한 과목들에 대한 프로그램을 증진시키는 것을 장려해야 한다고 믿는다(H. Rep. No. 108-77, 2003, 106쪽).

2002년에 통과된 아동낙오방지법(NCLB)과 이 언어의 개념적 연관성은 매우 명백하며, 학교가 특정학습장애(SLD)와 관련된 문제를 일반 교육 체계 내에 위치시켜놓아야 한다는 필요성의 이해를 반영한다. 따라서 아동낙오방지법(NCLB)과 미국장애인교육법(IDEA)은 3년 이내에 동반법 또는 상호 참조 법률로 소개했다. 그들은 모든 학생들이 기초 기술을 숙달하도록 일반교육 및 특수교육 모두 과학적 기반 교육의 사용을 바탕으로 한 완벽한 지원 시스템을 구상했다. 더불어 상원 보고서는 IQ 검사와 관련된 문제에 관한 대통령 특수 교육 위원회의 조사 결과를 받아들였다.

> 아동낙오방지법(NCLB)과 미국장애인교육법(IDEA)은 모든 학생들의 기본 실력 숙달이라는 전반적인 목표에 있어, 일반교육과 특수교육에 모두에 과학적 기반 교수 활용에 기반한 완벽한 교육시스템을 지향한다.

위원회는 아동이 성취와 지적 능력 간에 심각한 차이를 가지고 있는지 여부를 고려하는 IQ-성취 불일치 공식이 미국장애인교육법(IDEA)에 따라 자격을 결정하는 요건이 되어서는 안 된다고 생각한다. IQ-성취도 불일치 공식을 일관성 있고 교육적으로 유의한 방식으로 적용할 수 있다는 증거는 없다(즉, 신뢰성과 타당성). 또한, 이 접근법은 특히 가난하거나 문화적으로, 그리고 언어적으로 다른 배경 학생들에게 문제가 있는 것으로 밝혀졌는데, 그들은 그러한 시험에 대한 어려움이 실제로 경험이나 교육 기회의 부족을 본질적인 지적 능력의 제한을 가지고 있다고 잘못 볼 수 있다(S. Rep. No. 108-185, 2003, 27쪽).

마지막으로, 입법자들은 학군이 중재반응접근법(RTI)을 사용하여 학생들을 특정학습장애(SLD)로 판별하는 대체 방법을 사용할 수 있도록 허용한 것에 대해 찬성했다.

　이 법안은 지역 교육기관들이 과학적, 연구적 개입에 대한 아동의 반응에 근거한 과정을 통해 적격성을 결정할 수 있도록 하고 있다. 대통령 위원회는 판별 절차가 단순화되어야 하며 IQ 및 성취 평가에 대한 의존도를 줄이고 교실에서 학습과 행동을 반영하는 평가를 권장해야 한다고 권고했다(S. Rep. No. 108-185, 2003, 27쪽).

　하원 위원회의 보고서에 사용된 용어는 역사적으로 중요한데, 그것은 특정학습장애(SLD)로 학생들을 진단하는 과정이 매우 높은 오류율을 포함하고 있고 실제로 진단받는 아동들에게 좋은 점보다 더 많은 해를 끼칠 수 있다는 것을 인식하기 때문이다. 이러한 최종 결론의 조기 경고 신호는 1975년 장애인교육법(EHA)이 통과된 직후, 학습장애(LD) 연구소의 조사 결과와 함께 제기되었으며 다수의 독립적인 연구팀들에 의해 복제연구되었다. 특정학습장애(SLD)의 진단 구조는 주로 잘 통제된 진단 정확도 연구보다는 옹호를 통해 추진되었기 때문에 진단 구성 자체가 진단 오류를 초래한 것은 놀라운 일이 아니다(Van Der Heyden, 2011). 만약 많은 또는 대부분의 학생들이 성적이 좋지 않고 그 아이가 어떤 식으로든 적격성 고려에 의뢰되는 학교에 입학했다면, 특정학습장애(SLD)의 진단은 가능했고 이루어질 수 있는 좋은 기회가 있었다. Sarason과 Doris(1979)는 이 과정을 "병리학적 연구"라고 규정했으며, 많은 연구팀들은 아동이 평가, 진단 및 적격성을 위해 의뢰되자 거의 아동이 지역 진단 기준에 맞든 맞지 않든 특정 결과(Algozzine, Ysseldyke, & Christenson, 1983; Ysseldyke, Vanderwood, & Shriner, 1997)를 나타냈다고 문서화했다(Macmillan, Gresham, & Bocian, 1998; Macmillan & Speece, 1999). 만약 옹호자들의 의견이 충족되었다면, 특정학습장애(SLD)로 인한 아동들의 과도한 진단은 아마도 문제가 되지 않았을 것이다. 즉, 특정학습장애(SLD)에 적격한 학생들을 위해 체계적으로 학습 궤적과 학습 및 적응성 결과 비율이 높아지면, 과도한 진단의 문제가 발생하지 않을 수 있다. 그러나 이 점에 대해서는 연구 자료가 명확하지 않다. 이 증거를 근거로, 우리는 어려움을 겪고 있는 학생들을 위한 학습 궤적을 가속화하는 방법에 대해 많은 것을 알고 있는 듯하지만, 적격성과 그에 따른 배치 결정은 학생들에게 지속적으로 전달된 적절한(즉, 효과적인) 교수 전략을 필요로 하는 학생들에게 지속적으로 제공하는 것과는 거의 관련이 없을 수 있다. 특수 교육 서비스는 성취를 지속적으로 높이고 특정학습장애(SLD)를 가진 위기 학생들을 줄이는 것이 발견되지 않았기 때문에(Kavale & Forness, 1999) 학생 학습 성과에 관심을 갖는 모든 전문가는 진단 구성의 타당성에 의문을 가져야 한다. Messick(1995)는 구인타당도 정의를 확장하여 평가사용의 의도적이고 의도하지 않은 결과를 포함시켰고, 결과타당도라는 용어를 만들었다. 교육에서 특정학습장애(SLD) 평가의 결과 타당도는 학생들이 종종 오진되고 그들의 진단이 2011년 장기 학업 성공에 상당한 긍정적인 변화를 가져오지 않는다는 것을 보여주는 연구 자료에 근거해 조사되었다(Cortiella, 2011).

의사결정자 측의 인식에 따라 아동낙오방지법(NCLB)에서 "과학적 기반"이라는 용어를 반복석으로 사용하는 것은 증거가 선택을 위한 최선의 기초라는 것을 의미한다. 증거-기반 실행은 의학에서 시작되었지만 "데이터-기반 의사결정"이라고 불리는 교육에서도 유사한 움직임이 일어났다. 데이터-기반 의사결정은 적용된 행동 분석, 정밀 교수, 교육과정 중심 평가 및 긍정적 행동 지원의 성과에서 비롯되었다. 이러한 연구 및 실행의 각 영역은 결과타당도의 개념에 대해 합의하고, 학생 학습 데이터는 교육 행위의 가장 중요한 결정자(선택자)이며, 보다 광범위하게 학교에서 특수 교육 의뢰를 포함한 시스템 자원 분배 결정을 예측했다. 이 체계는 연구 증거를 치료 선정의 가장 좋은 근거로 인식했다는 점에서 증거-기반 실행에 부합하는 것이지만, 잠재적인 최적의 평가와 치료를 평가하고 그에 따라 적절히 조정하는 데, 진행 중인 학생 평가 데이터가 어떻게 사용될 수 있고 또 사용되어야 하는지를 보여줌으로써 논리를 확장했다. 이 체계는 현재 반응중재접근법(RTI)이라고 하며, 결과 타당도를 합의하는 전문가들을 돕기 위한 중요한 진전을 나타낸다.

특정학습장애(SLD)를 진단하려는 초기 노력은 기술적인 문제가 많았고 부모들이 문제의 핵심이라고 생각하는 것들로부터 산만하게 한 절차상의 논쟁으로 혼란스러워졌다. 우리는 중재가 필요한 아이들을 신뢰성 있게 판별할 수 있고, 제공된 중재가 그 아이들에게 정말로 도움이 된다는 것을 증명할 수 있는가? 특정학습장애(SLD) 진단의 핵심 질문을 명확히 할 수 있는 이 기회는 진단 의사결정에서 새로운 문제를 분명하게 드러낸다. 먼저, 우리는 특정학습장애(SLD)를 어떻게 정의할까? 다시 말해, "참-긍정(true positivie)" 진단 결과는 무엇인가? 둘째, 특정학습장애(SLD) 범주에 속하는 특수 교육 서비스가 필요한 아동의 판별을 위해 어떤 진단 배제 기준을 유용하게 적용할 수 있는가? 셋째, 낮은 학업성과의 원인을 진단하고 직접으로 중재시키는 데 유용한 진단 규칙인 기준은 무엇인가? 넷째, 이러한 서비스 결정이 정확하고 효율적으로 이루어졌는지 여부를 어떻게 평가하고, 그렇지 않았다면 진단하지 않았을 때보다 특정학습장애(SLD) 진단을 받은 학생들에게 더 나은 결과를 제공할 것인가?

　　「지나친 치료: 과잉의료시스템이 어떻게 우리를 환자와 빈곤으로 떨어트리는가 (Overtreated: How Too Much Medicine Is Making Us Sicker and Poorer)」라는 책에서 Brownlee(2007)는 의료 분야의 과도한 치료제 제공과 관련된 실질적인 유형 및 무형의 비용의 간과를 비판하고 있다. 의학에서의 의사결정자들은 전형적으로 다양한 이유로 과잉치료와 관련된 비용을 무시한다. 과잉치료에 대한 가장 잘 알려진 논쟁 중 하나는 전립선암의 일상적인 검진이다. (1) 선별 장치의 정확도를 고려할 때, (2) 전립선암을 검출하지 못한 결과 또는 검출되지 않은 전립선암으로 인한 사망 가능성, (3) 허위 양성 선별 오류가 발생했을 때 불필요한 치료의 결과가 상당히 위험하다고 판단된다. 2012년 한 의료위원회가 전립선암에 대한 정기 검진을 중단할 것을 권고했으나, 이는 의료에서 "다다익선"의 논리로 의료 평가 및 개입을 제한하는 것이 어쨌든 문제라고 보는 일부 시민들의 저항을 불러일으킨 적이 있다.

　　교육은 비슷한 논리상의 오류를 범하고 있다. 우리의 노력과 의사결정은 너무 자주 불합리한 전제에서 이끌어지고, 가장 효율적인 방법으로 가장 좋은 것과 가장 적은 해를 끼치는 것으로 증명되는 요인이나 절차를 명시하려고 하지 않는다. 수년간 일부 전문가들은 특정학습장애(SLD)로 학생들의 판별을 확인하도록 장려했고, 이렇게 진단을 하는 것이 학생들과 그들의 가족들에게 유용할 것이라는 믿음을 보여주었다. 일부 학생들과 그 가족들은 특정학습장애(SLD) 진단을 통해 혜택을 받은 반면, 많은 학교의 진단 현실은 그 진단이 부정적인 결과의 위험을 눈에 띄게 줄이고 긍정적인 결과를 얻을 수 있는 결과로 이어지지 않았다. 실무자들은 일반적으로 진단자료를 삼각 검증해야 한다고 이야기한다. 이는 복수의 자료 출처가 모두 동일한 결론을 가리키면 결론이 사실일 가능성이 더 높다는 것이다.

우리는 신뢰할 수 있고 타당한 평가(미국교육학회(AERA), 미국심리학회(APA) 및 국가 교육 측정 위원회(NCME), 1995)를 전적으로 지지하지만, 우리는 학생진단 효율성 측면에서 최저 비용으로 필요한 정보를 얻는 방법으로 학생들에게 더 "현명한" 진단 결정을 내리기 위해 노력해야 한다. Macmann과 Barnett(1999)에서 보듯이, 더 많은 평가 데이터가 반드시 더 신뢰할 수 있고 정확한 의사결정을 담보하는 것이 아닐 수 있다. 과잉평가와 과잉처치에서 특정학습장애(SLD)로 진단받은 엄청난 수의 학생과 그에 대한 진단의 의심스런 타당성 문제가 제기되는 바이다. 그러나, 많은 학생들이 기본적인 성취수준을 달성하기 위해 지원을 필요로 한다는 데에는 의심의 여지가 없다.

> 과잉평가와 과잉처치에서 특정학습장애(SLD)로 진단받은 엄청난 수의 학생과
> 그에 대한 진단의 의심스런 타당성 문제가 지속적으로 제기되었다.

중재반응접근법(RTI)은 기대하는 학습 성과를 달성하기 위해 중재가 필요한 학생들에게 가장 큰 혜택을 주는 평가 및 중재 절차를 선택할 수 있는 기회를 제공한다. 이 책에서는 평가 및 중재 절차의 정확성과 효율성에 주의를 기울이는 진단 절차를 자세히 설명한다. 우리는 또한 낮은 학업 성취의 원인을 규명하고 적절히 사용할 때 학습을 향상시킬 수 있는 중재를 개발하기에 충분한 특수성과 함께 사용할 수 있는 절차를 상세히 기술한다. 가장 중요한 것은, 중재반응접근법(RTI)의 사용이 특정학습장애(SLD) 진단의 가치를 정량화할 수 있는

기회를 제공하고, 학교가 학습을 증진시키고 실패의 위험을 줄이는데 평가와 중재 노력을 강화하며, 일반적으로 특정학습장애(SLD)의 결과 타당도를 보장하도록 한다.

미국장애인교육법(IDEA)과 교육관련 규정의 중재반응접근(RTI) 조항

이 절에서는 특정학습장애(SLD)가 의심되는 학생들의 포괄적인 평가의 일부로서 RTI의 사용을 허가하는 IDEA의 법적 및 규제 조항을 조사한다. 대부분의 경우 법규의 실제 사용 언어는 법규의 운영을 정하기 때문에 참조된다. 이 조항들을 검토할 때, 누가 특수교육 적격성이 있고 누가 포괄적인 평가를 구성하는지에 대한 정의부터 시작하는 것이 가장 좋다.

종합적 평가

미국장애인교육법(IDEA) 규정은 "장애 아동"을 하나 이상의 장애가 있는 조건(예: SLD)이 있으며 "특수 교육 및 관련 서비스가 필요한 사람"(§300.8)으로 정의한다. 특수 교육을 받을 자격이 있다고 의심되는 학생을 평가할 때 지정된 장애가 있는지 여부와 "아동의 교육적 필요"(§300.301[c][2])가 있는지 여부를 결정해야 한다. 규정에 따르면 평가는 장애의 유무를 결정하는 것뿐만 아니라, 일반 교육과정에서 진전을 이루기 위해 특별히 고안된 교육 절차를 확인하기 위해 "학부모가 제공한 정보를 포함하여 아동에 관한 기능적, 발달적, 학문적 정보를 수집하기 위해 다양한 평가 도구와 전략을 사용"(§300.304[b][1])해야만 한다는 것을 나타낸다. 이 규정은 또한 평가 팀이 장애를 결정하기 위해 단일 척도에 의존하지 않고 정신분석적으로 건전하고, 인종적 또는 문화적으로 차별적이지 않은 도구를 사용해야 하며, 아동의 모국어로 제공되고 훈련된 요원이 관리하며 침해받지 않았음을 나타낸다. 그리고 아동의 신체적 장애로 인하여 장애가 의심되는 모든 분야에 대한 평가를 포함해야 한다. 중재반응접근법(RTI)의 사용에 중요한 의미가 있는 조항에서 규정은 학생의 포괄적인 평가 계획의 첫 번째 단계로서 팀은 학생에 관해 이미 존재하는 데이터를 검토해야 한다고 명시한다. 여기에는 "아동의 부모가 제공한 평가 및 정보: 현재의 교실 기반, 지역 또는 주 평가, 교실 기반 관찰 및 교사 및 관련 서비스 제공자의 관찰"(§300.305[a][1])이 포함된다. 평가 팀은 적격성을 결정하는 데 필요할 수 있는 추가 평가 계획을 세운다. 그러나 나중에 설명하듯이, 팀은 평가 시 기존 자료가 의뢰 질문의 다양한 측면을 해결하기에 충분한 경우 추가 평가를 제공할 필요가 없다.

교육기회 결손

2006년 IDEA 규정은 또한 학생의 학교에 대한 어려움의 원인으로 수업 부족을 배세하기 위한 득별 조항에 관해 용어를 강화했다. 1999년의 규정은 결정 요인이 읽기나 수학에 대한 교육이 부족한 경우 아동이 장애가 있다고 판단할 수 없다는 것을 간단하게 나타냈지만, 2006 규정은 "읽기의 필수 구성요소를 포함한 읽기에 적절한 교수 결손"(ESEA §1208[3]에서 정의된 바와 같이)과 "수학에 적절한 지도 부족 또는 제한된 영어 실력"($300.306[b])을 배제하도록 요구하고 있다. 읽기 교수에 관한 용어는 특히 2000년 국립읽기위원회(National Reading Panel)에서 요약한 바와 같이 1999년 IDEA 재허가 이후 읽기 영역에서 수행된 연구에 대한 인식을 특히 잘 나타내고 있다. 국립읽기패널(National Reading Panel)은 아동낙오방지법(NCLB)의 1208조항을 아래와 같이 열거하였다.

"읽기 지도의 필수 구성 요소"라는 용어는 음소 인식, 파닉스, 어휘 발달, 구어 유창성을 포함한 읽기 유창성, 읽기 이해 전략에 대한 명시적이고 체계적인 교수를 의미한다.

본질적으로 의회는 읽기 및 수학에 명시적이고 과학적으로 기초한 교육을 요구하는 아동낙오 방지법(NCLB)을 수립했으며, 부족한 교수가 결정적인 요소라면, 이 교수를 받지 않은 학생은 장애로 판별되지 않도록 함으로써, 미국장애인교육법(IDEA)에서 이 조항을 강화했다. 이 상호 참조 조항은 중재반응접근법(RTI), 또는 구체적으로 다중 단계 서비스 제공 시스템(multi-tier system)의 제공이 일반 및 특수 교육 모두에 필수적인 기능을 하는 시스템을 만드는 데 핵심적인 역할을 한다.

> 의회는 읽기 및 수학에 명시적이고 과학적으로 기초한 교육을 요구하는 아동낙오 방지법(NCLB)을 수립했으며, 교육결손이 결정적인 요인이라면, 이 교수를 받지 않은 학생은 장애로 판별되지 않도록 함으로써, 미국장애인교육법(IDEA)에서 이 조항을 강화했다.

특정학습장애(SLD) 평가 요소로서 중재반응접근법(RTI)

특정학습장애(SLD) 결정에 있어서 대안적인 방법으로서 중재반응접근법(RTI)을 도입하면서, 의회는 IQ검사와 능력-성취 불일치에 대한 우려를 법률에서 처음으로 설정했다. "지역 교육 기관은 아동의 구어 표현, 읽기 이해, 쓰기 표현, 기본 읽기 기술, 읽기 이해, 수학적 계산 또는 수학적 추론에서 성취와 지적 능력 사이의 심각한 불일치를 고려할 필요가 없다"(§614[b][6][A]). 이 규정은 "아동이 특정 학습 장애를 갖고 있는지 여부를 판단하기 위해 지적 능력과 성취도 사이에 심각한 불일치를 사용하도록 요구해서는 안 된다"(§300.307[a][1])라고 명시함으로써 이 조항을 강화했다. 흥미롭게도, 이 조항들은 지역 학군으로(지역 교육 기관) 능력-성취 불일치를 사용하는 것에 대한 결정을 넘겼고, 주정부가 이 결정을 방해하지 않을 수도 있음을 나타낸다.

이 규정은 획기적인 규정이다. "국가는 … 과학적 연구 중심의 개입에 대한 아동의 반응에 기반한 절차의 사용을 허용해야 하며, 아동이 특정학습장애를 가지고 있는지에 대해 다른 대안 연구 기반 절차의 사용을 허용할 수도 있다."

($300.307[a][2-3]). 따라서 이러한 조항은 지역 학교가 주 정부에 옵션을 제공하도록 요구함으로써 중재반응접근법(RTI)을 선택하도록 허용했다. 이 조항은 또한 주정부가 중재반응접근법(RTI)을 요구하도록 허용했다. 또한 국가는 다른 대체 절차를 고려할 수는 있었지만 그렇게 할 것을 요구하지도 않았으며, 이 절차가 무엇인지 명확하게 규정하지도 않았다.

특정학습장애(SLD)에 대한 네 가지 기준

특정학습장애(SLD)의 판별을 위한 네 가지 기준에 중재반응접근법(RTI) 옵션이 포함되었다([그림 1.2]). 처음 두 가지는 포함기준이다. 즉, 학생들은 판별될 특성을 나타내야 한다. 두 번째 두 가지는 배제기준이다. 즉, 학생을 특정학습장애(SLD)로 판별하기 전에 이러한 요인을 배제해야 한다. 아래에서 설명하는 이 조항의 구조를 감안할 때 학생은 네 가지 기준에 따라 특징학습장애(SLD)의 필수 증거를 나타내야 한다는 점에서 네 가지 기준이 추가된다는 점은 분명하며, 이 기준 중 하나가 충족되지 않으면 특정학습장애(SLD)가 판별되지 않을 수 있다. 기준 1은 "아동의 연령 또는 주 표준에 적합한 학습 경험 및 교육이 제공될 때 다음 영역 중 하나 이상에서 아동의 연령을 적절하게 달성하지 못하거나 주정부가 승인한 학년 수준 기준을 충족시키지 못한다: 구어 표현, 듣기 이해, 쓰기 표현, 기본 읽기 기술, 읽기 유창성, 읽기 이해, 수학 계산, 수학 문제 해결"($300.309[a][1]). 이 용어는 미국장애인교육법(IDEA) 2006의 새로운 내용이다. 2006년 규정은 처음으로 특정학습장애(SLD)를 학생의 능력(즉, IQ)이 아니라, 연령이나 학년 수준과 관련된 학생의 결핍을 상황적으로 설명하는 것으로 나타났다.

이 새로운 조항에서 두 가지 흥미로운 결과가 나온다. 첫째, 평균 학업 성취도가 평균 이상인 학생들은 IQ와 성취 사이에 큰 차이가 있더라도 특정학습장애(SLD) 적격성을 만족하지 않는다. 이 상황은 지역 교육청이 중재반응접근법(RTI) 또는 능력-성취 불일치 접근법을 사용하는지 여부에 관계없이 적용된다(기준 2

참조). 둘째, 지적장애 수준 이상이지만 평균 이하의 IQ를 가진 학생이 연령이나 학년 수준과 관련된 학업 기술 부족이 있는 학생인 경우, 교육구가 중재반응접근법(RTI)(기준 2)을 사용하는 경우 특정학습장애(SLD)가 있는 것으로 판별될 수 있다. 일반적으로 학군이 능력-성취 불일치 접근법을 계속 사용한다면 이 학생들은 특정학습장애(SLD)에서 제외된다. 이 기준에 따라 자격을 갖춘 학생들을 위한 운영 절차를 3장에 자세히 설명하기로 한다.

기준 2는 지역 학군이 중재반응접근법(RTI)에 관해 결정한 바에 따라 두 가지 방법 중 하나를 사용하여 아동이 특정학습장애(SLD)의 적격성을 만족하는 것으로 확인될 수 있다고 규정한다. 첫 번째 선택은 중재반응접근법(RTI)을 사용하는 것이다. "과학적 연구 기반 중재에 아동의 반응 절차를 사용할 때 아동이 연

그림 1-2 **특정학습장애(SLD) 기준에 관한 미국장애인교육법(IDEA) 규정**

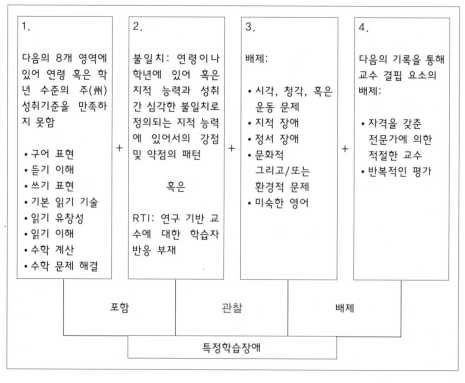

령에 맞춰 주정부가 승인한 학년 수준에 충분한 진전을 이루지 못함"(§300.309 [a][2][i]). 학생의 중재반응접근법(RTI) 조작 및 정량화를 위한 구체적인 절차는 4 장에서 다룬다. 대안적으로, 학군은 "아동이 연령, 주정부 승인 학년 수준 또는 지능 발달과 관련하여 수행, 성취 또는 두 가지 면에서 강점과 약점의 패턴을 나타낼 경우 이 기준에 따라 적격성을 결정할 수도 있다. 진단 팀은 적절한 도구를 사용하여 특정 학습 장애를 판별할 수 있다"(§300.309[a][2][ii]). 이 선택을 사용하면 학군에서는 이 정의에 "지적 발달"을 포함하여 능력−성취 불일치를 계속 사용할 수 있다. 이 용어는 앞에서 설명한 바와 같이 주정부가 대안 절차를 승인할 수 있는 구조를 제공한다. 능력−성취 불일치 접근법 또는 대안 절차의 구현은 능력−성취 불일치 접근법의 유효성에 대한 경험적 지원이 없기 때문에 이 문서에서 다루지 않을 것이며 대안 절차가 명시되지 않았으므로 다음과 같은 일련의 과정을 포함할 수 있다.

　　기준 3은 평가 팀이 학생들의 학업 결함이 연구 "시각, 청각 장애 또는 운동 장애; 정신 지체; 정서 장애; 문화적 요인; 환경적 혹은 경제적 불이익; 또는 제한된 영어 사용 능력(Limited English proficiency)"(§300.309[a][3])의 결과가 아니라고 한 이전 미국장애인교육법(IDEA)에서 반복 사용된 것과 유사하다. 이러한 요인을 배제하는 절차는 5장에 자세히 설명되어 있다.

　　기준 4는 미국장애인교육법(IDEA) 2004/2006의 또 다른 획기적인 규정으로, 교육청은 학생의 결핍이 교수 부족의 결과가 아니라는 합의를 처음으로 어떻게 문서화하는지를 실현한다는 점에서 다르다. 이 조항들에서, 평가 팀은 의뢰 이전에 또는 그 절차의 일부로서 자격을 갖춘 교사가 제공한 정규 교육 환경에서 적절한 교수가 제공되었음을 입증하는 자료를 수집해야 한다. 그리고 학부모에게 제공된 교수 과정에서 학생 진전에 대한 공식적인 평가를 반영하여 성취도 및 유의미한 간격(intervals)에 대한 반복적인 평가 자료를 기반으로 문서화해야 한다(§300.309[b][1−2]). 이 용어의 본질은 RTI 전달에 필요한 기반 절차와 현저하게 비슷하지만(2장 참고), 교육청이 RTI 대신 능력−성취 불일치를 사용하기로 결정했다 하더라도 이 기준이 모든 평가에 적용된다는 것이 주목할 만하다. 학군이 기준 2에 따라 RTI를 사용하는 경우, "사용된 교수 전략 및 수집된 학생 중심 자료"(§300.311[a][7][i])와 "아동의 학습 비율을 높이기 위해 사용된 전략"(§300.311 [a][7][ii][B])을 문서화하기 위해 기준 4에 따라 책무성이 추가된다. 분명히, 이 규정의 저자들은 부모가 자녀의 기본 교육 프로그램의 질뿐만 아니라 평가 절차 이전 및 평가 절차의 일부로서 성과를 향상시키기 위해 목표로 한 중재의 효과에 대해 알고 싶어 했다. 이 의도는 교육청이 학업 실패의 위험이 있는 아동들을 위한 학업 프로그램을 개선하도록 장려하는 것뿐만 아니라, 학교와 학부모의 의사소통 과정을 향상시키는 것으로 보이며, 잘 처리되지 않으면 종종 심각한 법적인 행동으로 이어질 것이다. 6장에서는 이러한 조항을 운영하기 위한 구체적인 절차를 설명한다.

관찰평가 요구사항

공식적인 행동 관찰은 오랫동안 다른 어려움, 특히 행동 및 감정 문제가 있는 학생을 평가하는 최상의 방법으로 간주되었지만, 미국장애인교육법(IDEA) 2006 규정에서 특정학습장애(SLD)는 교실 관찰이 필요한 유일한 장애로 남는다. 미국장애인교육법(IDEA) 조항은 평가 팀에게 일상적인 교실 교육에서 관찰정보를 사용하고 아동의 수행을 모니터링 하도록 요구한다(§300.311[b][1]). 이 조항은 일반교육 기간 동안 일반교실에서 관찰을 실시하는 것이 중요하다는 것을 의미 있게 만든다. 7장에서 더 자세하게 설명하듯이, 아동이 어려움을 겪고 있는 영역에서 교육 중에(예: 읽기 교실) 이러한 관찰을 하는 것은 논리적이다. 이 용어를 통해 교실에서의 관찰은 학생의 실력을 평가하는 것뿐만 아니라 교사-학생 간의 상호작용의 본질을 평가하는 것이 중요하다는 결론을 내릴 수 있다. 관찰 규정에는 학생의 관찰이 "단발적인 사건"이 아니라, 일정한 규칙으로 발생하는 것을 의미하는 아동의 수행에 대한 모니터링과 관련된 정보 수집이 포함된다는 점도 주목할 만하다. 마지막으로 이 조항은 특수교육 적격성 결정을 위한 평가에 공식적으로 의뢰되기 전 또는 후에 실시할 교실 관찰을 허용한다. 다음으로 평가를 허가 받기 전에 수집된 자료를 사용하는 방법에 대해 자세히 설명한다.

종합 평가 계획 수립

앞서 지적한 바와 같이, 미국장애인교육법(IDEA)과 규정에는 특수교육 적격성이 있다고 생각되는 각 학생에 대한 포괄적인 평가가 개별적으로 계획될 것이라는 개념이 포함된다. 일련의 표준적인 검사에 의존하는 대신, 평가 팀은 적격성 결정뿐만 아니라 학생의 필요를 채울 수 있는 교육 프로그램의 최종 디자인을 위해서 학생의 기존 데이터를 모두 검토해야 한다. 자격에 관한 이 과정의 첫 번째 단계로서 평가 팀은 정규 수업 평가 및 교육의 일환으로 여러 출처에서 수집한 자료를 검토해야 한다. 학교는 정기적으로 주립 시험을 실시하고 여러 학년의 모든 학생을 보편적으로 심사한다. 심지어는 주된 서비스 영역에 필요한 것과 같은 개별 평가를 수행할 수도 있다. 하트랜드 교육청(Heartland Area Education Agency; 2006)은 전반적인 문제 해결 과정의 일부로 어려움을 겪고 있는 학생들을 위한 일반 교육의 교실 평가를 개념화하면서 RIOT/ICEL 평가 매트릭스를 만들었다. 교과(I) 교육과정(C), 환경(E), 학습자(L), 검토(R), 인터뷰(I), 관찰(O), 테스트(T)를 통해 평가된다. 분명히, 모든 학생들, 특히 학업이나 행동 장애가 있는 학생들에게 정기적으로 데이터를 수집하고 있다. 절차적으로, 이러한 모든 평가는 학생의 교육 프로그램을 개선하고 더 일반적인 교육 개입이 필요한 학생을 식별하기 위한 검사로 이해된다. 이러한 평가는 이러한 목적으로 수행 될 때 필요하지 않다(IDEA §300.302 참고). 그러나 이러한 데이터는 특수교육 의사결정의 측면에서 유용할 수 있으므로 평가 팀이 소개가 이루어질 때 현존하는 정보를 광범위하게 검토하고 고려하는 것이 중요하다. 본질적으로, 평가 팀이 하는 일은 새로운 목적, 즉 특수 교육 자격 및 최종 특수 교육 프로그램의 계획에 대한 기존 데이터를 검토하기 위한 부모의 허가를 요청하는 것이다. 평가 팀은 두 가지 중요한 적격성 문제를 해결하는 데 충분하다는 측면에서 이 데이터를 평가한다. 여기에서의 개념은 평가 팀이 이미 수집된 데이터에서 대답할 수 없는 의뢰

질문을 처리하는 데 필요한 경우에만 새로운 평가를 계획한다는 것이다. 특정학
습장애(SLD) 결정을 위해 고려되는 학생의 경우 의뢰 질문에는 다음을 포함하여
앞서 설명된 네 가지 기준이 모두 포함된다.

> 여기에서의 개념은 평가 팀이 이미 수집된 데이터에서 대답할 수 없는 의뢰 질문을
> 처리하는 데 필요한 경우에만 새로운 평가를 계획한다는 것이다.

- 나이와 주 표준과 관련하여 학생의 학업 능력이 상당히 부족한가?
- (학교 지구가 중재반응접근법(RTI)을 적격성 결정을 위해 지정된 절차로 선택하는
  경우) 학생의 중재반응접근법(RTI)은 다른 학생과 크게 다른가?
- 학생의 학업 어려움의 근원으로 다른 조건을 배제하였나?
- 학생의 학업 어려움은 교수 부족으로 인한 결과인가?

다음 장에서 자세히 설명하듯이 정규 교육에서 학생들의 성과를 향상시키
기 위해 중재반응접근법(RTI)을 제공하는 과정을 통해 정기적으로 수집되는 평
가 데이터는 포괄적인 평가의 일부로서 이러한 질문을 해결하기 위해 수집되
어야 한다. 데이터가 이러한 질문에 대답하기에 부족한 경우, 추가 평가가 적
절하다.

포괄적인 평가를 계획하는 데 있어서 중요한 부분은 학생 부모님의 철저한
참여이다. 미국장애인교육법(IDEA) 규정에는 학부모가 일반 교육에서 학생에게
제공한 교육 프로그램, 학생의 학업 결함에 대한 전문 개입의 성격 및 수집된 모
든 데이터를 부모가 알 수 있도록 하는 많은 조항이 포함되어 있다. 중재 중인
학생의 진보에 대한 보편적인 선별 또는 모니터링의 일환으로 이 정보를 통해
학부모는 포괄적인 평가에 필요한 후속 평가 절차를 계획하는 데 의미 있는 기
여를 할 수 있으며 궁극적으로 학생이 특수교육 적격성을 갖춘 경우 개별화 교
육 프로그램(IEP)을 개발할 수 있다.

지역 평가 기준 수립

2006년 미국장애인교육법(IDEA) 규정은 아동에 대한 포괄적인 평가를 요구하거나 교육청의 자격 결정에 동의하지 않고 독립적인 교육평가(§300.502)를 요청하려는 부모에게 보호를 계속 제공한다. 특정학습장애(SLD)를 위해 자격 결정을 내리는 과정에서 중재반응접근법(RTI)을 실행하는 교육청이 이러한 요청에 적절히 응답할 수 있는 방법을 이해하려면 먼저 해당 교육청이 "기관 기준"을 특수교육 적격성에 대한 종합 평가를 시작할 때 개발할 것으로 기대된다(§300.502[e]). 중재반응접근법(RTI)의 선택 방법(기준 2)으로 사용하는 학군의 경우, 중재반응접근법(RTI)이 평가되는 방법에 대한 전체 설명을 포함하여 승인된 정책의 일부로 평가 절차를 명확히 표명하는 것이 좋다. 그렇게 함으로써, 학군은 자체 평가를 수행하기 위한 운영 절차를 수립할 뿐만 아니라, 사적인 영역에서 학부모-수행 평가가 수행되는 방법과 독립적인 교육 평가가 어떻게 적격성 결정을 위해 승인될 수 있는지에 대한 기준점을 만들 수 있다.

이러한 조항들의 흥미로운 결과는 능력-성취 불일치 접근방식 대신에 중재반응접근법(RTI)을 선택했던 지역에서 학생의 능력-성취 불일치에 대한 결정이 특정학습장애(SLD)의 증거가 되지 않을 수 있다는 것이다. "규정은 지역 교육 기관이 어린이가 학업 성취도와 지적 능력 간에 심각한 차이를 가지고 있는지 여부를 고려할 필요가 없다고 규정하고 있기 때문이다."(§614[b][6][A]) 만약에 교육청 학습장애 평가에서 중재반응접근법(RTI)을 채택하게 되면, 특정학습장애(SLD)가 있는 것으로 의심되는 아동에 대한 학부모 요청서에는 중재반응접근법(RTI)의 평가가 포함되며, IQ-성취 불일치에 대한 평가는 포함되지 않는다고 결론을 내리는 것이 합리적이다. 마찬가지로 공적 비용으로 실시되는 독립적인 평가는 교육청 기준에 따라야 하며, 독립적인 평가에는 IQ-성취도 불일치에 대한 평가가 아닌 중재반응접근법(RTI)의 평가가 포함되어야 한다. 또한 능력-성취 불일치 접근이 채택되는 경우, 자격을 갖춘 교사에 의한 효과적인 교육수행을 직접 평가하고 부진한 성취의 원인으로 교육기회 부족을 배제하기 위해 반복적인 평가를 통해 모니터링 해야 한다. 이 요구 사항은 평가가 학교 환경 밖에서 수행되거나, 재학하는 학교에서 중재반응접근법(RTI) 시스템을 갖추지 않은 경우에 적용된다.

포괄적인 평가 과정에서 중재반응접근법(RTI)의 현재 적용 현황

2006 미국장애인교육법(IDEA) 규정의 공포 이후 주와 지방 교육청은 높은 수준의 가변성과 함께 특정학습장애(SLD)를 가지고 있다고 생각되는 학생의 포괄적 평가에 기준 2를 이행하기 위한 필수 또는 권장 절차로 중재반응접근법(RTI) 적용 기회에 반응했다. Zirkel과 Thomas(2010)는 주정부의 중재반응접근법(RTI) 구현에 대한 전국 조사에서, 12개 주에서 특정학습장애(SLD) 평가에서 중재반응접근법(RTI)을 사용한다고 밝혔다. 이 중 5개주는 능력－성취 불일치 접근법의 사용을 금지하였고, 4개 주에서는 RTI와 불일치 접근법의 일부 조합을 허용했다(지방 교육 기관이 하나의 접근법을 사용함을 나타내는 규정의 용어와 모순되는 것처럼 보임 또는 다른 것처럼). 3개의 다른 주는 학교 지역에 중재반응접근법(RTI)을 부분적으로 추천했다. 저자들은 다른 주에서도 교육청이 자체적으로 요구하기보다는 중재반응접근법(RTI)의 사용에 대한 가이드라인이나 권고 사항을 제정했다고 보고했다. 펜실베이니아는 이 문제에 특히 흥미로운 접근 방식을 취했다. 학교 구역은 Commonwealth's 교육부에 능력－성취 불일치 접근법 대신 중재반응접근법(RTI)을 적용해야 하며 다층 시스템의 지원과 중재반응접근법(RTI) 자료를 수집하기 위한 방어적인 실행을 갖추고 있다면 중재반응접근법(RTI) 사용을 승인했다. 특히 주정부의 변동성결과, 대다수의 주는 명백한 정책 결정을 만들지 않고, 이에 따라 지역 학교는 중재반응접근법(RTI) 사용에 대해 결정을 내려야 하는 위치에 있다. 많은 사람들이 "지켜보기(wait－and－see)" 자세를 취한다. 많은 사람들이 적격성 결정을 위해 중재반응접근법(RTI)을 사용하기 전에 효과적인 다단계 체계를 개발하기 위해 노력하고 있다.

02

학교 개혁으로서
중재반응접근법(RTI)
구현

2장

학교 개혁으로서
중재반응접근법(RTI) 구현

− 적격성 의사결정을 위한 중재반응접근법(RTI)사용에 대한 교육적 전제 조건−

　　특수교육대상자로 생각되는 학생들에 대한 종합적인 평가의 일부로서 '중재반응접근법(RTI)의 사용'은 평가 데이터와 과학적 연구 기반 중재의 고려를 반영하여 학생들의 요구에 따라 중재가 선택되었음을 전제로 한다. 그리고 이러한 중재는 높은 충실도로 구현됨을 전제로 한다. 적격성 의사결정을 위한 중재반응접근법(RTI) 사용에 대한 초기 관심사 중 하나는 학교에서 성공하지 못한 학생들에게 높은 질의 중재를 제공하는 데 있어서의 역사적인 문제였다. 예를 들어, 문제해결팀들의 연구는 팀 권장 사항에서부터 실제 교사의 실행에 이르기까지 점검이 이루어지지 못함을 보여주었다(Flugum & Reschly, 1994; Telzrow, McNamara, & Hollinger, 2000). 본질적으로, 중재의 효과성이나 충실도가 떨어질 때 학생의 중재반응접근법(RTI)을 평가하는 것이 적절한가에 관해서 정당한 질문이 제기될 수 있다. 결과적으로, RTI의 "I(Intervention: 중재)"가 효과적으로 구현되었는지 확인하기 위해, 필요한 교육과정 및 교육적 특징을 명확히 하는 것이 중요하다.

> 중재의 효과성이나 충실도가 떨어질 때 학생의 RTI를 평가하는 것이
> 과연 적절한가에 관해서는 질문이 제기될 수 있다.

진단 오류는 "적절하고 익숙한 교육 환경(host environment)"이 아닌 상황에서 중재가 이루어질 때 발생한다. 적절하고 익숙한 교육 환경은 무엇을 의미하는가? 예를 들어, 할당된 교육 시간의 상당 부분이 교실 이동과 같은 비학습적인 활동에 배당된, 학생들이 과제에 참여하지 않는, 학생들이 수업에서 이익을 얻는데 필요한 선수학습기술이 부족한 수업상황을 고려해 보라. 이 상황에 배치된 학생들이 학년 수준 측정에서 부진한 수행을 보일 것이라고 합리적으로 예측할 수 있다. 이러한 맥락에서의 개별 중재는 유용한 의사결정 데이터를 창출하지 못할 수 있다. 첫째, 만약 대부분의 학생들이 선별 검사에서 기준점(benchmark) 이하의 수행을 보인다면 어떤 학생이 중재를 필요로 하는지 알기 어려울 수 있다. 둘째, 이런 교실에서는 중재에 대한 "요구"가 관련 시스템을 능가할 수 있다. 셋째, 고도로 초점화된 중재는 학생이 자신의 기술 수준과 잘 맞는 내용에 대해 지도받을 때 배울 수 있음을 보여주며 명시적인 지시, 빈번한 교정적 피드백, 일일 강화 등의 중재로 개선된 성과를 얻을 수 있다. 그러나 수업의 나머지 부분이 최적화되지 않았기 때문에 학생들의 학업 실패 가능성은 변하지 않을 수 있다. 핵심 교육 문제를 다루는 것은 효율(25명의 개별 학습 문제가 아닌 전체 학급 문제로 처리하는 것이 효율적임), 효능(오류 및 결함을 다룸으로써 학습 결과가 상당 부분 향상됨) 및 정확성(진단적 결정은 교실에서 점수가 정상 분포될 때 더 정확하고, 대부분의 아동들이 가르침을 받은 기술을 배웠다는 것을 증명함)의 문제이다. 이 장에서는 중재반응접근법(RTI) 구현에 필수적인 일반 교육 기반의 특징을 다룬다.

중재반응접근법(RTI)이 특정학습장애(SLD)로 여겨지는 학생들을 평가하는 옵션보다 더 광범위하게 이해될 수 있다는 생각은 대부분의 출판된 용어의 정의에 반영된다. 예를 들어, 특수 교육의 주 교육국장 협회(NASDSE; Batsche et al, 2005)가 작성한 논문에서 중재반응접근법(RTI)은 "(1) 학생의 요구에 맞춰진 고품질의 교육/중재를 제공하고 (3) 중요한 교육적 결정을 내리기 위해 (2) 수행

수준과 시간 경과에 따른 학습률을 사용하는 실제"로 정의된다(5쪽). 유사하게, Torgesen(2007)은 중재반응접근법(RTI)이 점점 더 집중적인 중재를 위한 교육 시스템과 특수 교육의 적격성 결정을 포함한 교육 결정을 내리는 데 사용되는 평가 시스템이라는 두 가지 의미를 지닌다고 기술했다. 지금까지 중재반응접근법(RTI)에 관한 대부분의 간행물들은 이러한 정의의 교육적 측면에 초점을 맞추었고 많은 경우에 중재반응접근법(RTI)의 의미를 일반 교육 실제를 개혁하려는 전반적인 노력을 포함하도록 확장했다(Brown-Chidsey & Steege, 2005, Burns & Cibbons, 2012 McDougal, Graney, Wright, & Ardoin, 2010). 여러 주(예: 캘리포니아 주, 플로리다 및 펜실베이니아 주)가 모든 학생에게 효과적인 핵심 교육 제공뿐만 아니라 집중적인 중재를 강조하기 위해 실제로 용어를 "수업 및 중재에 대한 반응"(RTII)으로 확대한 것은 주목할만한 점이다. 교육적인 지원을 필요로 하는 학생들의 수가 적어질수록 이 용어들은 궁극적으로 이 시스템 변화의 본질을 보다 잘 반영한 다단계 서비스 전달 시스템으로 대체될 것으로 예측된다.

이러한 점에서, RTI는 이러한 국내법은 상호 참조적이며 공통적인 개념 및 절차상의 토대를 공유한다는 점에서 미국장애인교육법(IDEA)뿐만 아니라 아동낙오 방지법(NCLB)으로부터 나와 개념화되었다.

포함 사항:

- 과학적 기반의 교육 과정, 교육 및 중재
- 학습 문제의 조기 파악
- 교육 과정, 교육의 효과를 결정하기 위한 학생 진전도의 지속적 모니터링
- 혼자서 일반 교육지도만으로 학습에서 성공하지 못하는 학생들을 위한 치료 및 개별 중재의 설계와 구현
- 단일 책임 시스템에 모든 학생들을 통합
- 학생들의 결과에 대한 문서화(예: 연간 진전도 평가를 통해)

학교 개혁을 위한 프로그램으로서 중재반응접근법(RTI)을 철저히 다루는 것이 이 글의 목적은 아니다. 그러나 우리는 실무자가 적격성 의사결정을 위해 중재반응접근법(RTI)을 사용하고자 한다면 그러한 프로그래밍 된 특징들에 대해 충분한 세부 사항을 분명히 밝힐 것이다. 중재반응접근법(RTI)을 사용한 종합적인 평가에서 얻어진 대부분의 정보들이 일반 교육 프로그램에서 교수되고 중재되는 동안 실질적으로 나타나기 때문에 이러한 인프라 최소 요건을 구체적으로 다루는 것은 중요하다. 이러한 사항을 다루는 데 실패하면 학생의 중재반응접근법(RTI) 평가에 대한 유효성이 손상될 수 있다.

중재반응접근법(RTI) 인프라의 주요 특징들

중재반응접근법(RTI)이라는 용어가 소개된 이후로 10년간, 중재반응접근법(RTI) 또는 MTSS "시스템"을 정의하는 특징들과 관련하여 상당한 일관성이 있었다. NASDSE 논문(Batsche et al., 2005)에 제시된 틀은 중재반응접근법(RTI)의 세 가지 기본 요소(중재의 여러 단계, 교육적 의사결정을 위한 문제해결 방법 사용, 의사결정을 위한 정보를 제공하는 통합된 데이터 수집)를 명확히 하였다. 교육부 특수 교육 프로그램 사무국(OSEP)은 대부분의 중재반응접근법(RTI) 모델에서의 공통적인 네 가지 특징들을 밝혔다. 즉, "(1) 일반 교육 환경에서의 고품질의 증거 기반 교육; (2) 모든 학생의 학업 및 행동 문제에 대한 선별 검사; (3) 점차 더 강도 높고 학생의 반응을 고려한 둘 이상의 수준(때로는 '단계'라고도 함)의 교수: 그리고 (4) 학생 성과에 대한 지속적 모니터링"(p. 6). 중재반응접근법(RTI) 이행에 관한 주들의 조사에서, Zirkel과 Thomas(2010)는 다섯 번째 특징인 교수와 중재의 충실도 평가를 제시했다.

이 글의 목적을 위해, 우리는 중재반응접근법(RTI)을 평가, 교육 과정, 다음의 요소들을 포함하는 교수 시스템으로 정의한다.

- 점차 강도 높은 증거 기반 중재의 여러 단계
- 표준화된 핵심 커리큘럼
- 일반 교육에서의 연구 기반, 차별화된 교수 전략
- 학생의 학업 기술에 대한 보편적 선별 검사
- 문제해결 방법을 사용한 학생 데이터의 팀 기반 분석
- 학생 성과의 지속적 모니터링
- 교수와 중재의 처치 충실도 모니터링

이러한 각 특징들은 다단계 모델 구현에서 논의될 예정이며, 이 논의는 중재반응접근법(RTI)의 동의어인 3단계 모델에 대한 설명으로 시작된다.

3단계 모델

효과적인 교수와 중재를 제공하기 위한 틀로서 중재반응접근법(RTI)의 개념은 삼각형 형태로 묘사된 것처럼 다단계 모델과 거의 보편적으로 연관되어 있다. 단계의 수는 자원에 따라 어느 정도 다르며, 3단계 형태가 가장 흔히 사용된다(Office of Special Education and Rehabilitative Services, 2007b 참고). [그림 2.1]에서 볼 수 있듯이, 중재반응접근법(RTI)을 설명하기 위해 삼각형을 사용하는 것은 개념적으로 단계를 이동함에 따라 학생 수가 감소하고 중재의 강도가 증가한다는 생각에 근거한다.

Tier 1(삼각형의 밑부분)은 일반 교육의 모든 학생들과 관련되며, 개인의 요구에 따라 적절히 차별화된 효과적인 교육을 제공하는 것에 초점이 맞춰진다.

이 단계에서, 모든 학생들에 대해 특정 학년 수준에서 학생들의 성과를 측정하고 Tier 2와 Tier 3에서 추가 지원이 필요한 학생들을 확인하기 위해 기준점 평가가 실시된다. Tier 1의 중요한 문제는 교과과정과 교육의 어떤 일반 교육 프로그램이 학생들의 실력을 높이는 데 효과적인가 하는 것이다. 정신 건강 모델

그림 2-1 **교수와 지원의 3단계 모델**

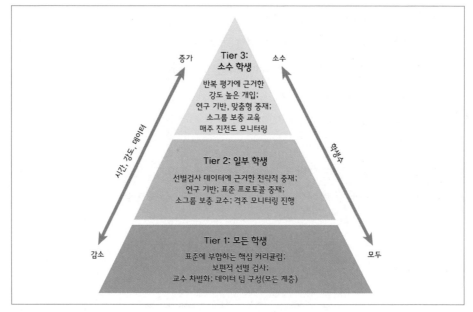

로부터 개념을 빌려, NASDSE(Batsche et al., 2005)는 이 단계에서 80%의 학생들이 성공해야 한다고 제안했다. 이 단계에서 문제해결 팀의 초점은 학생들의 전반적인 성과이고, 교수 전략에 대한 논의는 모든 학생들의 기본 기술 숙달을 목표로 한다.

Tier 1에서 보편적인 선별 검사를 통해 수집된 데이터는 추가 개입을 보증하기에 충분한 낮은 성과 수준의 학생을 식별하는 데도 사용된다. 중재반응접근법(RTI)의 초창기에는, Iowa(Tilly, 2003)와 Pennsylvania(Kovaleski, Tucker, & Stevens, 1996)에서와 같은 전구체 모델에서 실행된 것처럼, Tier 2의 중재가 문제해결 팀에 의해 개별적으로 맞춤형이 되어야 하는지 또는 표준 프로토콜 접근법(Vaughn & Fuchs, 2003)을 기반으로 해야 하는지 여부에 관한 단기간의 토론(Fuchs, Mock, Morgan, & Young, 2003)이 있었다. 문제해결 모델에서, 팀원은 평가 데이터를 사용하여 문제를 확인하고, 목표를 설정하며, 특정 학생을 위한 중재를 개발한다. 표준 프로토콜 접근 방식에서는, 평가 데이터를 기반으로 하는 일반적인 학습 목표를 가진 학생들을 그룹화하여 이러한 요구를 겨냥한 매우 강력한 중재를 제공한다. 예를 들어, 보편적인 선별 검사의 결과로 음소 인식에 어려움이 있는 학생들은 이해력이 부족한 학생이 이해력 기반 중재를 받는 동안 음운 기반의 중재를 받게 된다. 최근의 합의와 이 글에서 취한 입장은 Tier 2에서 표준 프로토콜 접근법이 가장 적합하고, Tier 3에서 문제해결 접근법이 가장 유용하다는 것이다. 나중에 설명하겠지만, Tier 2에서 교수 그룹을 확인하고 표준 프로토콜 중재와 연결하기 위해 사용되는 팀 구성 접근법은 심의에서 문제해결 형식을 계속 사용한다.

　　우리의 모델에서, Tier 3은 Tier 2에서 진전을 보이지 않거나 초기 평가에서 집중적인 중재가 즉각적으로 요구되는 높은 실패 위험에 처할 수 있는 것으로 발견된 학생들을 위해 집중적인 문제해결을 위해 마련되었다. Tier 3에서, 학생들은 학업 능력을 보다 폭넓게 분석하여 맞춤식 중재를 받는다. 일부 모델과 달리, 이 개념의 Tier 3에는 특수 교육이 포함되지 않는다. 오히려 이 집중적인 중재 과정에서 학생의 중재반응접근법(RTI)을 자주 모니터링하는 것은 특수 교육의 적격성 결정을 위한 잠재적인 배치에 대한 결정을 내리는 기초가 된다. 이 모델에서 특수 교육은 학생의 개별화교육계획(IEP)에 명시된 프로그램과 서비스가 학생의 요구에 따라 최소제한 환경에서 제공되는 집중적인 지원 시스템이다. 예를 들어, 특수교육을 받는 학생들은 그들의 학습 목표를 충족시키는 데 필요한 단계적 중재에 참여할 수 있다.

> 특수 교육은 학생의 개별화교육계획(IEP)에 명시된 프로그램과 서비스가 학생의 요구에 따라 최소제한 환경에서 제공되는 집중적인 지원 시스템이다.

　　교수와 평가에 있어 단계별 필수 특징들이 [표 2.1]에 요약 및 설명되어 있다.

표 2-1 **단계적 지원시스템의 필수 구성 요소**

Tier 1
- 교육 프로그램은 주 표준에 맞춰져 있다.
- 교육 프로그램은 학생들의 개별 요구 충족을 위해 교육을 차별화한다.
- 보편적 선별 검사가 효과적으로 수행된다.
  - 선별 검사는 중요한 교육적 성취와 관련된다.
  - 선별 검사는 미래 성과를 예측한다.
  - 선별 검사는 신뢰할 수 있는 점수를 산출한다.
  - 선별 검사는 간단하고 효율적으로 관리된다.
  - 선별 검사는 학생의 성과 변화를 조금씩 반영할 수 있다.
- 데이터 팀은 학생의 성과 데이터를 사용하여 교육을 계획하고 평가한다.

Tier 2
- 중재는 소집단으로 제공된다.
- 표준 프로토콜 중재가 사용된다.
- 강도는 Tier 1에서 제공되는 것보다 크다(즉, 보다 명확한 지시, 더 많은 응답 기회 제공, 보다 정확한 교정적 피드백).
- 모든 학생이 소그룹 교육에 참여하도록 하고, Tier 3에 대한 필요 여부를 결정하기 위해 매주 또는 격주마다 진행 상황을 모니터링한다.
- Tier 2 교수를 위해 학사일정에 시간이 할당된다.

Tier 3
- 개별 학생 평가는 올바르게 사용되면 성과를 향상시킬 것으로 예상되는 중재를 확인하기 위해 실시된다.
- 중재는 Tier 2에서 제공되는 것보다 더 집중적이다(즉, 부족한 기술을 익히기 위해 몇 단계 뒤로 물러난 교육을 할 수도 있다. 올바른 학생 응답을 설정하고 유지하는 데 개인별 교정적 피드백이 필요하다).
- 데이터 팀은 데이터를 평가한다.
- 진행 상황을 매주 모니터링하고 학교는 추후 선별 검사에서 위험 그룹에 남은 Tier 3에 속한 학생들의 비율을 조사한다.

Tier 1

Tier 1은 일반교육에서 양질의 교수를 제공하는 프로그램상의 특징을 포함한다. 중재반응접근법(RTI)이 기반을 둔 많은 모델과 절차(예: 문제해결팀, 교육지원팀)는 일반 교육에서의 교수를 실제로 다루지 않았지만 특수교육을 추천할 가능성이 있는 학생들에게 초점을 맞추었다(Kovaleski Black, 2010). 이 선구자 모델은 주로 Tier 2 또는 Tier 3 활동으로 구성되었다. 그러나 1980년대와 1990년대에 이러한 모델이 개발된 이래로 특수 교육으로의 배치보다는 모든 학생들의 전반적인 숙련도에 초점을 맞추는 데 국가적 관심이 집중되었다. 이전에 언급했듯이, 주와 국립 고등 교육 평가(NAEP)와 같은 국가 평가의 성과가 보여주듯, 이 초점은 많은 학생들이 기본 기술을 습득하지 못한 것에 대한 광범위한 우려에 바탕을 두고 있다. 예를 들어, Lyon(1998)는 5%의 아동이 노력 없이도 읽기를 배우고, 20~30%는 교육을 받으면 쉽게 읽기 기술을 습득할 수 있을지라도, 60%는 읽기를 배우는 데 있어 상당한 어려움에 직면할 것으로 예상한다. 실제로, 20~30%의 어린이에게 읽기를 배우는 것이 발달 중 숙달해야 하는 가장 어려운 기술 중 하나이며, 명시적인 체계적 교육을 제공한 후에도 아이들의 5%는 계속해서 읽기의 어려움을 겪고 있다. Tier 1에서 교육을 평가하고 조정할 필요성은 기본 기술에 대한 효과적인 교육이 추정될 수는 없지만 용이하게 되고 지원되어야 한다는 개념에 근거한다.

이런 데이터는 1997년에 National Reading Panel을 소집하는 근본적인 근거가 되었다. "읽기 구성요인"을 제시하면서, 패널은 모든 학생들에게 음운 인식, 음운, 어휘, 유창성 및 이해력에 대한 명시적인 교육을 제공하도록 학교에 요청했다(National Reading Panel, 2000). 1장에서 설명한 바와 같이, 이러한 안은 실제로 낙오아동방지법(No Child Left Behind, NCLB)에서 제도화되었다. 마찬가지로, National Mathematics Panel은 수학 지도의 근본으로 실무자들을 안내하고자 하는 의도로 다시 2008년 보고서를 발표했다. 읽기와 수학의 다단계의 교육에서 증거 기반 실제에 관한 추가 기사에 관심이 있는 독자들은 Gersten과 동료들(2008, 2009), Haager, Klingner, Vaughn(2007), Jimerson, Burns, VanDerHeyden(2007), McGraner, VanDerHeyden, Holdheide(2011), VanDerHeyden(2009)을 참고하라.

3단계 모델의 Tier 1에는 4개의 주요 특징들이 있다. 강력하고 표준에 부합하는 핵심 교과과정, 증거 기반 교육 실제, 기본 학업 기술에 대한 보편적 선별 검사, 데이터를 분석하고, 개선을 위한 시스템 목표를 설정하며, 핵심 교육을 조정하고, 심사 결정을 내릴 수 있는 학년 수준의 팀 구성이 그것이다.

표준 맞춤형 교육 과정

교사는 효과적으로 가르치고 학생들에게 바람직한 결과를 실현시키기 위한 훌륭한 도구가 필요하다. 교육과정은 학문 분야의 목표와 목적을 비롯하여 학과에서 가르치고 배워야 하는 "무엇"에 관한 일반적인 용어다. 이는 범위와 순서에 따르는, 의도된 목표를 가르치는 데 사용되는 자료이기도 하다. 예를 들어, 독서와 언어 예술에서 학교 지구의 교육과정은 앞서 말한 안을 가르치기 위한 내용과 방법에 대한 계획이다. 일반적으로 이 계획은 교사가 사용할 수 있도록 학군에서 구입한 자료(예: 읽기 및 수학 시리즈)에 의해 대다수 운영된다.

읽기와 어학 교육과정을 개발할 때 학군을 안내하기 위해, 대부분의 주는 과학적 연구에 기반을 두어야 하는 표준(예: 국립읽기위원회(National Reading Panel))을 제시한다. 주 정부가 엄격한 기준을 제공하는 한도 내에서 읽기 교육과정은 국가와 일치하는 범위에 따라 평가할 수 있다. 표준을 개발하기 위해 아직 준비되지 않은 국가 표준에서, 몇몇 기관들(예: 플로리다 읽기 연구 센터)은 다섯 개의 안을 보급하는 측면에서 출판된 읽기 시리즈에 대한 분석을 퍼뜨림으로써 실무자에게 지침을 제시하려고 시도했다. 그러나 출판된 읽기 시리즈를 자주 반복하더라도 현재의 평가를 유지하는 것이 어려우므로 현재의 평가는 유용하지 않다. 마찬가지로, 수학 교육 과정 자료에 대한 평가는 즉시 이용할 수 없다. 따라서 지역 실무자는 현지 학교 기관이 자료를 수집하기 전에 교육과정 자료를 평가하는 자체 기준을 수립해야 한다.

현재 주에 동일한 교육과정 기준을 채택하려는 노력이 나타났다. 공통 핵심 국가 표준(www.corestandards.org)으로 알려진 계획이 국가 교육청장 회의(전 국가의 주 교육부의 수석 학교 행정관들로 구성된)로부터 시작되었다. 더불어, 공통 핵심 국가 표준의 개발은 National Governor's Association에 의해 승인되었다. 2012년 9월 1일부터 45개 주와 3개 지역이 공통 핵심 국가 표준을 채택했다. 이 표준은 학생들이 고등학교를 졸업하고 초급, 학점 인정 학업 대학 과정과 인력 교육 프로그램에서 성공하기 위한 K-12 교육 경력 내에서 학생들이 갖추어야 할 지식과 기술로 정의한다.

기본 기술을 가르치기 위한 교육과정을 개발하고 평가할 때, 교육구는 다음 요소를 고려해야 한다.

- 교육과정은 주 표준에 부합해야 한다.
- 교육과정은 조정된 학습 순서를 제공해야 한다.
- 교육과정은 도메인의 큰 아이디어에 대한 명확한 가르침을 촉진해야 한다.
- 교육과정은 대규모 및 소그룹 교육을 허용해야 하며 학생들의 참여 시간을 최대화하기 위해 많은 양의 실습 기회를 이끌어내야 한다.
- 초기 기술 습득 중 비계(scaffolding), 기술을 일반화하거나 전이할 수 있는 기회를 포함하여 교육 차별화를 위한 명확한 기회가 있어야 한다.
- 교육과정 자료들이 충실하게(예: 80% 성공) 구현될 때, 강력한 결과를 낳았다는 증거가 있다.

이러한 요인을 확인하는 방법은 [표 2.2]에 설명되어 있다.

표 2-2 **표준 기반 교육과정 및 증거와 관련된 주요소**

교육과정 요소	증거
교육과정은 주 표준에 맞춰진다.	• 각 학년 수준에서 주 표준 내용에 명시된 각 주제와 특정 항목에서 가르치는 기술과 내용 사이에는 상당한 중복이 있다.
교육과정은 조정된 교수 순서를 제공한다.	• 연구 문헌에 상응하는 조정된 학습 순서에서 기본 기술에서 고급 기술까지 논리적 흐름이 있다(예: 가르쳐질 문자 소리의 순서, 제시될 수학 계산 기술의 순서). • 교수 일정(instructional calendar)은 모든 학생들이 숙달해야 하는 특정 기술들을 시간순으로 명시한다. • 대부분의 학생들이 기준점을 충족하는지 여부를 알기 위해 학생 평가 데이터를 이용할 수 있다.
교육과정은 명백한 가르침을 용이하게 한다.	• 해당 과목과 학년의 기술과 내용을 다루는 명백한 교수법 기술은 교육과정 자료에서 제외된다. • 교수법에는 스크립트 및 루틴을 가르치는 것을 포함하여 교사의 지시를 위한 특정 절차가 포함된다. • 가르쳐야 할 기술은 보다 일반적인 교수 지침에 담겨있는 것이 아니라 학생을 위한 기술을 확립하기 위해 고안된 특정 수업에 연결되어 있다.
집단활동은 학생들의 과제 참여 시간을 극대화한다.	• 교수와 학생 기술을 연결하는 핵심 교수 중 유연한 수업 그룹을 만드는 전략이 기술된다. • 명확한 초점은 학생들의 수준에 맞춰 교수하는 것이다.
교수는 초기 발판에서 전이와 일반화를 위해 이동한다.	• 교육과정에는 기술 습득 중에 교육 지원(scaffolding)을 제공하기 위한 충분한 전략과 초기 발판에서 이전에 이르는 지침 이동 및 학습 일반화 및 이전을 허용하는 실생활에서의 기술 적용 전략이 포함된다. • 학생들이 필수 기술 습득에 도달하는 것을 보장하는 유창성 확보를 위한 적절한 교수 시간이 제공된다. • 학습된 기술의 유지를 촉진하기 위한 전략이 제공된다. • 예상 시점에 기술을 습득하지 못하는 학생들을 지원하기 위한 전략이 제공된다.
높은 중재 충실도의 구현은 학생들의 성과를 긍정적으로 이끈다.	• 교육과정 전달의 충실도를 평가하는 절차는 교육과정의 일부이며 정기적으로 사용된다(예: 동료 멘토링, 관리 관찰). • 핵심 교육 과정은 80% 이상의 학생이 숙달한다는 증거가 있다.

연구 기반 교수

교육과정이 "무엇"을 가르치느냐 하는 것이라면 교수는 "어떻게" 가르쳐야 하는지에 대한 것이다. 교수는 교사가 학습을 용이하게 하기 위해 사용하는 계획된 행동으로 구성된다. 지난 20년 동안 교실 수업에 대한 직관적인 또는 이론적인 접근 방식을 사용하는 것에서 경험적 연구를 기반으로 하는 교수 전략을 식별하는 것에 이르기까지 점차적인 변화가 있었다. 보편적으로 받아들여지지는 않았지만, 많은 교육자들은 교육적 유행의 어리석음을 인식하고(Ellis, 2001), 그들의 학문에 대해 보다 엄격한 접근법을 취했다. 우연적으로, 아동낙오 방지법(NCLB)은 "과학적 근거 교수"라는 용어를 100번 이상 사용한다는 것이 자주 언급되어 왔다(Sweet, 2004).

연구 기반 교수 실제에 관한 실무자를 위한 지침은 독자적으로 연구가 되어 왔고 점점 관련성이 큰 다수의 연구에 대한 메타분석을 기반으로 하였다. National Reading Panel(2000)과 National Mathematics Advisory Panel(2008)은 교수법에 관한 연구의 종합을 제공했다. Oregon 대학의 교수 학습 센터(Thomas Beck, 2006, pp. 5-6)는 다음을 포함하여 아홉 가지의 일반적인 교수 특성을 확인했다.

- 교수자는 적절한 경우 교수적 과제를 모델링한다.
- 교수자는 명시적인 지시를 제공한다.
- 교수자는 학생들이 의미 있는 언어적 상호작용을 하도록 유도한다.
- 교수자는 학생들에게 많은 연습 기회를 제공한다.
- 교수자는 초기 학생 반응 후에 교정적 피드백을 제공한다.
- 교수자는 학생들의 노력을 권장한다.
- 학생들은 교사 주도 수업에 참여한다.
- 학생들은 독립적인 학급에서 수업을 진행한다.
- 학생들은 높은 기준 수준의 활동을 성공적으로 완료한다.

Hattie(2009)는 다양한 전략적 단계별 전문가를 대상으로 여러 가지 메타 분석을 합성하여 종종 놀라운 결과를 산출했다. 일반적으로, Hattie는 적극적이고 안내된 교수(예: 직접 교수)가 학생들의 학습을 수동적으로 촉진시키는 교수 방식(예: 발견 학습)보다 효과적이라고 결론지었다. 마찬가지로, 학생들 스스로 학습 전략을 적극적으로 사용하는 것은 향상된 결과, 자율성 및 자기 규제를 가져오는 것으로 나타났다. Hattie는 행정 책임자와 교직원이 교육적 노력의 효과에 대한 내부 평가를 수행하고 연구 지원 교수 실제가 논의되고, 구현되고, 평가되는 협력적인 동료 배치로 작업하는 학교를 구상한다.

> 적극적이고 안내된 교수(예: 직접 교수)가 학생들의 학습을 수동적으로 촉진시키는 교수 방식보다 효과적이다.

차별화된 교수

모든 교사는 기술 수준이 매우 다른 학생 집단을 만나게 된다. 학생들이 다양할 수 있는 모든 방식(예: 문화, "학습 스타일") 중에서 다양한 교육 영역과 관련된 전제 조건 기술의 차이가 교육의 가장 어려운 측면일 수 있다. 예를 들어, 전형적인 유치원 교사는 5세 그룹을 담당한다. 일부는 연결된 텍스트로 유창하게 읽을 수 있는 반면, 다른 어린이는 문자 이름이나 소리에 대해 알지 못한다. 그러나 연말까지 학생들이 유치원 수준의 성취를 달성할 것이라는 기대가 있다. 명백히, 교사는 학생들의 모든 요구를 충족시키기 위해 적극적으로 자신의 교수를 차별화해야 한다.

다양한 학생의 다양한 기술 수준을 수용하기 위한 교수 차별화의 첫 번째 단계는 해당 기술 수준이 무엇인지 명확하게 이해하는 것이다. 모든 교실의 교사는 학습할 일련의 기술에서 학생의 성과를 구체화하기 위해 계획적이고 전략적인 방법으로 종합적이고 구조적인 평가를 사용해야 한다. 많은 읽기 및 수학 시리즈에는 평가가 포함되어 있으며 교사는 역사적으로 학생의 학습을 지속적으로 높이기 위한 비공식 기술(예: 자습 및 숙제, 무작위 호명하기)을 사용했다(Stiggins, 1988). 교사들은 또한 국가에서 제공하는 것과 같은 종합 평가 시험과 지역교육청에서 제공하는 상업적으로 가능한 시험을 사용한다. 연말 종합 평가는 연간 업데이트되고 수업이 제공될 때 발생하는(또는 발생하지 않는) 진전도를 반영하지 않기 때문에 덜 유용하다. 결과적으로, 학교는 보편적인 선별 검사를 사용하여 교육 목표와 밀접한 관련이 있는 기준점 과제에 대한 학생의 성과를 평가한다. 이러한 평가에 대한 추가 세부 정보는 다음과 같다.

교사가 일단 다양한 교육 수준의 학생을 철저히 이해하면, 교수 시간을 전략적으로 사용하기 위해 의미 있는 교수적 배치(예: 전체 집단 교수, 소집단 교수, 협동학습 집단, 짝 활동)를 위한 계획을 할 수 있다. Hattie(2009)가 기술한 바와 같이, 학습 시간은 적극적인 교수 및 학습을 위해 생산적으로 사용되지 않으면 직접적인 학업 성취로 나타날 수 없다. 각 교수적 배치 내에서, 교사들은 각 학생을 적절한 근접발달영역 안에서 가르치기 위해 비계를 설정하는 것이 필요하다 (Vygotsky, 1978). 각 학생의 교육적 수준에서 가르치는 것의 중요성은 잘 형성된 교육적 격언이다(Gickling & Armstrong, 1978). 적은 수의 배치로 교사는 각 학생이 현재 수업에서 성공할 수 있도록 선수 기술을 숙달했는지 확인하는 것이 중요하다. 학생들이 선수 기술을 숙달하지 못했다면, 교사는 각 학생에 대한 개별화 교수의 어려운 과제를 관리하면서 독립적인 숙달이 입증될 때까지 학생이 정확하게 응답하고 유창하게 반응할 수 있는 수준의 교육을 제공해야 한다.

교사가 각 학생을 위한 개별화된 교수의 과중한 업무를 어떻게 관리하는가가 아마도 교수법의 진정한 본질일 것이다. 점차적으로 다단계 모델링에서 치료 전문가, 멘토, 보조교사 및 기타 직원들이 핵심 교육 시간에 참여함으로써 지원된다. 또한 Tier 2와 3의 보충 교육은 개별화를 위한 확대된 기회를 제공한다. 교수기술은 이미 교수를 차별화하는 중요한 도구로 나타났으며 앞으로도 보급될 것이다.

보편적 선별 검사

주요 학업 기술에 대한 학생들의 수준을 주기적으로 평가해야 한다는 개념이 나라 전역의 많은 학교에 퍼졌다. 보편적 선별 검사의 세 가지 주요 목적은 다음과 같다: '(1) 선생님이 차별화된 지도 계획을 세우는 것을 돕는 것, (2) 적절한 개입이 이루어질 수 있도록 기초 기술 습득의 결함을 보여준 학생들을 위한 검열, (3) 교육 프로그램의 효과를 평가하기 위한 학생 집단의 전체적인 숙련도를 평가하는 것.' 이러한 목표를 달성하기 위해, 선별 도구는 다음과 같은 특성을 가져야 한다.

- 선별 검사는 중요한 학업 성취와 관련되어야 한다. 선별 도구는 학교 성공에 핵심적인 기술을 직접 평가해야 한다. 이러한 구성 요소는 목표 기술을 개발하고 장래의 성공을 예측하는 데 있어 중요한 목표가 되는 "지표"(예: 음소 인식, 수학적 계산)뿐만 아니라 최종 목표 그 자체(예: 독해력, 수학적 문제해결)를 포함한다. 최근 교육자들은 이러한 유형의 직접 평가에 초점을 두었다. 역사적으로 유치원 선별 검사와 같은 평가는 다양한 발달 단계의 학생 간에 차별화된 과제(예: 블록 쌓기, 따라 그리기)를 포함하지만, 기능적 학업 기술과는 관련이 없었다.
- 학업 능력은 미래의 성과를 예측해야 한다. 보편적 선별 검사 도구는 학생들의 학습의 국가 표준과 관련된 최종 목적에 대한 수행 능력을 강력하게 예측할 때, 가장 유용하다. 표준의 성과는 국가 전체 테스트에서의 학생 성과에 의해 평가되기 때문에 평가는 관련 영역에서 그 테스트의 결과와 높은 상관관계를 지녀야 한다. 중재가 필요한 학생을 효과적으로 찾기 위한 유용한 기준점을 확인하는 능력은 선별 검사 도구의 선택에서 중요한 차원이다.
- 선별 검사는 신뢰할 수 있는 점수를 도출해야 한다. 유용성을 기하기 위해, 평가는 점수에 따라 한번 정한 결정이 다른 경우 또는 다른 아동의 결정과 일치할 수 있어야 한다. 다시 말해, 검사 결과는 평가하는 사람이 누구인가(평가자 신뢰도), 어떤 형태의 검사가 사용되는가(동형검사 신뢰도), 또는 시행에 따른 다양성(검사-재검사 신

뢰도)보다는 평가된 기술에 대한 학생의 상대적인 숙련도를 나타내어야 한다. 그래서 더 전통적인 검사를 필요로 하는 같은 심리측정적 특성은 또한 보편적 선별검사 도구와 관련 있다(AERA/APA/NCME, 1999).

■ 선별 검사는 간단하고 효율적으로 관리되어야 한다. 학교는 학업 성취도를 높이기 위해 끊임없이 노력해야 한다. 학생들의 학업 성취도를 주기적으로 평가하는 데 필요한 시간과 함께 학생의 학습 결과와 높은 상관관계가 있는 교육에 적극적으로 참여하고 있기 때문에 보편적인 선별 도구를 선택하는 중요한 특징은 자신의 상대적 편리성과 효율성이다. 가장 유용한 도구는 간략해야 하며, 관리자에 대한 적절한 수준의 교육이 필요하며 이는 빠르고 정확한 채점을 가능하게 한다. 이러한 이유 때문에, 교사와 전문가팀이 개별적으로 제공하는 1-3분짜리 검사가 특징인 교육과정기반측정(CBM)이 보편적 선별검사에 자주 사용되었다. 마찬가지로 컴퓨터 기반 평가의 출현은 교육과정기반측정(CBM)과 달리 학급의 전체 학생들을 동시에 평가할 수 있기 때문에 많은 학계에서 환영받고 있다. 연장된 검사 시간(예: 학생 1인당 45분)을 필요로 하는 도구는 Tier 2와 3에서 심각한 결함을 보였지만 보편적인 검사에는 적합하지 않은 학생들을 위해 심층 기술 분석을 수행하는 데 큰 이점을 얻을 수 있다. 보편적 선별검사의 빈도와 관련하여 우리는 1년에 3번(가을 학기, 겨울 학기, 봄 학기) 평가를 통해 교육 시간을 최대로 유지하면서 시기적절한 정보를 제공한다는 사실을 발견했다. 대부분의 학교에 대한 선별 대책의 효율적인 관리는 기존 조치의 목록을 작성하고 여분의 도구가 평가 라인업에서 제거되도록 보장한다. 많은 학교에서 학생들이 지나치게 과소평가되는 것은 안타까운 현실이다. 학교가 너무 많은 평가 데이터를 수집하는 실수를 저지르면, 의사결정과 교육 활동을 위해 데이터를 소비하지 못하게 된다. 즉, 데이터의 양에 압도된다. 의사 결정자는 현재 어떤 평가가 어떤 의사결정을 내리는지와 유용하지 않은 평가를 제거하기 위한 중요한 접근 방식을 지정한다(즉, 그것의 사용으로 학생의 학습 결과에 접근하지 말라)는 평가의 검토는 효과적인 선별 검사에 필수적인 요소이다.

■ 선별 검사는 작은 변화에도 민감해야 한다. 마지막으로, 보편적 선별 검사 도구들은 학생 성과에 대한 세분화된 분석을 제공하여 학생 성과의 변화를 정확하게 분석할

수 있어야 한다. 다음 부분에서 설명하듯이 교사는 교육 계획 수립, 중재가 필요한
학생 파악, 교육과정과 교육 전략의 효과 평가를 위해 학생들의 성과를 모니터링해
야 한다.

보편적인 선별 검사를 실시하는 방법에 대한 추가 정보와 더불어 교수 제공
의 부족을 평가할 때 사용하는 방법은 6장에 제시된다.

데이터 분석팀 구성

교사 및 학교 전문가가 학생의 요구를 충족시키고 교육적인 변화를 계획하
기 위해 만나는 과정은 30년 이상 동안 학교 개선을 위한 노력의 주된 요소가
되어 왔다. 가장 초기의 개념화부터, 이러한 교직원 협력은 이런 회의의 운영절
차로서 집단의 문제해결과정 전략을 강조했다(Chalfant, Pysh, & Moultrie, 1979;
Ikeda, Tilly, Stumme, Volmer, & Allison, 1996; Rosenfield & Gravois, 1996). 대안적으로
문제해결모델(Marston, Lau, & Muysk esey, & Christensen, 1985) 교육지원팀(Kovaleski
et al, 1996; Graden, Casey, & Christensen, 1985) 및 기타 명칭으로 식별되는 이 팀들
은 구성원이 문제를 확인하고 목표를 설정하고, 해결책을 수립하고, 구현 계획
을 세우고, 중재하고, 학생들의 반응을 모니터링하고, 결과를 평가하는 과정을
공유한다. 이러한 문제해결절차는 일반적으로 개별 학생들의 교육적 및 행동적
문제를 해결하기 위해 사용되었으며, 현재 중재반응접근법(RTI) 용어에서는 일
부 모델의 Tier 3 또는 Tier 2와 관련이 있을 것이다(Kovaleski & Black, 2010). 그러
나 Kovaleski와 동료들(Kovaleski, 2007; Kovaleski & Glew, 2006)은 더 많은 학생들
의 요구를 해결하고 학급, 학년, 또는 심지어 학교의 교육적 변화를 위해 교사를
돕고자 문제해결팀을 단계적 시스템의 Tier 1에 활용해야 한다고 개념화했다.

Schwoker(2001)의 연구 결과를 바탕으로, Kovaleski와 Pedersen(2008)은 데
이터 분석팀을 위해 이 과정을 운영함으로써 기본 기술 숙달을 위한 집단의 동
향을 파악하고, 학생의 성과 향상을 위한 학급 전반의 교육전략을 계획하였다.

일반적으로 개념화된 것처럼 데이터팀은 데이터를 관리하도록 지정된 한 명을 포함하여 한 학교의 특정 학년의 모든 교사, 교장 및 전문가로 구성된다. 데이터에는 주(州) 검사 결과 및 가장 중요한 보편적인 선별 검사 결과가 포함된다. 이러한 Tier 1 회의의 기본 양식은 다양한 숙달 수준(예: 탁월, 우수, 평균, 평균 이하)의 학생 비율을 확인하고, 다음 회의에서 달성해야 할 목표를 확인하는 것이다. 예를 들어, 전형적인 2학년 목표는 다음 측정 시(예: 동계 선별 검사)까지 초기 읽기(예: 구어 읽기 유창성) 측정에서 숙달 범위의 점수를 받는 학생 비율을 높이는 것이다. 그 목표를 염두에 두고, 데이터팀은 해당 학년의 모든 담임교사가 시행할 교수 전략을 검토하고 선택한다. 팀은 또한 전략 구현의 로지스틱을 계획하며, 여기에는 모든 교사들이 전략 이행에 대한 적절한 교육을 받을 준비가 되어 있으며, 전략 이행에 필요한 자료를 보유하고 있고, 전략이 계획대로 사용되고 있는지 확인하는 절차가 포함된다. 다음 검토에서, 보편적 선별에 따라, 데이터팀은 학생들의 성과를 검토하고 선택되고 구현된 전략의 효과를 평가한다. 이 과정의 목적은 교사팀이 학생들의 기술 습득에 가장 효과적인 교수 전략을 점차적으로 확인함으로써 전체적인 교수 효과성을 향상시키는 것이다. 중요한 것은, 성과가 없었던 학급이나, 다른 학급과 비교가 되지 않는 성과를 얻은 교실에 대해서는 중재가 올바르게 사용되고 있는지 확인하고 그 학급의 학생들이 같은 학년의 다른 학급과 견줄 만한 속도로 성장할 수 있도록 중재 실시 상의 문제를 해결하기 위해 자세히 살펴야 한다는 것이다. 개별 학급이 이러한 유형의 중재 실시 상의 문제 해결을 필요로 할 때, 의사결정자들이 향상을 확인할 수 있도록 더 빈번한 진전도 모니터링(예: 월별 선별 검사)이 필요하다.

데이터 팀의 두 번째 기능은 Tier 1의 기본적인 차별화된 교육을 넘어 개입이 필요한 학생을 식별하는 것이다. 이 활동은 Tier 2 및 3 지원에 대한 고려 아래에 설명되어 있다.

마지막으로, 데이터 팀을 효율적으로 운영하기 위해서는, 회의 그 자체뿐만 아니라 교사 친화적으로 데이터를 수집하고 조작하는 데 시간을 할당해야 한다. 많은 학교들은 데이터 팀이 매년 최소 3회 회의를 개최할 수 있도록 시간을 마련하는데, 보통 보편적 선별 검사가 끝난 직후(예: 가을 학기, 겨울 학기, 봄 학기)다. 관련 교직원이 모두 회의에 참여하는 것이 중요하기 때문에, 많은 학교에서는 학생들이 출석하지 않는 연중 일정에 며칠 또는 반나절로 계획한다.

Tier 2

Tier 1에서 분석된 평가 결과는 기본 기술에서 능숙한 수행 수준을 충족하기 위해 학생들이 더 많은 도움을 필요로 하는지 확인할 수 있을 정도로 충분히 견고해야 한다. Tier 2 중재는 중핵교육과정을 보완하기 위한 것이지, 대체하지는 않는다. 이러한 중재는 정확한 교육 목표를 다루며 일반적으로 이러한 목적으로 특별히 할당된 학교 수업 중 소집단 형식으로 제공된다. 이러한 보충 전략이 강력한 연구 기반을 갖도록 하기 위해 표준 프로토콜 접근(아래에 정의됨)을 사용하는 개입이 강조된다. 더욱이, 학생들의 중재에 대한 반응을 모니터하기 위해 이 단계에서 평가 빈도가 증가되어야 한다.

집단 중재

일반적으로 Tier 2는 Tier 1의 학급 전체를 대상으로 하는 접근과 Tier 3의 개별 맞춤형 전략에 대한 중간 수준의 지원이다. 학생들은 보편적 선별 검사 도구 수행에 따라 Tier 2의 소집단 중재 여부가 확인된다. 각 집단은 학생들의 수행에 따라 특정 교육 목표를 설계한다. 예를 들어, 읽기 지원이 필요한 7학년 학생 집단은 읽기 기술 및 기타 다음절 단어 분석 기술 지원을 필요로 하는 하위집단으로 나눠질 수 있다. 집단 기반 보완적 중재의 개념은 이러한 접근법의 효용성을 나타내는 광범위한 연구에 기반을 두고 있다(Dickson & Bursuck, 1999; O'Connor, 2000; Torgesen, 2004). Torgesen이 지적한 바와 같이 "소수의 고위험군 학생들을 위한 교육 강도를 높일 수 있는 가장 실제적인 방법은 소집단 교육을 제공하는 것이다"(p. 13). 이 연구에서는 세 명에서 다섯 명의 학생으로 이루어진

집단 중재가 숙달되지 못한 학생들의 중요한 성과를 산출하는 데 효과적이었음을 보여준다(Rashotte, MacPhee, & Torgesen, 2001).

표준 프로토콜

대상 학생에게 독특한 개입이 계획되었던 문제해결 팀에서 역사적으로 사용된 개별화된 접근법과는 대조적으로 표준 프로토콜 중재는 "구성 요소가 잘 명시되어 있고(예: 프로토콜을 사용하고) 일반적으로 대다수의 학생들에게 효과가 있음(예: 표준)을 보여준다."(VanDerHeyden & Burns, 2010, p. 32). Reyna(2004)가 언급한 바와 같이, "'천편일률적인 것은 옳지 않다'는 직관적인 호소에도 불구하고, 일부 교육 실제는 광범위하게 효과적이다; 그것들은 맥락과 인구에 걸쳐 광범위하게 일반화될 수 있다"(p. 56). 표준 프로토콜의 사용은 효율성과 효과성의 문제이며, Tier 2에서의 사용에 특히 적합하다. 많은 아동은 필수 기술을 숙달하는 데 추가 지원이 필요하다. 연구에서 효과가 나타난 중재 패키지의 사용은 중재 수행에 필요한 자료들을 찾고 만들어야 하는 시스템의 부담을 줄여주므로, 연구 환경에서 효과가 나타났고 훈련과 충실도 모니터링이 매뉴얼화 되었기 때문에 중재 절차가 효력을 발휘할 가능성을 향상시킨다. 다단계 모델에서 표준 프로토콜을 사용하는 것은 교육 중재의 효과에 대한 광범위한 연구 기반에서 유래되었다(Vaughn Fuchs, 2003).

Tier 2 중재 강도

표준 프로토콜 보충적 중재의 제공은 더 명시적이고 직접적인 교육 스타일 뿐만 아니라 집단 크기, 빈도 및 지속 시간 측면에서 향상된 중재 강도를 허용하는 소집단 교수 형식에 의존한다. Tier 2 중재는 일반적으로 20-30분 세션(Vaughn, Linan-Thompson, & Hickman, 2003)에서 주당 수 회(예: 3-5회) 발생한다. McMaster, Fuchs, Fuchs와 Compton(2003)은 많은 핵심적 교수 절차를 설명하기 위해 "특수교육과 유사한 교육(special-education-like instruction)"이라는 용어를 사용했다. Tier 2 개입에는 즉각적인 교정적 피드백, 다음 과로 넘어가기 전 내용의 숙달, 특히 어려운 활동에 더 많은 시간, 더 많은 반응 기회, 전환 횟수 감소, 목표 설정 및 진전도 모니터링 및 교사와의 특별한 관계 등의 기능이 포함된다. Tier 2의 강도는 제공된 교수의 시간(분 단위), 주당 시간 또는 중재가 제공된 주수로 정의된다기보다는 교수 유형에 의해 정의된다. Tier 2 중재의 효과는 적어도 격주로 평가되어야 하고, 통과 기준을 충족시키는 학생들은 중재에서 제외되어야 한다. 반대로 Tier 2 중재 중 성과를 얻지 못하거나 Tier 2 수업 중에 좌절감과 높은 오류 발생률을 경험한 학생은 Tier 2 중재를 무계획적으로 시행하기보다는 즉시 Tier 3 중재로 이동해야 한다(Fuchs, 1986).

더 빈번한 진전도 모니터링

학생들의 진전도에 대한 모니터링을 강화하면 강화된 교수, 보다 정확한 의사결정 및 학생 성과 향상을 초래한다는 것이 오랫동안 확립되어 왔다(Fuchs, 1986). Tier 2에서 진전도 모니터링은 적어도 격주마다(즉, 매달 두 번), "장기목표" 기술의 주기적 측정과 함께 중요한 단기목표 기술의 짧고 반복된 측정으로 구성되어야 한다. 진전도 모니터링 수단은 보편적 선별 검사에서 설명한 것과 동일한 특성을 다루어야 한다. 중요한 학업 성취와 관련이 있어야 하며, 미래의 수행을 예측하고, 신뢰할 수 있는 점수를 산출하며, 효율적으로 관리되고, 변화의 작은 단계에 민감해야 한다. 교육과정기반측정(CBM)(예: 구어 읽기 유창성)과 문항반응이론에 기반한 컴퓨터 적응 검사는 이러한 기술에 대한 지속적인 진전도 모니터링에 효과적임이 입증되었다. 이러한 심리측정적 특징에 대한 검토는 국가 RTI 기관(예: www.rti4success.org)의 웹사이트에서 현재 이용가능하다. 교사, 학생, 학부모가 향상을 추적하고 중재를 조정할 수 있도록 그래프를 사용하여 학생들의 진전도를 보여주어야 한다. 더불어, 4장에서 자세하게 설명되는 향상률(ROI)의 산출은 교육적 의사 결정을 위한 유용한 자료이다.

중재 실행 계획 및 일정 짜기

Tier 2 중재에 대해 전술한 구성 요소를 구현하기 위해, 연간 학사력과 일일 스케줄이 Tier 2 교육을 위해 의도적으로 할당되어야 한다. 먼저, 앞에서 언급한 바와 같이 Tier 1에서 설명한 집단 데이터와 단계적인 중재를 받는 학생의 진전도 모니터링 데이터를 검토하기 위해 데이터팀을 위한 시간이 별도로 지정되어야 한다. 이러한 검토는 학습보조교사와 학급 교사의 노력이 일치하도록 하므로 중요하다. 또한 이러한 데이터 팀 세션은 필연적으로 전체 수업, Tier 2 세션 및 Tier 3 중재를 받는 학생의 학습 속도를 향상시키기 위해 수업 내 코칭 또는 문제해결을 포함할 수 있는 "행동" 목록을 가져올 것이다. 데이터 팀이 학생 데이터를 사용할 때 생성된 행동 목록을 성인들이 확인할 수 있도록 시간이 제공되어야 한다. 둘째, 실제 개입 세션을 위한 주간 일정에 시간을 할당해야 한다. 이 기간에는 "What I need(WIN) time", "tier time", "power hour"와 같은 재미있는 이름이 붙여질 수 있다. 일반적으로 이 기간은 모든 학생들이 특정한 유형의 맞춤 활동에 참여하도록 계획되어 있으며, Tier 2 또는 3이 필요한 학생들은 그러한 개입을 받는 것을 지원하는 한편, 다른 학생들은 내용 주제(예: 교육과정 관련 수업 프로젝트 가속화 또는 작업)에 대한 향상된 교육을 받고 있다. 초등학교에서의 이러한 유형의 스케줄은 [그림 2.2]에 나와 있다. 중등학교에서는 Tier 2 또는 3 중재 기간은 전체 기간 또는 블록 타임에 특별하게 배치된다. 중요하게도 학교는 모든 학생의 필요를 고려해야 한다. 그러므로 Tier 2와 3을 필요로 하지 않는 학생은 단계별 중재 기간에 "학교 행사"가 있어서는 안 된다. 잘 수행하는 학생들은 이전에 숙달된 개념을 적용하고 또는 더 발전된 내용과 교수목표와 상호 작용할 수 있는 계획된 활동을 경험해야 한다. 좋은 교사는 학생의 필요를 충족시키는 것을 소홀히 하지 않고, 관리자는 지속적으로 이 열망이 충족되는 정도를 평가해야 하며, 분포의 최상단이나 최하단에 있는 모든 학생을 포함한 모든 학생들이 경험을 통해 얻는 학습 성과를 조사해야 한다. 많은 시스템이 가장 성과가 저조한 학생이나 성과가 우수한 학생에게 서비스를 제공하는 것처럼 보이지만, 불행히도 많은 시스템이 둘 다 수행하지 못한다.

Tier 3

Tier 2에서 충분한 진전을 보이지 않은 학생들을 위해 다단계 RTI 시스템의 Tier 3가 남겨져 있어야 한다. 종종 이러한 학생들은 더 오랜 기간 더 강도 높은 중재를 필요로 한다. 몇몇 묘사와 달리, 우리의 3단계 모델의 개념인 Tier 3은 특수교육과 일치하지 않는다. 오히려, Tier 3은 여전히 일반/치료 교육 활동으로 간주되며, 평가와 중재에서 더 개별화된 향상이 있다.

Tier 3 평가는 개별 중재 계획을 위해 고안되었다. 즉, Tier 3을 필요로 하는 학생은 Tier 2의 특징인 집단 기반 절차에 적절하게 반응하지 않는다.

어려움의 성격을 더 자세히 분석하려면, 학업 기능에 대한 향상된 평가가 필요하다. 교육과정중심사정(Gravcis & Gickling, 2008) 및 교육과정중심평가(Howell, Hosp, & Kurns, 2008, Howell & Nolet, 2000)와 같은 절차는 이러한 유형의 세부적인 기술 분석을 수행하도록 특별히 설계되었다. 컴퓨터 적응 검사(예: STAR 사정)뿐만 아니라 규준지향적 측정(예: CORE Multiple Measures)은 또한 향상된 교육 목표를 식별하고 이러한 학습 목표를 위한 교육 전략의 유형을 변경하는 데 도움이 된다. 우리는 3장에서 이 절차에 대한 더 많은 정보를 다룬다.

문제해결팀 구성은 Tier 3에서 사용된다. 이 단계에서는 평가의 결과를 분석하고 맞춤형 중재를 계획하는 팀 형식이 모범 사례로 간주된다(Hunley & McNamara, 2009). Tier 3 팀 구성은 "의뢰 전 중재" 모델과 오랫동안 관련되어 있던 문제해결 형식과 가장 유사하다. 여기에서의 팀은 전형적으로 Tier 2에서 개입한 학생을 포함하여 학생의 담임교사(또는 중등학교 수준의 교사), 학교장 및 지정된 전문가를 포함한 학교 전반 집단으로 구성된다. Tier 3 지원이 필요한 학생은 종종 더 복잡한 요구를 나타낼 수 있기 때문에, 학교 심리학자는 이러한 문제 심의에 중요한 인력으로 간주된다. 앞서 언급한 심층 사정 분석에 기초하여, 팀은 문제를 명확히 확인하고, 학생의 전반적 학교 환경 적응뿐만 아니라 목표 기

그림 2-2 다단계 지원 시스템의 조직 구조 예시

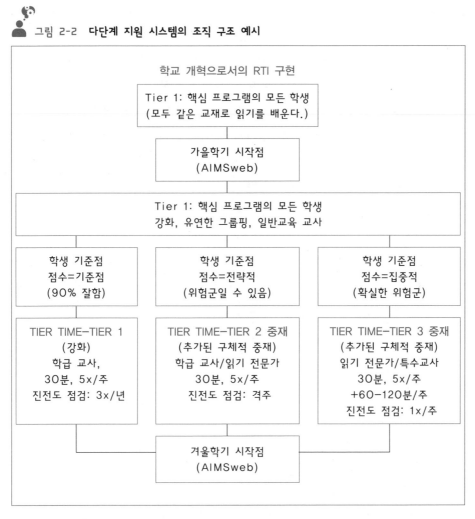

학교 개혁으로서의 RTI 구현

Tier 1: 핵심 프로그램의 모든 학생
(모두 같은 교재로 읽기를 배운다.)

가을학기 시작점
(AIMSweb)

Tier 1: 핵심 프로그램의 모든 학생
강화, 유연한 그룹핑, 일반교육 교사

학생 기준점
점수=기준점
(90% 잘함)

학생 기준점
점수=전략적
(위험군일 수 있음)

학생 기준점
점수=집중적
(확실한 위험군)

TIER TIME-TIER 1
(강화)
학급 교사,
30분, 5x/주
진전도 점검: 3x/년

TIER TIME-TIER 2 중재
(추가된 구체적 중재)
학급 교사/읽기 전문가
30분, 5x/주
진전도 점검: 격주

TIER TIME-TIER 3 중재
(추가된 구체적 중재)
읽기 전문가/특수교사
30분, 5x/주
+60-120분/주
진전도 점검: 1x/주

겨울학기 시작점
(AIMSweb)

술 수행 향상을 위한 개별화된 계획을 수립한다.

Tier 3 중재는 Tier 2에서의 중재보다 더 강력하다. Tier 3에서의 중재는 매일 일어난다. 중재가 개인 맞춤형으로 의도될지라도 대부분의 학교에서는 공통된 요구가 있는 여러 학생을 자주 찾아볼 수 있기 때문에 여전히 집단 환경에서 중재가 제공된다. 다학년 집단은 이러한 상황에서 종종 사용된다. 마찬가지로, 표준 프로토콜(예: 스크립트된) 형식에서 가장 잘 전달되는 연구 기반 중재의 식별에 지속적으로 중점을 두어야 한다. 중재는 각 학생에 대해 목표되고 차별화된 계획으로, 지정된 "집중중재시간" 동안 실시될 것이다. Tier 2와 3 중재의 차이는 개별 학생 평가 데이터를 사용하여 중재를 선택하고 중재 기능을 조정함으로써 중재가 해당 개별 학생에게 효과가 있음을 보장하는 것이다. Tier 3 중재의 주요 특징으로는 보다 좁게 정의된 교육 목표, 낮은 수준/선수 기술에 대한 교육, 모델링이 필요한 정확한 반응 및 개념적 이해를 수립하기 위한 명확한 지침, 교정적 피드백 및 개별 학생의 성과에 따라 점차적으로 가속화되는 좁게 정의된 과제 내용에 대한 안내된 연습 기회가 포함된다.

Tier 3은 더 빈번한 진전도 모니터링을 필요로 한다. Tier 3에서는 학생들의 관심사가 즉각적이기 때문에 진전도 모니터링의 빈도는 특수교육과 관련된 빈번한 수준으로 증가해야 한다. Fuchs(1986)에 따르면 매주 두 번 평가가 가장 효과적이었지만 많은 학교에서는 Tier 3에서 주 1회 진전도를 모니터링한다. 진전도 모니터링은 위에서 설명한 것과 동일하다; 그러나 사정 목표는 강화된 사정 데이터로 인해 다소 변경될 수 있다. 아직 Tier 2에서 착수하지 않은 경우, 교육 계획을 보다 자주 변경해야 하기 때문에 Tier 3에서 데이터 그래프 작성 및 학생 ROI 계산이 특히 중요하다.

중재충실도 사정

앞서 지적한 바와 같이, 학생의 중재반응접근법(RTI) 결정은 효과적인 핵심 교육 및 데이터 기반 중재가 높은 수준의 충실도로 전달되는 정도에 달려 있다. 결과적으로, 완전히 개발된 다단계 시스템의 근본적인 특징은 핵심 교육 및 보완적 중재가 전달되는 충실도에 대한 계획된 사정이다. 교장, 멘토 및 교사의 실시 체크리스트 사용은 프로그램이 설계된 대로 구현되었는지 확인하기 위해 권장된다. 중재충실도는 모든 다단계 시스템의 성공에 필수적이다. 중재충실도는 또한 교수결핍과 관련된 학생의 학업 문제 가능성에 대한 사정과 직접적으로 관련되기 때문에 중재충실도 평가에 대한 추가 정보는 6장에 제시한다.

특수교육 의뢰를 위한 고려사항

모든 학생들이 중요한 학문적 기술을 습득하여 성공할 수 있도록 지원하기 위해 다단계 지원 시스템의 목적은 그러한 서비스와 지원을 제공하는 것이다. 3단계 모델이 학생의 기술을 정확하게 파악하고 제때에 충분한 형식의 중재를 하여 높은 수준의 충실도로 사용될 때, 대다수의 학생들은 일반교육의 틀 안에서 학습 기대를 충족할 수 있다(VanDerHeyden, Witt, & Gilbertson, 2007). 그러나 학생들은 중재에 만족스럽게 반응하지 않거나 장애가 되는 상황의 존재와 특수교육의 필요성을 고려한 적절한 진전도를 보여주도록 강한 중재를 필요로 할 수 있다. 어떤 시점에서, 학교 팀은 특수교육의 적격성을 결정하기 위한 평가를 언급해야 할지 모른다.

평가를 위한 결정, 특히 그 결정의 시기는 다단계 시스템의 사용과 관련하여 우려의 대상이 되었다. 특수교육에 대한 2011년 논문을 통해 OSEP는 특수교육 적격성 결정을 지연시키는 위험에 대해 언급하면서, 강력한 개입에 대한 반응에 대해 계속 실패하는 학생들의 특수교육 적격성을 고려하지 않고 그러한 개입에서 과도하게 유지되어서는 안 된다는 것을 시사했다. 학교는 그 단계에서 너무 오래 머물러서 검증 가능한 장애가 있는 학생을 확인하는 데 실패해선 안 된다. 물론, "다른 면(flip side)"은 학생이 의미 있는 발전을 하기에 충분히 오랫동안 중재하지 못하고 잠재적으로 학생을 특수교육에 적격성이 있는 것으로 식별하게 되는 것이다. 결과적으로, 팀은 개입해야 할 기간과 특수교육을 고려해야 함을 나타내기 위해 어떤 수준의 진전(또는 결핍)을 입증해야 하는지에 대한 지침을 지정해야 한다. 중요한 것은 RTI 데이터를 포함하도록 추천 과정을 재설계할 때 학교는 다음을 고려해야 한다. 첫째, 학교는 Tier 1에서 학교의 대부분의 학생이 예상 기준점을 충족시키는 정도를 평가해야 한다. Tier 1에서 높은 실패율이 발생하는 경우, 특수교육 의뢰 비율이 부풀려지고 거짓긍정의사결정오류(학습장애가 아닌데 학습장애로 판명하는 것)가 발생할 가능성이 높다(예: 학생이 실제로 특정학습장애(SLD)가 아닌 경우에 의뢰를 받고 자격이 주어짐). 많은 수의 학생들이 선별 검사에서 위험 범위 내의 수행을 보인다면, 학교는 Tier 1 또는 핵심 교육을 조정하여 시간이 지남에 따라 위험군 학생 수를 줄이기 위한 노력을 수행해야 한다. 핵심 교육이 조정되고 대부분의 아동이 향상을 입증하기 시작할 때, 개별 학생은 평가 의뢰를 위해 더 정확하게 증명될 수 있다(VanDerHeyden & Witt 2005). 중등학교는 Tier 2와 Tier 3에서 제공된 중재의 질과 정확성을 고려해야 한다. Tier 2, Tier 3에서 제공되는 중재에 반응하지 않는 많은 수의 학생들은 일반적으로 시행 오류의 강력한 징후이다(VanDerHeyden & Burns, 2010 DerHeyden & Tilly, 2010). 이는 중재충실도가 낮아 거짓 양성 오류의 가능성이 부풀려진 것임을 나타내는 경고로 해석되어야 한다. 중재충실도가 해결되고 개선될 때, 중재로 인한 진전도 데이터는 특수교육을 의뢰해야 하는 아동을 정확하게 식별하는 데 사용될 수 있다(Speece, Case, & Molloy 2003 VanDerHeyden, Witt, & Naquin 2003).

특수교육에 대한 평가 결정의 변수는 고정된 것이 아니라 학생의 연령, 학습사, 제공된 중재의 성격, 그 외의 요소에 따라 달라질 수 있다. 그러나 결정을 돕기 위해 몇 가지 지침이 제공될 수 있다.

학습사

중요한 학업 기술을 습득하고 유지하기 위해, 대부분의 학생들은 특히 초기 학년에 다년간 명시적 교수를 제공하는 안정된 교육 환경을 필요로 할 수 있다. 초기 재학 중 전학이 잦은 학생들은 현재 학교에서 장기간의 명시적 교수를 제공하는 교육 환경을 필요로 할 수 있다. 그러한 상황은 IDEA에서 특수교육의 적격성 결정을 위한 조건 또는 규칙 결정 기준에 실격인 "교수결핍"을 구성할 수 있다. 6장에서 중요한 조항에 대한 추가 논의를 제공한다. 지금부터, 평가를 위한 의뢰는 일관된 학습 환경임에도 불구하고 초기 학년기에 실패한 사례를 보여줄 것이다. 부적절한 교육을 배제하는 증거로 대다수의 학생들이 기준점 이상으로 수행하는 시스템에 계속 참여하였음에도 불구하고 보편적인 선별 검사와 주(州) 시험에 대한 성과가 낮다는 것을 들 수 있다.

연령

학생 연령에는 평가시기를 결정할 때 많은 딜레마가 있다. 중재반응접근법 (RTI) 모델의 초기 연구는 집중적인 중재가 1학년 학생들에게 가장 효과적이라는 것을 보여주었다(K−3; Shapiro & Kovaleski, 2008). 사실, 조기 중재는 점수 분포에서 학생들의 상대적 위치가 바뀌고 위험 범위의 아동을 벗어나게 할 수 있다 (VanDerHeyden, Snyder, Smith, Sevin, & Longwell, 2005). 한 가지 훌륭한 규칙은 특정 목표 기술에 대한 성과가 매주 나타나는 중재가 지속되고, "목적 기술"을 주기적으로 평가하여 중재하는 동안 얻게 되는 이익이 동등한 수준으로 향상되도록 해야 한다.

적격성 평가를 참조해야 하는 시기는 유효성과 관련이 있다(Messick, 1995). 집중적이고 잘 수행된 중재에 반응하지 않는 위험군 학생들에 대해 특수교육의 적격성을 고려해야 하지만, 두 번째 수준의 행동이 또한 발생해야 한다는 개념이다. 지역 의사결정자는 특수교육에서 제공되는 중재가 학생들의 학습 성과를 향상시키는 정도를 평가해야 한다. 특수교육 효과에 대한 증거는 그 학생을 특수교육 대상자로 식별하는 것은 실제로 학생에게 유익하므로 결과적 타당성을 갖는다. 학생이 특수교육을 받을 수 있는 자격이 있다고 판단되면 데이터팀은 학생들의 학업 성취가 유지되고 지속될 수 있도록 해당 학생에게 제공되는 개인 및 소집단 개입의 효과를 계속 유지, 조정 및 모니터링해야 한다.

상대적으로 일관된 학력을 가진 중등학년(예: 4−6) 학생들은 저조한 성과의 역사를 확립했을 가능성이 있다. 이러한 학생들에게는 새로이 고안된 중재에 대한 반응으로도 진전이 계속 이루어지지 않아 평가가 보다 신속하게 이루어져야 한다. 성공적인 학력을 보여주지만 실패를 경험하는 학생들에게 특별한 주의를 기울여야 한다. 대부분의 경우, 이러한 학생들은 학교 적응력 및 전반적인 성취에 대한 문제를 야기하는 정서적 스트레스 요인에 반응할 수 있다. 특히 전환기 성적(예: 초등학교에서 중학교, 중학교에서 고등학교)에서 교육과정은 이전에 요구되지 않았고 이전에 습득하지 못한 새로운 기술(예: 조직, 학습 기술)을 요구한다. 이 시나리오들 중 어느 것도 장애의 존재를 시사하지 않는다. 오히려, 그들은 문제에 대한 현재의 문제와 중재에 대한 분석을 요구한다.

중재의 충분성

학생의 중재반응접근법(RTI)이 가능한 장애의 지표로 사용하는 것은 중재의 효능과 그것이 올바르게 수행되었거나 보전된 정도에 달려 있다. 6장에서 이 결정에 대한 더 많은 정보를 제시하겠지만, Tier 2, 3에서 사용된 중재가 학생의 필요에 부합하고, 증거에 기반하고, 학생의 기술 습득에 긍정적으로 영향을 미치기에 충분한 확신을 가지고 제공되었다고 추정한다. 중재의 적절한 엄격성을 제공하지 못하면 적격성에 대한 표시로서 실패한 중재반응접근법(RTI)은 무효화된다.

다단계 시스템의 특수교육

다단계 시스템에 대한 완전한 개관은 특수교육이 어떻게 제공될지에 대한 명확한 설명을 필요로 한다. 다시 말해, "RTI에서 특수교육은 어디에 있는가?"라고 물을 수 있다. 중재반응접근법(RTI)의 초기 개념은 Tier 3을 특수교육(예: Fuchs & Fuchs, 2001)과 동일시했다. 그러나 우리의 관점은 Tier 3은 위에서 언급한 것과 같이 강도 높은 일반교육 중재의 한 형태라는 현재 의견과 일치한다. 9장과 10장에서, 우리는 평가를 통해 수집된 데이터를 기반으로 고품질의 개별화교육계획(IEP)을 개발하기 위한 지침뿐만 아니라 핵심 평가 요소로서 중재반응접근법(RTI)을 사용할 때, 필요한 특수교육의 자격 요건을 설명할 것이다.

요약하면, 특수교육은 미국장애인교육법(IDEA)의 근본적인 요구 사항이었던 최소제한환경에서 전달될 수 있고 전달되어야 하는 (장소라기보다는) 서비스로 간주된다. 결과적으로, 특수교육은 학생의 요구와 특별하게 설계된 교수의 일반

교육 환경으로의 이동 가능성에 따라 "RTI의 모든 수준에서" 제공될 수 있다. 일부 학생들은 학교 시간의 중요한 부분에서 소집단 환경의 집중적인 중재가 필요할 수 있으며, 다른 학생들은 단기간의 덜 집중적인 중재가 필요하거나 일반교육 환경에서 특별한 편의 제공을 필요로 할 수 있다. 학생은 Tier 2 또는 Tier 3 형식으로 보이는 특수교육을 받을 수 있다. 그러나 구별되는 특징은 특수교육 담당자가 중재를 제공하며 개별화교육계획(IEP) 과정의 적용을 받는다는 것이다. 가장 중요한 것은, 개별화교육계획(IEP)을 통해 학생들이 얻는 것은 그들이 요구하는 것을 기반으로 하고, 중요한 타당성의 증거는 특수교육을 받은 상태가 일반교육 서비스만으로 얻을 수 있었던 것보다 크다는 것이다(Tier 2와 Tier 3의 개입을 포함). 이러한 의미에서, 중재반응접근법(RTI)은 열악한 학습의 원인이 되는 교수결핍을 배제하기 위한 과정일 뿐만 아니라 행동 촉구와 특수교육을 받는 학생들을 포함하여 모든 학생들에 대한 학습 증진을 위한 기본 틀이다.

특수교육은 최소제한환경에서 전달될 수 있고 전달되어야 하는 (장소라기보다는) 서비스로 간주된다.

적절한 유형과 수준의 서비스에 관한 기본 기준은 최소제한환경에서 개별화교육계획(IEP)에 명시된 목표에 따라 학생들이 의미 있는 프로그램을 만드는 데 필요한 중재의 강도를 결정하는 것이다. 비장애학생과의 과정 통합이 효과적으로 균형을 이루어야 한다. 적격성 결정의 한 요소로서 중재반응접근법(RTI)을 사용하는 한 가지 이점은 특수교육의 적절한 중재 유형, 중재 수준 및 중재 기간의 결정이 능력/성취에서 "추측된" 것이라기보다는 중재의 3단계를 제공하는 동안 발견된다는 것이다. 둘째, 개별화교육계획(IEP)에 대한 토론은 학생이 특정 교육 과정이나 사용 가능 여부에 대한 믿음을 고수하기보다는 학생의 학습 결과에 따라야 한다. 우리는 10장에서 개별화교육계획(IEP) 개발을 위한 중재반응접근법(RTI) 데이터 사용에 대해 명시적 지침을 제공한다.

중재반응접근법(RTI)의 최초 시행자로부터 자주 들었던 다단계 시스템에서 특수교육을 제공하는 것에 관한 마지막 요점은 Tier 3에서 제안된 중재는 그들의 특수교육 프로그램에서 현재 제공되는 것 이상으로 강도가 높다는 것이다. 이 관찰은 특수교육이 디자인 되었던 당시의 최소제한환경이 강조된 특수교육에서 지난 수년 동안 더 통합된 교육청에 존재하는 상황을 반영한다(Zigmond & Baker, 1995). 특히 중등학교에서, 특수교육은 종종 학생들이 기본 기술의 결함을 극복하도록 특별히 고안된 교습이 아니라 학생들이 사회과학, 과학 등의 주제를 유지하도록 하는 개인 지도 서비스가 되어 왔다. 예를 들어, 너무 많은 특수교육 프로그램은 초등학년 이후의 명시적 읽기 교수를 중단하게 한다. 특수교육은 같은 내용을 쉽게, 혹은 천천히 반복하는 것이 아니다. 특수교육 전략은 학생들이 실제로 배우는 정도에 따라 지속적인 조정을 통해 학생 학습에 도움이 될 수 있는 가장 강력한 교육 전략이어야 한다. 더욱이 중재반응접근법(RTI)의 경험으로 인해 많은 지역교육청은 이러한 체계적 문제를 파악하고 장애 학생을 위한 보다 강력한 중재를 구현할 수 있었다.

다단계 시스템에서의 부모 참여

다단계 시스템에 대한 설명에서 마지막 주제로 부모의 참여를 제외하지 않는 것은 그들의 적극적인 참여가 개혁 교육 시스템의 기본 원리로서 보편적으로 이해되기 때문이다. 더불어, 우리가 8장에서 설명하는 것처럼, 기본적 기술을 습득하는 데 어려움을 겪고 있고 특수교육을 위해 평가받을 수 있는 학생의 학부모 참여는 단지 좋은 아이디어가 아니라 미국장애인교육법(IDEA)에 의한 필수조건이기 때문이다. 그 법률 조항은 잠재적으로 특수교육을 필요로 한다고 생각되는 학생들이 반복적으로 평가되어야 하며 그 결과는 반드시 학생의 부모에게 전달되어야 한다는 것이다. 또한 미국장애인교육법(IDEA)은 평가팀이 학생에게 적절한 교육이 제공되는 정도를 학부모에게 서면으로 입증하길 요구한다.

이러한 규정 조항에서 분명히 밝히는 것은 학부모가 학생의 교육 프로그램에 적극적으로 참여할 때 어려움을 겪고 있는 학생에게 학교의 역할이 가장 효과적이라는 근본적인 이해이다. 최소한, 미국장애인교육법(IDEA) 규정은 학부모가 학생의 요구 사항을 해결하기 위해 시행되는 중재뿐 아니라 자녀의 진전(또는 결핍)에 대해 명확하고 빈번한 업데이트를 제공할 것을 제안한다. 그러나 다단계 중재 시스템의 많은 실무자는 부모의 참여가 학부모를 "순환" 상태로 유지할 뿐만 아니라 학생의 발전에 긍정적인 영향을 미친다는 것을 안다. 이 향상된 참여는 학생에 관한 정보를 제공하는 것부터 중재 계획 회의 중에 의견을 제공하는 것과 가정에서의 중재를 돕는 것에 이르기까지 다양하다. 미국장애인교육법(IDEA)의 언어는 분명히 친밀한 학부모-교사 관계가 학생의 성공을 촉진하고 불화를 예방한다는 것을 의미한다.

행정 리더십 및 지원

대부분의 학교를 위한 다단계 교육 시스템의 제공은 전반적인 학교 개혁이나 구조 조정을 위한 전체 교육청 수준의 노력을 대표한다. 대부분의 지역교육청은 단지 특정학습장애(SLD) 학생을 확인하는 대안적 방법으로써가 아니라, 교육 프로그램 개선에 필요하기 때문에 중재반응접근법(RTI)을 수행한다. 비록 개별 학교들이 자체적으로 다단계 시스템의 개발을 수행하는 것으로 알려졌지만, 보다 지속 가능한 실제는 단위학교 수준의 계획 외에도 완전한 교육청의 지원과 리더십을 가지고 이 방향으로 이동하는 것이다. VanDerHeyden과 Tilly(2010)는 중앙집중적이고 조직적인 비전과 계획이 부족해 중재반응접근법(RTI)이 뿌리를 내리지 못한 수많은 상황을 가정했다. 이 중앙 리더십은 프로젝트의 기획 및 구현에 중요한 이해관계자의 참여, 직원에 대한 기대의 명확한 전달, 전문성 개발을 위한 지원, 대안적 학교 일정 수립, 그리고 가장 중요한, 장애물 극복 및 다른 학교나 수준으로의 확장을 위한 운용 계획으로 운영될 수 있다. 이러한 노력에서 가장 중요한 것은 어떤 절차나 정책이 제거되고 있는지, 그리고 진행 중인 프로그램이 새로운 절차와 어떻게 접점을 찾는지를 포함하여 다단계 시스템을 다른 지역의 계획에 맞추는 방법을 명확히 하는 것이다.

03

학업 저성취의
평가

3장

학업 저성취의 평가

　　이 장에서는 학생의 학업 능력을 종합적으로 평가하기 위한 절차를 제시한다. 이러한 평가는 특정학습장애(SLD)를 결정짓는 첫 번째 준거에 대한 필수조건을 충족시킨다. [그림 3.1]과 같이, 이 준거는 "아동이 충분한 학습경험을 제공받고, 연령 또는 국가수준 학년표준에 맞는 교육을 받았을 때, 다음의 영역들 중 하나 이상에서 연령 또는 국가수준 학년규준을 만족하지 못하는 것"이다. 제시된 영역에는 구어 표현, 듣기 이해, 쓰기 표현, 기본 읽기 능력, 읽기 유창성, 읽기 이해, 수학적 계산, 수학적 문제해결이 있다. 평가 단계에서 수집된 정보는 학생의 수행 수준을 구체화하고 학업성취가 일반 교육에서 성공하기 위해 기대되는 것과 부합하는지를 결정하기 위해 사용된다. 특정학습장애 학생을 분류하려면 평가팀은 먼저 반드시 성취가 기대 이하임을 입증해야 한다. 결국, 저성취는 특정학습장애의 특징적인 증상이다. 저성취는 초기에 확인되어야 하고, 학생의 저성취를 더 나아지게 하는 것이 평가와 적격성 결정 과정의 목표이다. 저성취 외에도, 특정학습장애 학생들은 위험범주를 벗어날 만큼의 충분한 성장속도를 보이지 않는다(중재반응모형의 준거2). 4장에서는 이러한 성장속도를 어떻게 결정하는지 학생의 향상률을 계산함으로써 설명하였다. 이러한 두 가지 기준, 낮은 성취수준과 낮은 향상률은 이중 불일치라 불리며(Fuchs, 2003; Fuchs, Fuchs, & Speece, 2002), 이는 아동에게 학습문제가 있고 교육 프로그램의 변화 없이는 아동이 지속적인 학습 실패를 경험할 것이라는 강력한 증거가 된다.

> 저성취는 특정학습장애의 특징적인 증상이다.

우리는 CBM(교육과정중심 측정) 및 컴퓨터 적응 검사를 통한 보편적 선별검사의 결과를 사용하여 기존 데이터를 수집 및 기준점 차이 분석을 수행하는 절차를 상세히 설명하고, 장애인교육법 규정에서 제시한 하나 이상의 영역에서의 부진(수준)을 다루는 새로운 평가 방법을 설명할 것이다. 평가 절차는 적격성 결정 및 자격을 갖춘 학생의 개별화교육계획 개발을 위한 정보를 제공하는 특정기술 및 하위기술들에 대한 학생의 성취를 파악하는 데 초점을 둔다.

기존 데이터 수집

제1장에서 설명한 것처럼 장애인교육법 규정은 학생 종합평가 계획의 첫 단계로서 평가 팀은 "부모가 제공한 평가 및 정보, 학급·지역·국가수준 평가, 학급기반 관찰, 교사 및 관련 서비스 제공자의 관찰"(§300.305[a][1])을 포함하여 학생에 관한 기존 데이터를 검토해야 함을 지적한다. 이 조항은 특히 적격성의 준거로서 중재반응모형을 사용하고, 학생의 중재반응모형을 효과적이고 타당하게 결정하기 위해 필요한 단계적 구조를 개발하고 있는 학교에서 중요하다. 제2장에서 상세히 설명했듯이, 단계적 지원 시스템 실시를 위해 탄탄한 절차를 가지고 있는 학교는 이러한 지원을 제공하는 동안 광범위한 평가 데이터를 수집할 것이고, 이러한 데이터는 수업 및 중재에 대한 정보를 제공할 뿐만 아니라, 특정 학습장애 카테고리 아래의 특수교육 적격성을 결정에 중요한 증거로도 사용할

그림 3-1 기준 1이 강조된 특정학습장애 결정 기준 관련 IDEA 규정 개략도

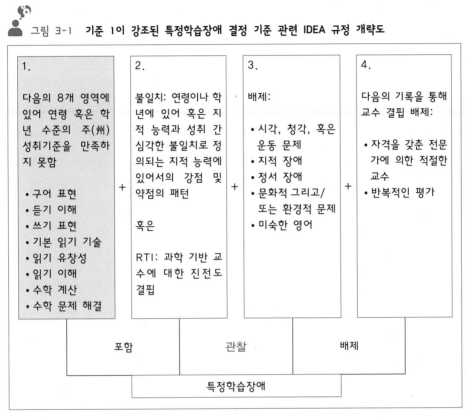

수 있다. 이 증거는 국가 및 지역수준 검사, 보편적 선별검사(기준점 검사) 및 진전도 모니터링 데이터를 포함한다.

국가 및 지역수준 검사

NCLB(No Child Left Behind Act)는 지역교육청이 3학년부터 8학년까지의 학생들이 국가수준 수학과 읽기 또는 언어검사에 참여하고, 10학년에서 12학년 중 적어도 한 번은 참여하도록 정한다. 많은 경우 의무교육연한을 확대하고, 많은 지역교육청들이 상업적으로 사용가능한 집단 학력검사를 구입하여 의무시행횟

수 이상 검사를 실시하고 있다. 많은 지역에서 3학년에서 12학년까지의 모든 학생들이 시험을 본다. 그 결과, 학교는 개별 학생들의 읽기, 수학, 쓰기, 몇몇 과목들에 대하여 다년간의 광범위한 기록을 가진다. 집단검사의 단점을 고려해 볼 때, 각각의 매년 결과들은 신뢰롭지 않지만 다년간 이루어지면, 데이터의 추세는 유용한 증거를 제공한다. 예를 들어, 3학년부터 7학년까지 읽기능력집단검사에서 숙달범위의 결과를 나타낸 8학년 학생의 데이터는 이 학생이 8학년에서 "새로운" 학업수행문제를 겪는다고 해도 특정학습장애로 인한 결과가 아님을 드러낸다. 다시, 이러한 데이터가 결정적이지는 않지만, 평가팀이 고려해야 할 증거의 일부로 간주되어야 한다.

보편적 선별검사

제2장에서 설명한 바와 같이, 모든 학생들의 중요 학업 기술에 관한 보편적 선별검사는 다단계 시스템의 중요한 기반으로 널리 이해되며, 중재반응모형이 이전 모델과 구별되는 특징들 중 하나이다(Kovaleski & Black, 2010). 일반적으로 1년에 3회씩 실시되는 보편적 선별검사는 숙달수준에 도달하지 못하는 학생을 파악하는 데 사용되며, 일반적으로 학생들이 그룹에서 수행하는 방식을 결정하기 위한 기준점 검사로 사용된다(Kovaleski & Pedersen, 2008). 많은 학교가 유치원에서 이러한 평가를 시작하고 초등학교에서도 이는 계속 이어진다. 1학년 때 이러한 평가가 가능하다는 사실은 국가수준 집단검사가 보통 3학년 때부터 시작되기에 특히 중요하다. 어떤 지역구에서는 보편적 선별검사를 초등학교 이후 중고등학교까지 확대하기도 한다. 선별의 목적은 중재가 필요한 학생들을 확인하고 교육과정 및 교육 프로그램의 전반적인 효과를 평가하는 것이지만, 보편적 선별의 성취자료는 학생의 숙달도 발달에 대한 유용한 정보가 된다. 주어진 학생의 기본 학습기능 숙련도 개발에 대한 유용한 정보를 제공한다. 선별의 목적은 중재를 위한 학생을 구별하고, 교육과정과 교수프로그램의 전체적인 효과성을 평가하는 것이지만, 선별검사의 데이터는 또한 몇 년간에 걸친 학생의 기본 기술

들의 숙달도 발달에 대한 정보를 제공해준다. 국가수준 검사 결과와 마찬가지로, 특정 데이터 점수는 학년기대수준과 비교하여 학생의 부진 정도를 판정할 수 없지만, 수년간의 데이터 추세는 언제, 어떻게 학생의 어려움이 발생하는지에 대한 독특한 측면을 보여준다.

현재, 측정학적으로 적절한 읽기, 수학, 쓰기 보편적 선별검사도구가 존재한다. 이 검사들은 여러 형태로 실시된다. 여기서 가장 주목할 만한 것은 AIMSweb(Pearson, 2011), Dynamic Indicators of Basic Early Literacy Skills (DIBELS) Next(Good et al., 2011) 및 Easy CBM(Alonzo, Tindal, Ulmer, & Glasgow, 2006) 등 CBM 절차가 기반이 되는 평가일 것이다. 이 검사도구들은 어떤 경우에는 학급수준에서 실시될 수도 있지만, 주로 개별적으로 실시된다. 또 다른 Classworks Universal Screener(Curriculum Advantage, 1993)와 같은 집단검사들은 집단실시와 컴퓨터 채점을 하도록 한다. 최근 STAR 초기 문해(Renaissance Learning, Inc., 2012a), STAR 읽기(Renaissance Learning, Inc., 2012c), STAR 수학(Renaissance Learning, Inc., 2012b) 및 학업 진전도 측정(Northwest Evaluation Association, 2004)과 같이 문항반응이론을 토대로 하는 수많은 컴퓨터 기반 접근이 나타났다. 쓰기 표현에 대한 보편적 선별은 CBM으로 수행될 수 있지만, 이 접근법은 현재 학교에서 자주 수행되지 않는 것으로 보인다. 장애인교육법에 의해 지정된 다른 장애 영역(구두 표현 및 듣기 이해)에는 현재 보편적인 선별검사가 존재하지 않는다. 중재 반응에 대한 국가 센터(www.rti4success.org)에서 보편적 선별검사들의 심리측정검사 평정치를 제시하고 있다.

보편적 선별검사를 실시하는 동안, 학생들의 점수는 기준점과 비교된다. 기준점은 보편적 선별검사, 진전도 모니터링, 그리고 다른 절차들을 통해 측정된 기대 수행의 최소 수준을 나타낸다. [그림 3.2]는 한 학년 내에서 보편적인 선별검사를 통해 수집된 읽기유창성(Oral Reading Fluency) 데이터의 예시를 보여준다. 가을학기, 겨울학기 및 봄학기 검사의 읽기유창성 기준점 점수는 각각 분당 94, 112, 123단어이다. 반대로 표적 학생은 이 세 가지 평가에서 분당 45, 55, 61단어 점수를 받았다. 이 학생에게는 성취 부진의 패턴이 분명하게 드러난다.

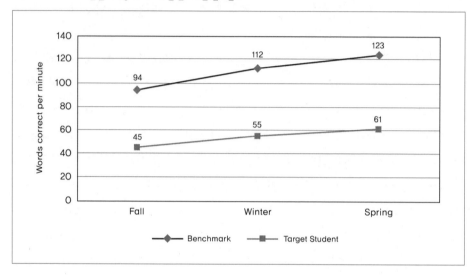

그림 3-2 **4학년 학생을 위한 읽기유창성 기준점 검사의 예. Hasbrouck와 Tindal(2006)의 표준을 사용하여 개발한 기준점 점수**

　　앞서 언급했듯, 많은 지역교육청은 현재 보편적 선별검사로 컴퓨터적응검사를 사용하고 있다. 컴퓨터적응검사는 학생의 반응을 토대로 문항을 선정하고 평가영역 내의 특정 능력과 잠재적 문제를 확인시켜주는 측정방법이다. 컴퓨터적응검사 측정의 기본 개념은 평가되는 학업기술의 진전도에 대한 인식에 있다. 측정에서 문항반응이론을 사용하여, 각 학생의 구체적인 학업기술 역량을 확인할 수 있다. 컴퓨터적응검사의 종합점수는 평가의 학업영역에서 학생의 기술을 반영한다. 학생은 컴퓨터로 10~20분 정도의 짧은 시간에 광범위한 학습기술을 평가할 수 있는 컴퓨터적응검사를 실시한다.

　　컴퓨터적응검사 점수는 일반적으로 환산점수라고 불리는데, 이것은 학생의 평가된 능력의 위치를 의미한다. 사람의 체중을 나타내기 위해 파운드와 같은 단일 척도를 사용하는 예시를 생각해보자. 체중은 5세 어린이를 측정할 때나 50세의 어른을 측정할 때 동일한 척도인 파운드를 사용하여 무게를 표현한다. 그러나 5세 어린이와 50세 어른에게 "정상적인" 것으로 간주되는 무게는 다르다.

그림 3-3 STAR 읽기를 사용하여 4학년 학생들을 기준점 평가한 예

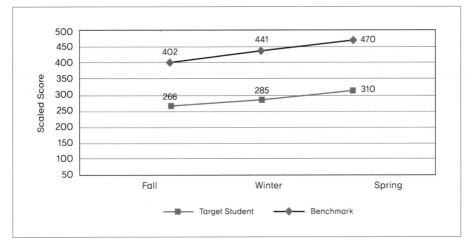

모든 개인이 같은 척도에 놓여 있지만, 각 체중이 가지는 의미는 사람의 나이와 관련이 있다. 마찬가지로 컴퓨터적응검사 점수는 개념상 동일하다. 읽기검사에서, 학생에게 점수가 부여되고, 학생의 점수는 연령 또는 학년 기대수준에 부합하게 해석된다. STAR 읽기(Renaissance Learning, 2012c)의 환산점수가 컴퓨터적응검사의 예시가 될 수 있다. STAR 읽기의 환산점수는 1학년에서 12학년에 걸쳐 0에서 1400의 범위로 구성된다. 일반적으로 40백분위점수를 받은 학생들은 숙달수준이고, 25백분위점수 아래의 학생들은 학업 실패 위험군이다. 10백분위점수 이하의 학생들은 심각한 학습부진으로 간주된다.

[그림 3.3]은 컴퓨터적응검사(이 경우에는 STAR 읽기)를 사용하는 보편적 선별검사의 예시이다. 4학년의 가을학기, 겨울학기, 봄학기 기준점 점수는 각각 402, 441 및 470이다. 대상 학생은 이러한 평가에서 266, 285, 310점을 얻었으며 부진한 성취 패턴을 보여주었다.

진전도 모니터링 데이터

제2장에서 언급했듯이 단계적 지원 시스템의 특징은 Tier 2와 Tier 3 중재 과정에서 학생들의 진전도를 자주 모니터링하는 것이다. 특정학습장애를 결정하는 첫 번째 준거를 위한 증거수집의 측면에서, 일련의 진전도 모니터링 측정치들은 학생들의 표준 수행수준에 관한 자료로 활용된다. 진전도 모니터링의 절차는 4장에서 자세히 설명되어 있다.

학업 부진 정도의 측정을 위한 기존 데이터의 사용: 기준점 차이 분석 수행하기

일단 이용 가능한 데이터가 수집되면, 평가팀은 학생들의 학업 부진이 일반 학생들과 비교하여 어느 정도인지를 초기에 결정해야 한다(예: 기준점). 기준점 차이 분석은 학생의 데이터를 팀이 숙달 수준이라고 결정한 기준과 비교하는 것을 말한다. 학생의 부진 정도가 특정학습장애의 준거 1에 적합하다고 판정하는 것은 9장에서 자세히 기술한다. 본 절에서는 교육과정 기반 데이터와 컴퓨터적 응검사의 데이터가 포함된 기준점 차이 분석, 두 가지의 기준점 차이 분석에 대한 예를 설명한다.

CBM을 통해 기준점 차이 분석 수행하기

Shinn(2002, 2008)은 CBM 데이터가 어떻게 특수교육 적격성에 관한 의사결정 과정의 일부로 사용될 수 있는지 설명했다. CBM 데이터 권장 사용법은 대상 학생의 또래 집단에 대한 기준점(숙달) 점수와 학생이 얻은 점수의 비율을 계산하는 것이다. Hasbrouck과 Tindal(2006)은 읽기유창성 데이터를 사용하였으며, 50백분위점수는 숙달 수준을 나타낸다. [그림 3.2]에서 볼 수 있듯이, 대상 학생은 가을학기에 실시된 보편적 선별검사에서 분당 45개 단어의 읽기유창성 점수를 보였다. 이 점수는 기준집단의 평균점수(분당 94개 단어)와 비교되어 특정 비율로 나타낼 수 있다($[94/45]=2.1x$). 즉, 대상 학생은 일반적으로 수행하는 학생과 두 배 이상 차이가 난다. 겨울학기와 봄학기 평가를 거치면서, 학생의 부진 비율이 겨울학기에는 $2.0x$배(112/55), 봄학기에도 $2.0x$배(123/61)임을 보였다. Shinn은 CBM을 사용할 때 $2.0x$의 비율이 특정학습장애 적격성을 결정짓는 유용한 매개변수임을 주장했다. 그리고 Marston, Muyskens, Lau, & Canter(2003)는 Minneapolis에서 특정학습장애 학생들을 판별하는 데에 있어, 이 공식을 성공적으로 사용했다고 발표했다.

부진 비율을 나타내는 이 공식이 CBM 연구에서 광범위하게 사용되고 있지만, 분자와 분모 위치를 바꾸어 백분율을 만드는 것이 더 직관적으로 매력적일 수 있다. 예를 들어, 위의 가을학기 점수를 사용하면, 그 비율은 45/94=47.8%로 표시된다. 이 방법으로 도출된 수치는 기준점 차이 분석에서 대상 학생이 자신의 나이 또는 학년에서 기대되는 수준의 약 48% 정도 수준으로 수행한다. 겨울학기와 봄학기 수치는 (겨울학기의 경우 55/112=49.1%, 봄학기의 경우 61/123=49.6%)이다. 이 공식은 소비자들(특히 부모)에게 더 이해가 쉽다.

컴퓨터적응검사를 통해 기준점 차이 분석 수행하기

컴퓨터적응검사를 통한 기준점 차이 분석은 CBM 데이터에서와 유사한 절차로 수행된다. 이 경우, 학생이 얻은 측정치는 40백분위점수를 기준으로 나뉜다. 예를 들어, 가을 학기에 STAR 읽기에서 266점을 얻은 4학년 학생을 생각해 보면, 이 수치는 10백분위점수에 해당된다([그림 3.3] 참조). 이 점수와 40백분위점수(402)를 266/402=66.2%의 계산으로 나타내면, 기대수준의 66%의 정도에서 수행하고 있음을 나타낸다. 겨울학기 평가에서 학생의 비율은 (285/441=64.6%)일 것이고 봄학기에는 (310/470=66.0%)가 될 것이다. 컴퓨터적응검사 점수를 사용할 때 역비율(즉, $2.0x$)을 사용할 수 없다는 점을 주의해야 한다.

후속 개별 학생 평가 수행

기존 데이터와 보편적 선별검사 결과를 사용한 기준점 차이 분석은 학생의 학업 부진을 판단하는 중요한 첫걸음이다. 이러한 분석은 평가팀에게 나이나 국가표준에 맞는 학생의 학업 기술에 대한 유용한 정보를 제공하지만, 개별 학생의 학업 기술을 평가하는 추가적인 정밀검사는 다음 두 가지의 이유로 필요하다. 첫째, 개별 평가는 덜 공식적인 상황에서(예: 보편적 선별검사) 학습부진의 정도를 증명하는 데에 필요하다. 둘째, 정밀검사는 중재 개발 시 교수의 부족을 제할 수 있도록 충분한 정보를 주거나, 만약 학생이 특수교육에 대한 적격성을 가진다고 판단될 때, 학생의 IEP를 개발하는 데에 사용된다. 본 절에서는, 개별 학업 평가 전반에 대해 설명하는데, 학업적 염려의 정도와 특성에 관한 정보를 구체화할 뿐만 아니라, 중재계획 수립을 위한 학생의 하위학업기술에 관해 "드릴다운(drill-down)"을 제공하기도 한다.

> 개별 평가는 덜 공식적인 상황에서 학습부진의 정도를 증명하는 데에 필요하다.

다음에 기술된 드릴다운 접근은 교육과정중심사정(curriculum-based assessment, CBA; Gickling & Armstrong, 1978; Gickling & Havertape, 1981; Gickling & Rosenfield, 1995), 교육과정중심평가(curriculum-based evaluation, CBE; Howell et al., 2008; Howell & Nolet, 2000), 그리고 교육과정중심측정(CBM)이 실시된 맥락에 기반을 둔다. 완전한 형태의 단계적 접근 모델에서 이러한 평가들은 교수에 대한 정보를 제공하기에 학생의 특수교육 적격성 여부를 고려하기 전에 사용되었다. 만약 이러한 평가가 Tier 2와 Tier 3 중재 기간에 실시되지 않았다면, 공식적인 평가 절차 중에라도 실시되어야 한다. 만약 학교에서 단계적 지원시스템을 사용한다면, CBM, CBA와 CBE 데이터가 이미 이용 가능한 상태일 수 있다. 우리는 또한 학업성취 규준참조 검사가 적격성을 판정할 때, 또는 (학생들이 적격성을 갖춘 것으로 판별될 경우) IEP를 계획할 때 얼마나 유용한지 설명하였다. 역사적으로,

학업성취 규준참조검사가 단계적 중재를 제공하는 것보다 적격성을 결정 시에 더 사용되었다.

CBA 방법

모든 CBA 방법은 학생 학습에 관한 중요한 정보를 교사에게 제공하여, 수업이 효과적인지와 수업 효과를 높이기 위해 어떤 변화가 필요한지 알려준다. 평가에 대한 이러한 접근은 Deno와 Mirkin(1977)으로 거슬러 올라간다. 그들은 데이터기반 프로그램 수정에서 학생들의 학급 수행문제를 문제해결 접근방식으로 설명했다. 용어의 차이는 있지만, 현대의 교육과정중심 방법들 간에는 차이점보다 공통점이 더 많다. 예를 들어, 모든 교육과정중심 접근은 잘 정리된 교육과정 자료를 사용하는데, 학생이 직접 배우지 않은 것일 수 있다. 모든 교육과정중심 방법은 표준화된 관리 프로토콜을 따르고, 학생들의 성장을 반영하기 위해 반복적인 평가를 실시하며, 교육 계획 및 조정에 유용한 데이터를 제공한다. 교육과정중심 방법의 역사에 관심이 있고 그 미묘한 차이를 이해하는 독자는 Shinn과 Bamonto(1998), Fuchs와 Deno(1994), Van Der Heyden(2005)을 참조할 것을 추천한다. 다양한 교육과정중심 방법에서 나타나는 뚜렷한 구분은 교사나 평가자가 학습 진전도를 평가하고 조정하기를 원하는 측정치와 시간 프레임의 차이로 요약될 수 있다. 실제로, 중재 중 지도되는 좁게 정의된 목표 기술에 대한 정확한 측정과 교육과정에서 성공하기 위해 필요한 것들을 반영하는, 광범위한 핵심 역량에 대한 평가가 필요하다. 평가에 활용되는 내용은 교사나 평가자의 결정에 달려있다. 아래에는 CBM, CBE, 교수 평가(Gravois & Gickling, 2008) 등의 방법을 포괄하여 CBA라는 용어로 사용하도록 한다.

학생의 교수 수준 결정

CBA는 수업 진행 기간에 평가절차를 포함하고, 실제 수업 진행 중 가장 좋은 결과를 낸 평가를 목표로 삼는다(Gickling(1994)는 평가의 라틴어 어원을 "옆에 앉는 것"이라고 언급했다. Howell(2008)를 참고). CBA를 이용한 개별학생 평가의 첫 번째 단계는 학생의 교수 수준을 결정하는 것이다(Betts, 1946). Gickling과 그의 동료들(Gickling & Armstrong, 1978; Gickling & Thompson, 1985)은 학생들이 좌절 수준이나 숙달 수준 그 사이에서 교수 수준을 결정할 때, 최적의 진전도를 보였다. 좌절 수준에서 가르친 학생들은 느린 속도로 성장하였고, 그들의 교수 수준에서 배운 사람들보다 안 좋은 결과를 경험했다. Gickling과 동료들은 아직 배우지 않은 개념과 알고 있는 개념의 비율에 따라 교수 수준을 조작적으로 정의하였고, 학생들이 직접 교수를 받았는지 아니면 독립적으로 학습하였는지를 살펴보았다. [표 3.1]에서 알 수 있듯, 독립적으로 학습할 때(예: 정확한 반응에 대한 교사 지원 없음), 최적의 학습이 발생하기 위하여 알고 있는 개념의 비중은 전체의 93~97%가 되어야 한다. 한편 교사가 정확한 반응에 대하여 적극적인 지원을 하는 직접교수 모델에서는, 70~85%의 개념을 알고 있어야 최적의 학습을 달성할 수 있다.

표 3-1 **숙달, 교수, 좌절 수준에서 아직 배우지 않은 개념 대 알고 있는 개념의 비율**

수준	직접교수	독립적인 학습
숙달	해당 없음	>97%
교수	70-80%	93-97%
좌절	<70%	<93%

CBA의 목적은 수업에 사용된 자료에서 학생의 현재 수행 능력을 평가하여 해당 학생이 숙달 수준, 교수 수준 또는 좌절 수준 중 어디에 있는지를 판단하는 것이다. 자료가 학생의 좌절 수준에 있는 경우, 추가적인 평가를 실시하여 "학습 가능한" 자료의 수준을 결정한다. 즉, 교사는 자료의 수준을 조정하여 학생의 교수 수준에 "알맞은" 자료를 개발할 수 있다. 다시 말하면, 학생이 93%의 정확도로 독립적인 학습을 수행할 수 있고, 70%의 정확도로 교사가 학생에게 직접 지원을 제공하며 학습을 수행할 수 있도록 자료를 더 쉽게 수정할 수 있다. 학생의

응답 정확도는 교사에게 학생의 현재 성취를 통해 무엇이 유용한 교수 전략의 유형인지를 알려주는 신호이다. 예를 들면, 직접 교수는 정확도가 낮은 학생에게 필요한데, 그것은 즉각적인 피드백이 그 학생들에게 가장 유용하고 중요한 수업 전략이기 때문이다.

유창성 점수(즉, 분당 정확한 응답의 수)를 사용하여 교수 수준을 결정할 수도 있다. 교수 수준은 두 가지 방식으로 정의할 수 있다: (1) 해당 학년에서 기대되는 성취의 25백분위점수 이상의 성취수준, 또는 (2) 미래에 학습 성공을 예견하는, 경험적으로 판단된 성취(Haughton, 1980), 즉 연말 성취수준을 통과하거나 후속 선별검사(예: DIBELS & iSTEEP, 2011)에서 위험 범위를 벗어난 성취와 같은 긍정적인 결과를 보이는 증거들을 말한다. Hasbrouck과 Tindal(2006)에 의해 보고된 바와 같이 AIMSweb(Péarson, 2011), iSTEEP 등 다양한 검사도구에서 제공하는 규준을 활용하여 특정 유창성 수준에서 좌절 수준(예: 25백분위점수)을 결정할 수 있다. 예를 들어, AIMSweb에서 제공하는 표준 데이터를 기반으로 3학년 봄학기 학생의 경우 분당 92단어 미만으로 읽는 학생은 좌절 수준이라 평가할 수 있다. 교수 수준을 결정하기 위해 통제된 과제에 유창성 준거를 사용하는 것은 DIBELS, iSTEEP, AIMSweb 등을 사용했던 독자들에게는 익숙할 수 있다.

교수적 위계를 사용한 평가 안내

평가팀은 단계적 지원 시스템에서 중재를 계획하기 위해 표적기술을 한 번에 하나씩 평가하고, (1) 아동이 독립적으로 반응할 수 있는지, (2) 아동의 반응이 정확한지, 만약 정확하다면, 유창한지, (3) 보상과 교수적 지원이 아동으로 하여금 보다 높은 숙달 수준의 기량을 발휘할 수 있게 하는지 여부를 결정하기 위해 점진적으로 더 쉬운 수준의 과제를 부여한다. 이 평가의 목적은 아동이 교수적 지원을 요구하는 학습기술을 확인하고 학습에 가장 큰 영향을 줄 수 있는 교수적 지원의 유형을 식별하는 데 있다. 이 절차의 과학적 토대는 교수적 위계 (Gickling & Armstrong, 1978; Gickling & Thompson, 1985; Haring & Eaton, 1978)에서 비롯되었으며, 효과적인 교수는 아동의 현재 숙련도와 능력에 부합하여야 함을 역설한다. 성공적인 중재 계획에는 학생과 교실 내 학습에 대한 기대 사이의 "적합성"의 향상이 포함된다. 적합성을 향상시키기 위해 교사는 학생의 능력을 향상시키고, 동시에 학생의 성취와 기술 개발을 보다 잘 지원할 수 있도록 과제를 조정해야 한다(Rosenfield, 2002). 일반 교육에서 학습 부진을 보이는 아동은 단순히 내용이 너무 어렵거나, 학생의 능력과 학습을 위한 환경 간의 불일치가 있기 때문이다. 예를 들어, 교실의 대부분 학생들이 어른의 도움 없이 정확하게 반응할 때, 교사는 교실에서의 독립적인 과제로 받아올림/받아내림이 포함된 3자릿수 계산을 제시할 수 있다. 받아올림/받아내림의 방법을 이해하지 못하고 어려움을 겪는 학생의 경우, 독립적인 연습이나 일반적인 수업은 실제로 금기시되며, 도움이 되기보다는 더 큰 해를 끼칠 수 있다.

축적된 연구가 이야기하듯, 첫 번째 단계는 학생들이 배우길 기대하는 것을 구체화하는 것이고, 두 번째 단계는 어떤 학생들이 그러한 기술을 습득했는지 아니면 추가적인 교수가 필요한지를 결정하는 것이다(Bushell & Baer, 1994). 교사는 각 학년 수준에서 일련의 중요한 학습 성취를 계획해야 한다. 교육과정 성취기준은 널리 공개되어 있기에, 학년별 필수 학업기술을 확인하는 것은 어렵지 않다. 많은 주(州)에서는 국가수준 핵심성취기준(National Governors Association Center for Best Practice, 2010)을 채택했으며, 이는 학생들이 각 학년 수준에서 익혀야 할 학업기술의 순서를 결정하는 훌륭한 출발점이 된다. 핵심성취기준의 각 기술은 하위 기술로 더 세분화될 수 있다. 예를 들어, 1학년 학생들의 수학 핵심성취기준은 '20 이하의 수를 더하거나 뺄 수 있음'이다. 20 이하의 수를 더하고 빼는 기술은 '20까지 더하는 것'과 '20에서 다른 수를 빼는 것'으로 세분화할 수 있다. 이 기술은 5까지의 합, 9까지의 합, 10까지의 합, 15까지의 합, 20까지의 합 등으로 더 세분화시킬 수도 있다. 이러한 기술의 위계는 수행 목표 수준으로부터 시작하여 역으로 점진적으로 쉽게 수행할 수 있는 과제 순서로 정렬되어야 한다. 평가의 목적은 목표가 되는 학업기술에 비추어 학생의 학습 단계를 파악하는 것이다.

교수적 위계(Haring & Eaton, 1978)는 다음과 같이 네 가지 예측 가능한 학습 단계를 통해 기술 숙달이 진행된다.

- 습득
- 유창성
- 일반화
- 적용

습득 단계에서는 아직 학업기술이 습득되지 않았다. 습득 단계 교수의 목표
는 개념적 이해에 대한 올바른 반응을 확립하는 것이다(Harniss, Stein, & Carnine,
2002). 개념적 이해는 아동이 어떤 반응이 옳고 그른지 그 조건을 이해할 수 있
을 때 명확해진다. 개념적 이해는 다양한 방식으로 증명될 수 있다. 예를 들어,
교사는 아동에게 답을 얻은 방법을 보여주는 그림 그리기, 문제를 해결할 때 풀
이과정을 말로 설명하기, 일련의 참/거짓 문제에 답하고, 틀린 답을 어떻게 하면
옳게 수정할 수 있는지 설명하기 등의 방법이 있다. 이러한 접근법은 교사에게
학생 이해의 창을 제공하여, 학생이 우연이나 기억으로 정확한 답을 얻지 않았
다는 것을 확인시켜준다. 암기된 응답은 중요하며 학습을 촉진시킬 수 있지만,
학생이 반응에 대한 개념적 기초를 이해할 때만 가능하다. 예를 들어, 학생이 문
장을 어떻게 읽는지 이해하지 못하는데, 해독 기술을 사용하고, 마침내 문맥 단
서를 사용하여 모르는 단어를 읽는 경우, 단순히 일견단어를 암기하는 것은 모
든 암기된 응답이 쉽게 잊혀지기 때문에 아동이 실패할 확률을 높인다. 암기된
응답이 잊혀졌을 때, 아동은 전략을 사용하여 정확한 답을 얻을 수 있어야 한다.
습득 단계에서, 교사는 간단한 과제에서 교사의 도움 없이 반응의 정확성을 점
검하고, 유창성 훈련으로 이동하기 직전에 개념적 이해를 평가해야 한다. 일단
아동이 교사의 도움 없이 90% 이상의 정확한 응답과 개념적인 이해를 보인다면,
아이는 특정 과제에 대한 유창성 훈련을 받을 준비가 된 것이다.

학습의 4단계: 습득, 유창성, 일반화, 적용

학습의 유창성 훈련단계에서 기술 자체는 이미 습득되어 있다. 다시 말해서, 아동은 올바르게 반응하거나 올바른 답을 얻는 방법을 이해한다. 유창성 훈련의 목표는 아동이 올바르게 반응하도록 그 편이성을 증가시키는 것이다. 습득교수에서 우리는 보통 정확한 반응의 비율을 측정하여 반응의 정확성을 점검했다. 유창성 훈련으로 넘어가기 전에, 아동의 수행이 100%에 도달했다는 것은 정답률로 알 수 있다. 즉, 아동의 수행 능력이 100%에 이르면 학습에서 진보를 나타내는 정답률로부터 얻을 수 있는 것이 더 이상 존재하지 않는다. 한편 100% 정답률로 문제에 반응할 수는 있지만, 수행이 자동적인 학생과 수행 능력이 떨어지고 주저하는 학생을 비교할 때 그 숙련도에는 중요한 차이가 있다. 아동이 유창성 훈련에 접어들면, 숙달이 더 필요한 부분을 발견하기 위해 시간을 함께 측정해야 한다. 이것은 분당 정확한 반응 측정치를 통해 얻을 수 있다. 이러한 측정치는 1분짜리 검사 또는 더 긴 시간의 검사에서 얻을 수 있으며, 분당 수행 수치를 얻기 위해 분 단위로 나눌 수도 있다(Johnson & Street, 2013).

아동의 수행 속도가 정확도를 떨어뜨리지 않으면서 빨라진다면, 분당 정답률이 높아진 것을 의미하며, 아동이 일반화 교수를 받을 준비가 된 것임을 나타낸다. 경우에 따라 학생은 교육 상황과 다른 상황에서 쉽게 학습한 기술을 사용할 수 있다. 예를 들어, 두 개의 세로셈 더하기를 배운 학생은 가로셈이나 문장제와 같은 문제에 더 정확하고 쉽게 반응할 수 있다. 그러나 어떤 아동(특히 특정학습장애를 가진 아동)은 다른 상황이나 다른 과제에서 독립적으로 학습된 기술을 사용하지 못할 수 있다. 일반화 교수를 하는 동안 교사는 학생 반응의 정확성을 면밀히 관찰하고, 오류가 다시 나타나지 않는지를 확인해야 한다.

평가팀이 일련의 기술을 구체화하고 아동의 학습 단계를 확인하고 나면, 개별화된 중재를 계획하고 학생의 진전도를 점검할 수 있다. 이 자료는 특정학습장애의 적격성을 결정하기 위한 적절한 교수 부족을 배제하는 데에도 활용할 수 있으며, 개별화교육계획의 개발을 안내하는 데에도 사용할 수 있다(10장에서 자세히 설명). 교육과정 중심 방법에서는 일련의 "스냅샷" 또는 교수과정 사이에 삽입된 작은 평가들을 만든다. 교사는 학생을 반복적으로 평가하고, 학생의 반응에 따라 다음 교수 상황을 조정한다. 제기된 질문의 순서는 교사나 평가자가 학생이 가지고 있는 특정 지식 및 기술을 파악하게 해준다. 예를 들어, 읽기의 순서에는 언어/사전 지식, 단어 인식, 단어 연구, 유창성, 반응, 포괄적 이해, 그리고 메타인지가 있다. 읽기는 보통 이러한 개별 구성 요소의 합보다 더 크다고 하지만, 각 구성 요소에 대한 평가는 읽기 과정에서 학생의 기술을 개념화하는 데 사용되며, 다음 수업에 포함되어야 할 전략을 정확히 보여준다(Gravois & Gickling, 2008). 교수적 개선이 Tier 2와 Tier 3에서 집중적이고 보충적인 중재를 제공하는 데에 핵심적이라는 점에서, 교육과정 중심 방법을 중재반응모형에 적용하는 것은 간단하다.

일반적으로 일반교육의 주요교과 수업에서는 교사가 초기 기술 습득을 위해 안내된 연습과 피드백, 이해 여부 확인, 유창성 훈련, 그리고 매일 배운 기술을 적용할 수 있는 기회를 제공하는 등 "균형 잡힌" 교수를 계획한다. 교사는 새로운 내용을 소개할 때 대부분의 학생들이 습득 단계에서 수행한다고 가정한다. 수업이 진행되면 교사는 학생의 이해를 검증하고 대부분의 학생들이 유창성 훈련을 실시할 준비가 됐다고 가정한다. 대부분의 아동들은 모든 학생의 기술 숙련도가 완벽하게 일치하지 않더라도, 교육이 제공될 때 시간이 지남에 따라 반응한다. 그러나 일부 아동의 경우 교수적 지원이 자신의 능력과 맞지 않아 선별검사에서 위험 범주로 분류된다. Tier 2는 이런 학생들의 기술을 빠르게 향상시키는 데 매우 효과적이다. Tier 2의 중재로 성공을 경험하지 못한 학생들은 집중적인 개별화 중재를 계획하기 위해 개별화된 평가가 필요하다.

학업기술의 결핍 확인을 위한 드릴-다운

학생의 교수적 단계를 확인하는 것 외에도 특정 학문 분야(예: 읽기, 수학, 쓰기 표현) 속 주요하위기술에 대한 학생의 성취를 확인하기 위해 "드릴-다운"을 실시할 수 있다. 이러한 평가 절차는 중재를 지원하는 중에 가장 잘 수행되지만,

평가가 이전에 수행되지 않았다면 총합평가의 일부로 활용될 수도 있다. 이 드릴-다운 접근법은 CBE(Howell et al., 2008; Howell & Nolet, 2000) 평가 유형 자체가 아니며, 평가 자료에 의해 응답되는 일련의 "만약에-그러면" 의사결정 형태로 교수적 의사결정을 내리는 틀이다. 개념적 순서도를 통해 작업함으로써 평가자는 학생의 학업기술에 대한 정확한 프로파일을 작성하고, 학습부진의 원인이 되는 하위학업기술을 찾아낸다. 예를 들어, 5학년의 읽기 평가에서 평가자는 먼저 학생의 이해력을 측정할 수 있다. 평가가 만족스럽다면, 평가는 끝난다. 그렇지 않다면, 읽기 유창성 검사를 실시한다. 읽기 유창성이 만족스럽다면, 학생의 부진 원인은 기본적인 읽기 하위기술보다는 이해력에 있다고 결론지을 수 있다. 읽기 유창성이 만족스럽지 않은 경우, 추가적인 평가가 순차적으로 실시되어 학생이 읽기 정확성, 철자 원리, 음소 인식과 같은, 기초읽기기술에 어려움을 겪고 있는지 드릴-다운한다. 중재 계획은 읽기 문제의 근원이 되는 하위기술에 대해서 수립된다.

　일반적으로 평가 순서는 숙련도가 높은 수준에서의 수행에 대한 평가로부터 시작되며, 그다음에 개별 구성 요소 기술 또는 하위기술에 대한 간략한 평가가 이어진다. 초기 읽기(Hosp & MacConnell, 2008)에서 읽기 유창성 또는 단어 식별 유창성 평가로 시작하여 학생의 무의미 단어 유창성, 문자-소리 유창성, 음소 분절 유창성 등을 평가하기 위해 "하위단계"로 진행할 수 있다. 읽는 것을 배우기보다는 배우기 위한 읽기를 하고 있는 중등 학생들(Howell, 2008)에게는, 이해력의 척도(예: CBM 빈칸 채우기, 다시 말하기), 메타인지(예: 소리내어 생각 말하기), 어휘(예: 어휘 짝짓기), 또는 해독적 읽기(예: 읽기 유창성) 검사 등을 통해 읽기부진에 대한 수많은 가설을 세우고 시작한다. 이러한 평가에서 학생의 읽기가 만족스럽다면, 가장 그럴듯한 가설은 해당 주제에 대한 배경 지식이 부족하다는 것이며, 이는 수업 및 텍스트 관련 과제에 대한 학생의 수행 분석을 통해 확인할 수 있다. 하나 이상의 읽기 영역에서 성취가 부족하다고 판단되면, 부족한 하위기술이 확인될 때까지 평가가 계속된다. 예를 들어, 중등학교 학생들이 기초읽기기술에 어려움을 갖는 것은 드문 일이 아니기 때문에, 해독 기술 평가는 읽기

유창성 평가를 거쳐 하위단계인 단어 식별 유창성, 무의미 단어 유창성 등을 평가할 수 있다. 드릴−다운 형식을 통합한 유용한 시판 평가 제품은 다양한 읽기 하위기능에 대한 간단한 평가들을 제공하는 CORE Multiple Measures(Consortium on Reading Excellence, 2008)이다. 이 제품은 보다 높은 수준의 독해 기술(예: 이해력)에서 시작하여, 각 평가에서 학생의 수행 능력에 따라 후속 평가를 체계적으로 수행하는 것을 특징으로 한다.

수학에서 요구하는 기술의 위계를 고려한다면(Kelley, 2008), 수학의 드릴−다운은 더 간단하다. 학년 수준에 따라 평가가 구성되어 해당 수준에 적합한 대부분의 기술을 다루고, 각 하위기술에 대해 하나 또는 두 개의 문항을 구성한다. 이 평가의 결과로 학생의 하위기술에 대한 가설을 세우고, 그 다음 개별 하위기술평가가 실시된다. "만약에−그러면" 의사결정 형식을 사용하여 하위기술평가는 학생의 수학적 성취도 및 수학학습부진에 대한 완벽한 그림이 구성될 때까지 계속된다. 중재는 결손이 있는 하위학업기술을 보충하도록 계획된다.

중재 이전의 시범 실시

앞 절에서는 학생들이 개념적으로 이해하고, 유창하게 수행할 수 있으며, 학습된 기술을 응용할 수 있는지 여부를 알아보기 위해, 수행이 예상되는 기술을 직접 평가하여 얻을 수 있는 정보에 대해 논의했다. 이 정보를 통해 데이터 팀은 어떤 기술들이 중재에 활용되어야 하는지, 어떤 교육 전략이 학생에게 가장 큰 도움이 될지(즉, 전략 습득, 유창성 훈련 전략, 일반화 지원)를 비롯한 주요 중재 내용을 정확히 파악할 수 있다. 중재 계획에 사용가능한 이러한 모든 정보가 있더라도 계획된 중재가 제대로 실시되어야만 그 효과가 있다. 1980년대 중반부터 중재가 실제로 널리 사용되기 전, 특정 중재의 효과를 시험할 수 있는 기술이 발전했다. 이러한 전략을 통해 교수자는 많은 양의 재료와 시간을 투자하기 전에 주어진 학생의 학습을 향상시킬 수 있는 교수전략을 신속하게 직접 검토할 수 있다. 이 전략은 중재 계획에서 추측을 제거하고 사용자가 중재가 사용되기 전에 중재를 "시범 실시"하는 것으로 설명되어 왔다. 중재가 효과적이라는 것을 알면 교육자가 효과를 즉시 얻지 못할 때 중재 전략을 빠르게 포기하지 않고, 그 효과가 달성되도록 교실에서의 문제를 분석 및 해결하는 데에 집중하게 된다.

중재 시범 실시 기술은 "기능적 학업 평가"라고 불리며, 기능적 행동평가 원리에 기반을 둔다(Iwata, Dorsey, Slifer, Bauman, & Richman, 1982). 1986년 Lentz 와 Shapiro는 특정한 환경적 요인이 올바른 학업적 반응을 어떻게 방해하거나 유지하는지를 상세히 설명했다. 기능적 학업평가를 이용하여 학습 촉진자의 효과를 테스트하는 절차를 실험적으로 분석한 연구들이 있다(Daly, Martens, Dool, & Eckert, 1999, Daly, Witt, Martens, & Dool , 1997; Noell et al., 1998). 실험 조건은 과제 난이도를 낮추고, 수행 향상을 위한 작은 보상을 제공하며, 구문 미리 듣기 또는 반복 읽기와 같은 교육 지원을 제공하는 것이었다. 유창한 수행은 분당 올바르게 읽은 단어의 수 또는 2분 동안 올바르게 계산한 자릿수 등으로 측정되었다. 기능적 행동평가와 마찬가지로 주어진 조건에서의 향상된 수행은 교수적 조건과 학습 간의 기능적 관계를 나타낸다. 더 높은 점수에서 작은 보상을 제공했을 때에 아동의 수행이 향상되지 않는다면, 과제 난이도를 줄이는 것이 그 아동의 성적을 향상시키는 효과적인 전략일 것이다.

과제 난이도, 과제 참신성, 선행기술 시연, 교수적 촉진, 많은 응답 기회와 같이 학업기술과 관련된 변수는 아동의 학습능력 향상 여부를 테스트할 수 있는 교수적 조건의 몇 가지 예이다. 검사 조건은 특정 학업기술에 대한 아동의 학습 단계에 따라 달라진다. 아동이 습득 단계에 있는 경우, 교사는 과제 난이도를 낮추고, 자극이나 신호를 제공하고, 장려책을 제공하고, 유도된 연습 기회를 제공했을 때의 효과를 시험해볼 수 있다. 아동이 목표 기술을 배우는 유창성 훈련단계에 있는 경우, 교사는 다양한 유형의 장려책이 학생 성취에 미치는 영향과 지연된 피드백이 있는 시간제한 과제의 사용을 시험할 수 있다. 기능적 학업 평가는 정보 출처를 제공하는 생태학적 개념을 구체화한다. ICELRIOT([표 3.2] Christ, 2008, Heartland Area Education Agency 11, 2006)의 지침 교수(I), 커리큘럼(C) 및 교육과정에 대한 환경(E) 및 학습자(L)는 결과물 및 기록의 검토(R), 인터뷰(I), 관찰(O) 및 검사(T)를 통해 평가된다.

> 특수교육 적격성을 평가받는 학생의 경우, 각 하위학업기술에 대한
> 자료를 수집하여 적격성을 알리고, 개별화교육계획에 사용할 수 있다.

수집된 데이터의 채점

적격성 결정을 위한 교육과정 중심 방법으로부터 나온 데이터는 학생의 학년 수준에서 전반적인 읽기, 수학 또는 쓰기와 그 하위학업기술로 구성된다. 현재 이러한 데이터는 통계적, 준거－참조 형식으로, 상업적인 평가제품(예: DIBELS Next, AIMSweb, Easy CBM) 또는 출간물들(예: Hasbrouck & Tin dal, 2006)을 통해 전달된다. 일부 학업기술의 경우 백분율로 데이터가 표시된다(예: 올바르게 응답한 이해력 질문의 비율, 아는 단어와 모르는 단어의 비율). 특수교육 적격성을 평가받는 학생의 경우, 각 하위학업기술에 대한 자료를 수집하여 적격성을 알리고, 개별화교육계획에 사용할 수 있다. 교육과정중심 평가 방법의 한 가지 특별한 강점은 국가표준과 많이 중복될 수 있는 학교교육과정을 기반으로 한다는 것이다. 또한, 데이터가 목표 기술(또는 효과가 있을 것으로 예상하는 중재 유형)에 대한 학습 단계를 나타낼 수 있으며, 학생의 수행에 대한 여러 가지 교수 전략을 직접 테스트해볼 수 있다. 이 데이터를 통해 평가팀은 적격성 결정에서 교수의 부족을 배제할 수 있으며(6장 참조), 학생이 적격성을 갖춘 경우 개별화교육계획을 구성할 수 있다(10장 참조).

표 3-2 평가 영역의 ICEL/RIOT 형식

		평가의 여러 방법			
		자료개관	인터뷰	관찰	검사
다수의 정보 출처	교수	학생의 과제물, 이전에 사용한 전략과 그 효과에 대한 기록, 수업 계획	교사, 부모, 전문가, 관리자와 또래의 반응 속도, 반응 기회, 참여 기회, 우발적 상황과 활동에 대한 경험과 인식을 기술하는 것	문제가 발생할 가능성이 가장 높고 발생할 가능성이 가장 적은 시기와 장소	반응 기회, 반복 연습, 지속기간, 우발 상황 또는 활동을 포함하는 절차의 체계적인 처리
	교육과정	책, 학습지, 소프트웨어, 계열성, 범위	내용, 조직, 난이도 및 수준을 기술하는 교사, 부모, 전문가, 관리자 및 또래	문제가 발생할 가능성이 가장 높고 발생할 가능성이 가장 적은 시기와 장소	난이도, 자극 제시, 교차된 자료, 내용의 체계적인 처리
	환경	좌석 배치도, 규칙, 학교 배치	조직, 규칙 및 설정을 기술하는 교사, 부모, 전문가, 관리자, 또래	문제가 발생할 가능성이 가장 높고 발생할 가능성이 가장 적은 시기와 장소	칭찬, 우발적 사고, 학교이탈, 과제 완료, 성공 및 실패에 대한 기준, 좌석 및 방해물의 체계적인 처리
	학습자	교육 기록, 건강 기록, 이전 시험 및 성적표	특정 학생 또는 집단에 대한 관찰과 경험을 기술하는 교사, 부모, 전문가, 관리자, 또래	문제가 발생할 가능성이 가장 높고 발생할 가능성이 가장 적은 시기와 장소	

출처: T. J. Christ(2008)의 Best Practices in Schol Psychology Ⅴ, p. 169. "문제 평가의 최상의 실제"에서 저작권 2008년 National Association of School Psychologist, Bethesda, MD. 발행인의 허락을 받음. www.nasponline.org.

규준 참조 검사

전통적으로 학생의 학업기술에 대한 규준 참조 검사는 특수교육의 적격성, 특히 특정학습장애 판별에서 사용되었다. 규준 참조 검사는 능력－성취 불일치 접근에서 학생의 성취 수준을 결정하기 위해 사용되어 왔다. Wechsler 개별 성취도 검사(WIAT; Wechsler, 2009)와 Woodcock－Johnson 성취도 검사(Woodcock, McGrew,& Mather, 2001) 등의 검사도구들은 전체적인 학업 성취와 하위학업기술의 수행을 평가하고, 이에 따라 중재의 목표가 되어야 하는 기술을 판별하는 데 유용한 정보를 제공한다. 그러나 규준 참조 학업성취도 평가는 효과적인 중재 전략을 판별하고 중재를 적용하기 전 시험해보는 데에는 유용하지 않다. 여기서 제기되는 질문은, 중재반응모형이 학군에서 선택한, 특정학습장애의 두 번째 준거에 따라 적격성을 결정하는 방법일 때, 학업 성과에 대한 규준 참조 검사를 사용할 수 있는지 또는 사용해야 하는지의 여부이다. 우리는 차례대로 "사용할 수 있는지"와 "사용해야 하는지"의 문제를 다룰 것이다.

장애인교육법 규정에 비추어, 학군이 특정학습장애의 적격성 준거의 일부로서 중재반응모형을 사용하는 경우 학업성취도에 대한 규준 참조 검사(또는 다른 모든 시험)의 사용을 막을 수 있는 방법은 없다. 학년수준이나 국가표준과 관련하여 학생의 부진 정도나 개별화교육계획 개발에 대한 정보를 주는 모든 검사가 사용될 수 있다. 가장 널리 사용되는 규준 참조 학업 성취도 검사가 동일 연령의 또래와 비교하여 신뢰도와 타당도가 높은, 학생의 역량 점수를 산출한다는 데는 의문의 여지가 없다. 그러나 규준 참조 검사가 국가표준에 비추어서도 학생의 학업기술에 대한 적절한 척도인지에 대해서는 의문을 품을 필요가 있다. 국가표준과 관련된 학생의 역량을 이해하는 것은 장애인교육법의 필수사항이다. 고전적 연구에서 Jenkins와 Pany(1978)는 다양한 학업 성취도 검사들에서 추출된 문항과 다양한 읽기 교육과정 제품들의 내용 사이에 중복이 존재한다고 판단했으며, 이는 Good과 Salvia(1988), Shapiro와 Derr(1987)에 의해서도 밝혀졌다. 이 연구의 함의는 서로 다른 읽기 자료로 학습한 학생들이 사용한 읽기검사도구에 따라 다르게 수행한다는 것이다. 즉, 어떤 학생들은 규준 참조 검사에서 더 낮은 점수를 받을 수 있는데, 이것은 그들이 더 높은 점수를 받는 다른 학생보다 어려움이 크기 때문이 아니라, 그저 다른 기술을 배웠기 때문이다. 이 문제는 학생의 저성취가 "실제" 낮은 성취도가 아니라, 사용된 검사도구의 결과물이 될 수 있기에 의사결정 과정에서 불안정성과 오류를 야기한다. 따라서 규준 참조 검사를 선택할 때 사용자는 검사 문항이 국가표준을 따르는지 확인해야 한다. 검사 개발자가 국가표준과 많이 중복되는 문항을 포함한다면, 규준 참조 검사는 해당 국가에서 적합할 수 있다.

만약 적격성 의사결정에서 중재반응모형으로 학업성취도에 대한 규준 참조 검사를 사용할 수 있다면 사용해야 할까? 이 장에서는 검사를 통해 다른 방법으로는 해결되지 않았던 질문에 대해 답해야 한다는 점을 지적했다. 앞서 설명한 바와 같이 단계적 중재를 제공하는 동안, 연령이나 국가표준에 비추어 학생의 학업 능력이 부족한지 알아보기 위해 광범위한 자료가 수집되었다. 이러한 측정에는 국가 및 지역교육청 수준의 숙달 검사, 보편적인 선별검사/기준점 측정, 진전도 점검, 교육과정 중심 방법을 사용한 심도 있는 학업 평가를 포함한다. 이름에서도 알 수 있듯이, 교육과정 중심 방법은 표준과 관련되어 있다는 강점을 가지므로 타당도가 높은 평가일 가능성이 있다. 평가팀은 이러한 데이터가 신뢰도와 타당도가 높고, 준거 1에 완전히 부합하는지를 판단해야 한다. 만약 연령 및 국가표준에 비추어 학업 부진의 존재 여부를 결정하는 데이터가 믿을 만하다면, 규준 참조 검사를 포함한 추가적인 평가는 필요하지 않다. 만약 수집된 자료의 정확성이나 질을 의심할 만한 이유가 있다면, 학업 부진을 검증하는 수단으로 규준 참조 검사를 사용하는 것은 타당하다. 또한 구어 표현이나 듣기이해 영역에서 특정학습장애가 존재하는 경우, 교육과정 중심 측정이 사용될 수 없으므로 WIAT 또는 Woodcock—Johnson 성취도평가와 같은 규준 참조 검사를 사용할 수 있다. 그 외의 다른 영역에서 특정학습장애에 부합한 경우, 보다 광범위한 CBA가 실용적이고 유익한 대안이 될 수 있다. 평가팀은 학생의 필요와 문제, 그리고 검사의 장점에 따라 이러한 결정을 내려야 할 것이다. 이루고자 하는 목표에 비추어 검사를 선택해야 하며, 선택한 검사가 원하는 목표에 도달할 수 있는 가장 강력한 기반을 제공함을 확인해야 한다(AERA/APA/NCME, 1999).

요약

요약하면, 준거 1에 따른 학생의 특수교육 적격성 의사결정 자료 수집은 국가 및 지역교육청 수준의 숙달 검사에서의 학생 수행을 포함하여, 기존 자료를 분석하는 것으로 시작된다. 교육과정 중심 측정이나 컴퓨터적응검사를 통해 수집된 자료는 보편적인 선별검사를 실시하는 동안 초기 기준점 차이 분석 수행에서 중요한 기초 정보 및 체계를 제공한다. 학생의 교수적 위계 속에서 학습 수준 및 학업기술 습득을 다루는 후속 평가는 학생이 가지고 있거나 갖지 못한 기술과 그 하위기술, 그리고 학생의 필요에 부합하는 교수 전략의 유형을 알려준다. 특정학업기술 평가를 통해 수집된 많은 자료는 학습장애의 증거로 상대적인 학습부진을 보여주는 것을 넘어서서, 현재 교육 수준과 목표를 포함하여 IEP 개발을 위한 정확한 자료를 제공할 수 있다.

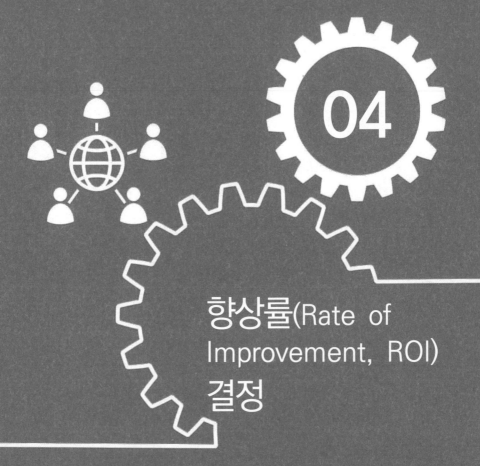

04

향상률(Rate of Improvement, ROI)
결정

4장

향상률(Rate of Improvement, ROI) 결정

　이 장에서는 학생의 중재반응모형(RTI)의 종합 평가의 한 부분으로서 향상률을 계산하는 법을 소개한다. 이 평가는 특정학습장애(SLD)를 결정하는 두 번째 준거의 요구사항들을 준수한다. [그림 4.1]에서 보이듯, 그 준거는 "아동의 반응에 기반한 과학적, 연구기반 중재 과정에서, 아동이 연령이나 주에서 승인한 학년수준표준을 만족하는 충분한 진전을 보이지 않음(장애인교육법, 2006)"을 요구하는데, 그 준거는 학생의 강점이나 약점 패턴을 기반으로 한 접근의 대안이 된다. 또한, 3장에서 서술된 이른바 이중 불일치(Fuch, 2003; Fuchs et al., 2002) 중 두 번째 불일치를 나타내기도 한다.

　특정학습장애 적격성을 판정하는 데 중요한 것은 아마도 장기간 동안 학생 수행의 변화 속도를 확인하는 것이다. 중재반응모형에서는 학생이 특수교육을 받을지 말지 고민하는 중에도, 지속적으로 집중적인 중재를 받아야 한다. 단계적 지원 모형을 통해 중재하는 동안에는 학생의 수행을 자주 점검해야 한다. 학생이 충분한, 혹은 불충분한 진전을 보였는지 판단하려면, 학생의 성장 수준을 학년별 성취기대수준과 비교할 필요가 있다. 학생의 성장률이 장기적인 학업목표 달성을 위해 요구되는 성장률과 관련됨을 이해하는 것은 학생이 교수와 중재에 반응했는지를 판단하는 중요한 요소가 된다. 학업향상 정도를 계산하고 해석하는 방법인 향상률은 특정학습장애 여부를 결정하기 위해 중재반응모형을 사용하는 데 있어 매우 중요하다.

향상률 기준점 관련 주요 용어와 그 계산

향상률을 계산하는 과정을 완전히 이해하려면, 몇 가지 주요 용어를 이해해야 한다. 학년수준 향상률 기준점은 학년 수준 또래의 성장률을 언급하는데, 모든 학생이 일반적인 교육을 받는 동안 보이는 성장률의 최소 기대치를 나타낸다. 중재반응모형에서, 보편적 선별검사 데이터는 학년별로 가을, 겨울, 그리고 봄 학기의 기대성취수준을 제공한다. 그 점수는 보편적 선별검사 측정에서 성공적인 수행 정도를 나타내며, "기준점(benchmark)"으로 불린다. 각 시점에서 일반 학생의 수행 기준점을 사용하여, 기대되는 학습 기준점을 충족시키기 위해서는 학생이 선별검사 간격 동안 얼마나 성장해야 하는지 향상률을 계산할 수 있다.

그림 4-1   장애인교육법 상 특정학습장애 기준 도식화(준거 2에 음영표시됨)

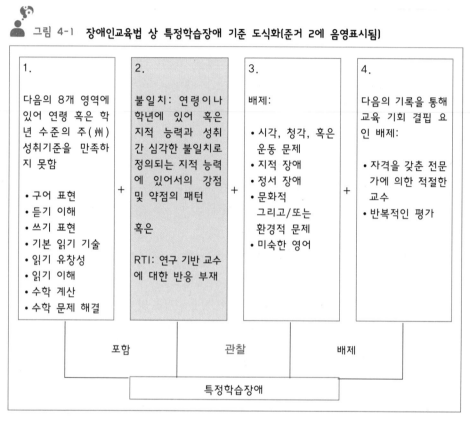

1.		2.		3.		4.
다음의 8개 영역에 있어 연령 혹은 학년 수준의 주(州) 성취기준을 만족하지 못함	+	불일치: 연령이나 학년에 있어 혹은 지적 능력과 성취 간 심각한 불일치로 정의되는 지적 능력에 있어서의 강점 및 약점의 패턴	+	배제:	+	다음의 기록을 통해 교육 기회 결핍 요인 배제:
• 구어 표현 • 듣기 이해 • 쓰기 표현 • 기본 읽기 기술 • 읽기 유창성 • 읽기 이해 • 수학 계산 • 수학 문제 해결		혹은 RTI: 연구 기반 교수에 대한 반응 부재		• 시각, 청각, 혹은 운동 문제 • 지적 장애 • 정서 장애 • 문화적 그리고/또는 환경적 문제 • 미숙한 영어		• 자격을 갖춘 전문가에 의한 적절한 교수 • 반복적인 평가

포함   관찰   배제

특정학습장애

예를 들어, [그림 4.2]는 2학년 학생들의 읽기유창성 측정을 위한 DIBELS next의 가을, 겨울 그리고 봄 학기 기준점을 보여준다. 그림에 나와 있듯이, 2학년 학생들의 측정을 통해 정의된 기준점은 가을학기 분당 52단어, 겨울학기 분당 72단어, 봄학기 분당 87단어이다. 어떤 기준점을 통한 방법인가에 따라 측정이 다르다는 것을 유념해야 한다. DIBELS next의 경우, (읽기 CBM 포함) 그 기준점은 실증적으로 확인된 조건부확률에 기반하여, 가을학기 기준점을 성취한 학생들은, 겨울학기 기준점을 획득할 확률이 80~90%일 것이라고 예측한다(Good at al., 2011). 대조적으로, AIMSweb에 의한 읽기−교육과정기반측정(R−CBM)은 기준점을 정규분포에 의한 특정 점수라고 밝힌다(Pearson, 2011, AIMSweb.com). AIMSweb

사용자는 정규분포의 특정한 백분위 점수를 설정하고, 표준 학생 수행의 기준점을 나타내는 척도를 선택할 것이다. 예를 들어, AIMSweb R-CBM의 경우, 2학년 학생의 40 백분위점수는 가을학기에 분당 53단어, 겨울학기에 분당 80단어, 봄학기에 분당 96단어를 정확하게 읽는다고 나타냈다. 여기서는 각 측정마다 다른 기준점을 가지게 된다.

> 학년수준(Typical) 향상률 기준점 = 학년수준 또래의 성장률
> 실제(attained) 향상률 기준점 = 학생 수행의 실제 수준
> 목표(targeted) 향상률 기준점 = 학년수준 향상률 기준점과 실제 향상률 기준점 간의 차이

학년수준 향상률 기준점은 학년 초 기준점에 도달한 상태에서 시작하여 일년 내내 그 수준을 유지하는 학생들의 예상 성장률을 나타낸다. 그러므로 [그림 4.2]의 예를 들자면, 학년수준 향상률 기준점은 분당 87단어(봄학기)-분당 52단어(가을학기)/36(연간 수업 주차 수)=분당 0.97단어(주당 향상률)이다. 즉, 일반적인 2학년 학생은 한 주에 약 분당 1단어에 해당하는 향상률을 보일 것으로 예상한다.

실제 향상률 기준점은 학생 수행의 실제 수준을 나타낸다. [그림 4.2]에서 나와 있듯이, 가을, 겨울, 봄학기에 평가된 학생은 각각 분당 20단어, 분당 37단어, 그리고 분당 50단어를 읽었다. 대상 학생의 "실제 향상률 기준점"은 학년 초 점수에서 학년 말의 점수를 빼고 연간 수업 주차 수로 나누어 계산하였다. 예를 들어, [그림 4.2]에서, 분당 50단어(봄학기)-분당 20단어(가을학기)/36주=분당 0.83단어(주당)이다.

대상 학생과 일반 학생 사이에 어느 정도의 차이가 존재하는지 이해하기 위해 계산된 세 번째 값은 목표 향상률 기준점이다. 이는 학년수준 수행 학생의 학년 말 기준점 값에서 학년 초에 달성한 기준을 빼고, 총 주수로 나누어 계산한다. [그림 4.2]에 나타난 바와 같이 분당 87단어(학년 말 기준점 수행)-분당 20단어(학년 초 대상 학생의 수행)/36주(연간 수업 주수)=(주당 진전도) 분당 1.86단어이다.

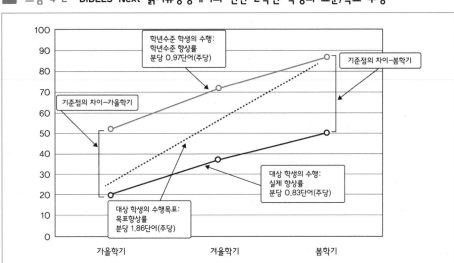

그림 4-2 DIBELS Next-읽기유창성에서의 연간 2학년 학생의 표준/목표 수행

이 값은 대상 학생이 또래들과의 격차를 완전히 좁히기 위해 1년 동안 향상시켜야 하는 진전도 비율을 나타낸다.

학년 전체 혹은 학년 중간 향상률 기준점?

향상률 기준점 계산에는 몇 가지 주요 가정이 있다. 첫째, 연중 가을학기에서 봄학기까지의 증가율은 선형 진행이라고 가정한다. 즉, 학년 말에서 학년 초의 기준을 빼면, 가을학기에서 봄학기까지 학생이 성장하는 경로가 직선이라고 가정한다. 보편적인 선별검사에서, 학년 중간 데이터가 수집된다. 가을학기에서 봄학기까지의 변화가 정말로 직선적인지에 대한 문제는 가을학기에서 겨울학기까지의 성장이 겨울학기에서 봄학기까지의 성장과 같은지에 따라 알 수 있다.

몇몇 연구자들은 몇 년간의 성장률이 실제로 선형 추세를 따르는지 조사해 왔다(Ardoin & Christ, 2008; Christ, Silberglitt, Yeo, & Cormier, 2010; Graney, Missal, Martinez, & Bergstrom, 2009). 일반적으로, 거의 예외 없이, '겨울에서 봄까지'보다

'가을에서 겨울까지' 매 학년 더 큰 성장을 보인다. 또한 AIMSweb은 그들의 제품을 사용하는 다양한 학교들의 대규모 표본으로부터 읽기 영역에서의 보편적 선별검사를 수집하여 규준을 제공한다. 연중 전체 주수가 36주, 반년이 18주일 때, [표 4.1]은 가을, 겨울, 그리고 봄학기 2, 3학년 학생들의 50백분위점수와, 가을학기에서 겨울학기까지, 겨울학기에서 봄학기까지, 그리고 가을학기에서 봄학기까지의 향상률 기준점의 계산을 보여준다. 표에서 가을학기에서 봄학기까지의 성장률은 겨울학기에서 봄학기까지의 성장률보다 상당히 높은 것으로 나타났다.

성장률이 학년 내내 선형적이지 않은 이유에 대해서는 많은 이유를 생각해볼 수 있다. 어떤 이들은 수업구성의 강도가 보통 상반기가 하반기에 비해 더 강할 수 있다는 점을 지적한다. 대부분 그렇듯이, 종종 봄학기에 학업의 불연속(현장 학습, 전교학생회 행사, 방학으로 인해)이 더 흔하고, 이러한 일반적인 학사일정이 교육에 집중하려는 노력을 방해할 수 있음을 보여준다.

표 4-1 R-CBM에서 2, 3학년 학생의 AIMSweb 50 백분위점수 데이터

학년	기준점 점수			가을 → 겨울 향상률	겨울 → 봄 향상률	가을 → 봄 향상률
	가을 학기	겨울 학기	봄 학기			
2	62	88	106	1.44	1.00	1.22
3	87	111	127	1.33	0.89	1.11

출처: Pearson, 2011.

또 다른 이유는, 의무적으로 실시되는 국가수준 평가가 초봄에 이루어져, 학생들에게 시험을 준비시키려는 노력이 정상적인 교육과정을 방해하여 학습과정이 느려질 수 있기 때문이다. 마지막으로, 일부는 연말 평가 시행에 따라 더 많은 시간이 학업보충이나 학기 말 학사일정에 더 많은 시간이 배당되고, 수업시간 배당이 감소될 것으로 보기도 한다.

겨울학기에서 봄학기로의 성장이 감소하는 네 번째 이유는 많은 사람들이

"방학하락효과(summer slide)"라고 부르는 것과 관련이 있다. 방학 몇 달 동안 학생들은 학업 성적의 기반을 어느 정도 잃을 수 있다. 가을학기에 실시되는 선별검사는 보통 학기가 시작되는 며칠 또는 몇 주 안에 실시되기 때문에, 여름방학 동안의 성적 상실을 감안할 때 학생 성적이 예상보다 다소 낮을 가능성이 있다. 즉, 가을학기 데이터가 학기가 시작되고 한 달 뒤에 수집된 것보다 더 낮을 수 있기 때문에 가을학기에서 겨울학기까지 가파르게 향상한 것으로 보일 수 있다.

　　마지막으로, 가을학기에서 겨울학기와 겨울학기에서 봄학기으로의 성장패턴이 너무나 보편적이어서, 학생들이 학년 동안 필요한 지식을 얼마나 실제로 습득하는지 나타낼 수 있음을 이야기한다. 즉, 학생들은 상반기에 빠른 속도로 새로운 지식을 습득하고 하반기에는 그 지식을 강화시키는 패턴으로 학습한다.

　　한 학년 동안 명백한 성장률의 차이는 원인과 상관없이, 향상률 기준점은 학년수준 학생들의 기대치와 비교하여 학생들의 성과를 보다 정확하게 나타내기 위해 1년 단위보다 반년 단위로 계산되는 것이 좋다. 따라서 [그림 4.2]에서 2학년 학생의 가을학기－겨울학기 향상률 기준점 예시를 보면, 1주마다 분당 1.11단어([분당 72단어－분당 52단어]/18주), 그리고 겨울학기－봄학기는 1주마다 분당 0.83단어([분당 87단어 － 분당 72단어]/18주)로 계산된다. 그리고 대상 학생의 가을학기－겨울학기 향상률 기준점은 1주마다 분당 0.94단어([분당 37단어－분당 20단어]/18주)이며, 겨울학기－봄학기는 1주마다 분당 0.72단어([분당 50단어－분당 37단어]/18주)로 계산된다.

다른 형태의 검사 방법에 대한 설명

　　앞서 설명한 CBM(읽기유창성 또는 R－CBM 등)과 동일한 원리나 방법을 사용하여 향상률 기준점 계산을 다른 형태의 검사 방법에도 적용할 수 있다. 그 방법 중 하나는 컴퓨터적응검사에 근거한 점수이다. 3장에서 설명한 바와 같이, 컴퓨터적응검사는 일반적으로 문항반응이론을 사용하여 학생의 반응에 근거하여 문항을 선정하고, 평가 영역 내에서 특정 능력과 잠재적인 문제 영역을 식별하는

표 4-2 **STAR 수학의 규준 점수**

학년	백분위 점수	가을학기 9월	겨울학기 1월	봄학기 5월	평균 성장률
		점수			점수 / 주
1	10	237	257	286	5.7
	20	263	257	329	4.6
	25	269	286	342	4.6
	40	295	299	376	4.2
	50	307	331	400	3.9
	75	360	351	461	3.4
	90	405	405	513	1.9
2	10	310	363	411	4.4
	20	352	406	448	3.5
	25	363	420	459	3.5
	40	405	454	492	3.2
	50	429	472	511	3.0
	75	484	530	564	2.4
	90	539	578	614	1.7
3	10	423	448	472	3.8
	20	458	487	524	3.4
	25	471	503	542	3.4
	40	507	544	581	3.1
	50	528	566	603	2.9
	75	582	624	657	2.5
	90	632	674	698	1.6

출처: Renaissance Learning, Inc 허가함. "STAR 수학: 컴퓨터적용 수학검사"(2012).

방법이다. 수학 같은 분야에서는, 한 학생이 대상이 되고, 그 학생의 수행은 같은 연령이나 학년 학생들의 기대수행수준과 비교해서 해석된다. 컴퓨터적응검사 척도의 한 예는 STAR 수학(Renaissance Learning, 2012b)에서 도출한 환산점수이다. STAR에서, 평가 점수는 0에서 1400점 사이에서 도출되고, 1등급~12등급으로 구분할 수 있다. 예를 들어, 2학년 학생들은 가을학기에 약 310점(10백분위점수)과

539점(90백분위점수, [표 4.2] 참조) 사이의 환산점수를 가질 것으로 예상된다. [그림 4.3]은 STAR 수학에서 40백분위점수를 가진 일반학생과 비교하여 학년 초에 10백분위점수를 가진 2학년 학생의 학년수준, 수행, 목표향상률 기준점 점수를 보여준다. 40백분위점수는 주로 각 학년 학생들의 기준점을 파악하기 위한 일반적인 수준을 나타내며, 25백분위점수 미만은 학업 실패 위험이 높은 학생을 나타낸다. 학교는 특정 학교 및 상황에 적합한 수준을 나타내기 위해 40백분위점수보다 높거나 낮은 수행을 자유롭게 선택할 수 있다.

[그림 4.3]에서 분명히 알 수 있듯이, 학년초에 40백분위점수를 얻고 이를 학년 말까지 유지하는 학생에게 있어, 학년수준 향상률 기준점은 학년의 봄학기−가을학기 일반수준 기준점 환산점수를 뺀 뒤 총 주수로 나누어 계산되고(예: [492−405]/36주=2.42 환산점수/주), 그리고 실제 향상률 기준점은 실제 학생의 봄학기−가을학기 환산점수를 빼고 학년 중 총 주수로 나누어 계산된다(예: [400−310]/36주=2.50 환산점수/주). 이 학생의 목표 향상률 기준점은 일반학생의 봄학기 환산점수에서 학생의 가을학기 환산점수를 뺀 후 학년 중 주수로 나누어 계산된다(즉, [492−310]/36주=5.02환산점수/주). 결과치는 봄학기 평가에서 그 학생과 기준점에 있는 또래 사이의 격차를 해소하는 데 필요한 향상률을 나타낸다. CBM과 마찬가지로, 평가팀은 컴퓨터적응검사 점수를 사용하여 실제 향상률 기준점을 학년수준 향상률 기준점과 비교할 때 학년 전체 향상률보다는 학년 중간의 향상률을 계산할 것이다.

그림 4-3 STAR 수학에서의 2학년 학생의 연간 학년수준 수행과 목표 수행

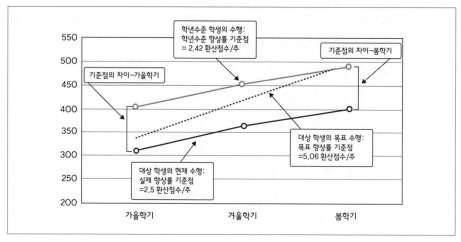

향상률 진전도 모니터링

Tier 2와 3에서 학생들에게 보충지도를 제공할 때, 진전도 모니터링 데이터가 정기적으로 수집된다. 진전도 모니터링 데이터는 해당 교수가 학생의 전반적인 결과를 개선하는 정도와 학생이 교육 목표를 충족하는 정도에 대한 전망을 제공한다. 향상률 진전도 모니터링은 향상률 기준점과 달리, 중재 시작부터 끝까지 발생하는 향상률이며, 학생의 중재반응모형에 대한 하나의 지수를 제공한다. 향상률 진전도 모니터링의 결정은 특수교육 적격성 결정에 또 하나의 중요한 수치를 제공한다.

진전도 모니터링 향상률은 데이터 점수의 추세에 따라 중재의 시작부터 끝까지 발생한다.

향상률 기준점과 마찬가지로, 결과를 검토할 때 세 가지 중요한 개념이 고려된다(학년수준 향상률 진전도 모니터링, 목표 향상률 진전도 모니터링, 실제 향상률 진

전도 모니터링). 이전에 설명했듯, 학년수준 향상률 기준점과 목표 향상률 기준점
은 학생의 실제 향상률 진전도 모니터링과 비교되는 값이다. 향상률 진전도 모
니터링의 주요 특징은 학생의 실제 향상률 진전도 모니터링의 계산과 함께 발생
한다는 것이다.

진전도 모니터링을 위한 실제 향상률 계산

진전도 모니터링 데이터의 향상률에는 진전도 모니터링 데이터 점수에서
변화추세를 계산하는 과정이 포함된다. 추세 계산에는 (1) 전후 차이 향상률,
(2) 수정된 전후 차이 향상률, (3) 최소자승법의 세 가지 방법이 있다.

전후 차이 향상률

전후 차이 향상률 계산은 가장 쉽고 간단한 방법이며, 향상률 기준점 계산
과 동일한 절차를 거친다. 사후 데이터에서 사전 데이터를 뺀 뒤 두 데이터 기간
사이의 주수로 나누어 계산한다. [그림 4.4]에서 볼 수 있듯이, 전후 차이 향상률
계산은 최종 데이터 지점(92)에서 진전도 모니터링 시작 시기의 데이터 점수(37)
를 뺀 후 주수(36)＝분당 1.53단어/주로 나눈다.

전후 차이 향상률은 계산이 간단하지만 여러 가지 단점이 있다. 첫째, 이상
치(비정상적인 측정점)에 매우 취약하다. 예를 들어, [그림 4.4]를 보면, 4월 중순 분
당 59단어를 읽은 학생이 사후 측정에서는 분당 92 단어를 읽었음을 알 수 있다.
이러한 점수의 변화는 드물지 않다. 사후검사 데이터가 분당 92단어가 아니라
분당 60단어라고 가정해 보겠다. 이 경우 전후 차이 향상률은 분당 0.64단어/주
(즉, [60−37]/36주)가 될 것이다. 마찬가지로, 사전 점수가 37단어가 아닌 60단어
였다면, 이는 10월의 점수와 더 일치하는데, 전후 차이 향상률은 매주 분당 0.89
단어가 될 것이다([92−60]/36). 이러한 예시에 따라서도 학생 향상률에 대한 해
석은 상당히 다를 수 있다. 전후 차이 향상률의 또 다른 단점은 사전 점수와 사
후 점수 사이의 모든 데이터가 계산에서 무시된다는 것이다. 데이터의 처음과

그림 4-4 2학년 학생의 연간 읽기유창성 진전도 모니터링 데이터

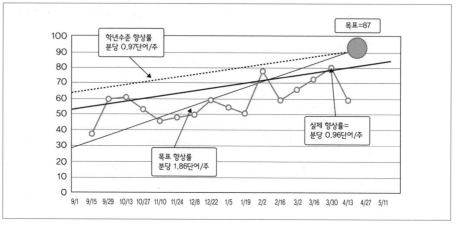

끝, 그 사이에 발생한 측정치들을 무시하는 것은 잠재적으로 문제가 될 수 있고, 한 학년 동안 실제로 일어난 것을 반영하지 못할 수도 있다. 학생이 특수교육을 받을지 말지를 결정하기 위한 진전도 모니터링 데이터가 가지는 잠재적인 중요성과 중대한 이해관계를 고려한다면, 이렇게 부정확한 척도를 사용하는 것은 그리 권장되지 않는다.

수정된 전후 차이 향상률

수정된 전후 차이 향상률은 향상률을 계산하는 데 처음 세 개의 측정점과 사후 측정점의 중앙값이 포함된다. 3개의 데이터 포인트에서 중앙값 또는 중간 점수(평균 또는 산술 평균이 아님)를 사용하면 이상치가 제거될 수 있다. [그림 4.5]에서, 데이터들의 시작과 끝에 있는 원형 영역의 중앙값의 경우, 분당 0.56단어/주([80−60]/36주)의 향상률이 발생한다. 수정된 전후 차이 향상률 계산의 장점은 데이터 세트의 시작 부분 또는 끝에 있는 잠재적 이상치를 설명하고 계산하기 쉽다는 것이다. 반면 단점은 이 방법이 진전도 모니터링의 모든 데이터를 반영하지 못하며, 평가팀이 특수학습장애 결정과 같이 수준 높은 결정을 내릴 때 정

확한 수치를 제공하지 않을 수 있다는 것이다.

최소자승법(Ordinary Least Squares, OLS) 회귀선(기울기)

진전도 모니터링 데이터들의 추세를 계산하기 위해 가장 정확한 측정 기준은 최소자승법 회귀선 또는 기울기를 사용하는 것이다. 이 수치는 일련의 모든 데이터들을 검토하고 데이터들에 가장 적합한 회귀선을 계산한다. 최소자승법은 시간이 지남에 따라 선형적인 경향이 있거나 시간이 지남에 따라 직선으로 변했다고 가정한다. 최소자승법은 수학적으로 정교하며 마이크로소프트 엑셀과 같은 프로그램을 통해 쉽게 계산할 수 있다.

> 최소자승법(OLS) 회귀선(기울기)은 진전도 모니터링 데이터들의 추세를
> 계산하기 위해 가장 정확한 측정치다.

[그림 4.4]에는 위의 전후 차이 및 수정된 전후 차이 향상률에 사용된 것과 동일한 데이터 세트에서 최소자승법 또는 기울기를 통한 계산한 결과가 나와 있다. 이 예에서 최소자승법 계산은 [분당 0.96단어/주]의 값을 보인다. 최소자승법의 한 가지 단점은 성장이 일직선으로 이루어졌다는 가정이며, 이는 가을학기에서 겨울학기, 봄학기까지의 기간을 살펴볼 때 정확하지 않을 수 있다.

그림 4-5 수정된 전후 차이 향상률 계산

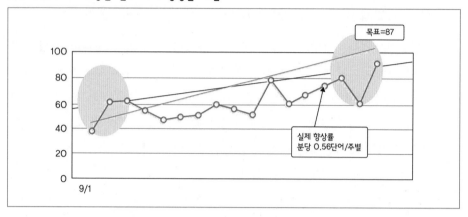

향상률 산출방법의 비교

[표 4.3]은 [그림 4.4]에 표시된 진전도 모니터링 데이터 세트에서 세 가지 향상률 계산법을 사용한 결과를 보여준다. 표에 나타난 바와 같이, 세 가지 방법은 매우 다른 계산을 통해 이 학생의 향상률에 대한 해석이 이루어졌다. 일반적으로 세 가지 방법 중에서 최소자승법 또는 기울기 계산은 가장 정확하고 신뢰할 수 있는 측정 기준으로 생각된다(Christ, Zopluoglo, Monaghen, & Van Norman, 2013). 진전도 모니터링 데이터를 기반으로 향상률을 제공하는 대부분의 소프트웨어 프로그램은 이 특정 수치들을 사용한다. 실제로 모든 실무자들은 중재반응모형 내 진전도 모니터링 데이터를 해석하는 과정에서, 특히 특수교육 적격성을 고려

표 4-3 향상률 계산 결과의 비교

방법	향상률
전후 차이 향상률	분당 1.5단어/주
수정된 전후 차이 향상률	분당 0.56단어/주
최소자승법 향상률	분당 0.96단어/주

할 때, 기울기를 사용할 것을 권장한다.

Jenkins와 Terjeson(2011)은 측정이 더 자주 수행되지 않으면 기준선에 더 많은 데이터 포인트가 필요하고, 최소자승법 이외의 방법을 사용하여 변화율을 보다 정확하게 계산할 수 있는 후속 조치가 필요하다는 것을 발견했다. 그러나 Christ 등(2013)은 구두 읽기유창성 향상률 계산을 위한 최소자승법과 기타 방법을 탐구한 시뮬레이션 연구에서 최소자승법이 그 유일한 측정법이라는 점에 주목했다. 또한, 그들의 연구에 따르면, 배경의 질에 따라, 안정적인 추세를 설정하기 위해서는 총 8개에서 14개의 측정점이 필요한 것으로 나타났다. 실제로, Ardoin, Christ, Morena, Cormier와 Kingbeil(2013)뿐 아니라 Christ 등(2013)도 진전도 모니터링을 위해 읽기유창성 데이터를 사용하는 의사결정 과정에 추후 연구를 통한 실증적 뒷받침이 필요하다고 지적했다.

다른 형태의 검사 방법 설명

다른 형태의 검사 기준점 데이터로 앞서 설명한 것과 같이, 다른 형태의 진전도 모니터링 데이터와 동일한 성장 분석을 사용할 수 있다. 예를 들어, [그림 4.6]은 STAR 수학에서 3학년 학생의 진전도 모니터링 예시이다. 학생의 가을학기 초기 기준점 점수는 458점으로 STAR 수학 규준의 20백분위점수에 해당했다 ([그림 4.3] 참조).

학년수준 향상률 진전도 모니터링은 이 학교의 기준점 수행을 대표하기 위해 학년초와 학년말 점수가 40백분위점수인 학생의 예상 점수를 토대로 설정한 것이다. 전후 차이 계산법으로 그의 학년수준 향상률 진전도 모니터링을 계산하면 일주일에 2.06환산점수([581−507]/36주)가 나온다.

봄학기의 환산점수 581, 즉 40백분위점수를 얻도록 목표가 설정되었다. 이 목표는 교육팀에 의해 선택되었으며, 한 해 동안 학습 진전도를 가파르게 향상시키기 위함이었다. 581점이라는 목표에 따라 목표 향상률 진전도 모니터링을 계산하면 목표 향상률 진전도 모니터링은 주당 3.42환산점수(즉, 581−458점)/36주)이다. 이 학생의 실제 모니터링 향상률(최소자승법 계산 사용)은 주당 3.49환산

그림 4-6 **STAR 수학의 3학년 학생 진전도 모니터링 예시**

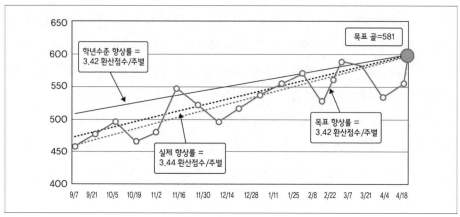

점수였으며 목표 속도보다 높은 증가율을 보였다.

향상률 해석: 격차 분석하기

　3장에서 논의되고 설명된 바와 같이, 학생의 학습 부진 범위(즉, 얼마나 낮은가)는 대상 학생의 수행 수준과 평가 당시 또래와의 수준 비교를 통해 설정되었다. 이 비교는 시간에 걸쳐 수집한 모든 학생들의 보편적 선별검사 및 진전도 모니터링 등 이용 가능한 데이터를 통해 이뤄졌다. 평가팀은 대상 학생의 수행을 학년표준기대수준과 비교하여 기준점 격차 분석을 실시한다. 기준점은 보편적 선별검사에서 기대되는 능력의 최소 수준을 나타내므로, 이와 같은 척도에 대한 대상 학생의 수행과 일반 학생의 수행 사이의 거리를 정의하는 실증적 방법을 사용할 수 있다.

　중재에 대한 학생 부진의 문제를(즉, 얼마나 느린지) 해결하기 위해 평가팀은 시간 경과에 따른 학업성취도 지표에 대한 대상 학생과 일반 학생 간의 차이 변화를 분석한다. 간단히 말해서, 평가팀은 얼마나 학생이 느리게 성장해야 특정학습장애 준거 2에 해당하는지를 결정할 필요가 있다. 이 분석은 (1) 학생의 향상률 차이 분석 수행과 (2) 학생의 현재 향상률이 기준점 달성도에 미치는 영향을 결정하는 것, 두 가지 절차로 구성된다. 향상률 차이 분석은 수년 동안 CBM 문헌에 있는 목표선(Hosp, Hospace, Hospital, & Howell, 2007) 절차에서 비롯된다. 목표선은 CBM 데이터의 형성적 사용을 촉진시키는 도구로 개발되었다. 학생의 기본 점수에서 원하는 최종 점수(즉, 학년수준 기준점 목표)에 이르는 선을 그었으며, 지속적인 진전도 모니터링 데이터를 조사하여 학생의 진전도가 (목표선 이상의) 그 경로(목표선 끝 또는 그 이상)에 부합하는지 판단했다. 향상률 기준점도 동일한 방식으로 사용할 수 있다. 논리적으로, 향상률 차이 분석은 의사결정자들에게 중재가 또래를 따라잡는 데 성공적이었는지 여부를 알려준다. 만약 학생이 "따라가지" 못했다면, 지속적인 지원과 중재 없이는 일반 교육에서 계속 어려움을 겪을 가능성이 높다.

향상률 진전도 모니터링 차이 분석

향상률 진전도 모니터링의 해석은 향상률 기준점과 동일한 종류의 수치 간의 비교를 포함한다. 학년수준 향상률, 목표 향상률, 그리고 실제 향상률의 비교는 학생이 중재에 반응하는 정도를 완전히 이해하는 데 사용된다. 학년수준 향상률은 학년초에 기준점 수준을 보이고, 겨울학기 및 봄학기 평가에서도 기준점을 유지하는 학생의 수행을 기준으로 정의된다. 목표 향상률은 학년 초에 기준점 이하 수준을 보이고 연말까지 기준점을 달성한 학생의 기대 향상률이다. 마지막으로, 실제 향상률은 학생의 실제 수행을 말한다.

[그림 4.4]에는 [그림 4.2]에 제시되었던 2학년 학생의 진전도 모니터링 데이터가 제시되어 있다. 학년수준 향상률은 (DIBELS Next 읽기유창성 기준) 주당 0.97 단어이다. 이는 학년 초에 [분당 52단어/주]에서 시작하여, 학년 말에 [분당 87 단어/주]의 수행을 보인, 일반적인 2학년 학생들을 기준으로 한 것이다. 학년 초에 분당 20단어를 읽은 대상 학생(진전도 모니터링 시작 전)은 봄학기 기준점인 분

당 87단어에 도달하는 목표를 갖고 학년을 시작했다. 만약 이 학생이 [분당 1.86 단어/주]로 향상한다면 자신과 또래 사이의 차이가 좁혀진다. 최소자승법 계산을 통해 얻은 학생의 실제 향상률 진전도 모니터링은 [분당 0.96단어/주]였다. 이 세 가지 값들을 검토해보면, 대상 학생은 일반적인 2학년 또래들의 기대 향상률처럼 성장하고 있었지만, 자신과 또래 사이의 격차를 완전히 좁힐 정도로 충분한 속도로 움직이고 있지는 않았다는 것을 알 수 있다. 동시에, 대상 학생이 그의 또래들의 향상률과 근접한 속도로 진전하고 있다는 사실은 그 학생이 어느 정도 중재에 반응하고 있다는 것을 암시한다.

진전도 모니터링 데이터를 이용한 차이 분석은 [표 4.4]에 요약되어 있다. [표 4.4]에는 [그림 4.4]에 진전도 모니터링 데이터가 표시된 2학년생 예시가 수록되어 있다. 분명히 대상 학생은 1년 동안 2학년 표준의 예상 기준점 점수의 99.0%에서 성장했지만, 대상 학생이 자신과 또래 사이의 차이를 좁힐 때 기대되는 성장에서는 51.6%에 불과했다. 이 예시에서 주목해야 할 점은 "학년수준"이라는 용어가 대상 학생의 학급이나 학교의 규준이 아니라 국가단위 규준을 나타내기 위해 사용하고 있다는 것이다. 우리는 6장에서, 대상 학생의 수행이 특정학습장애의 결과인지 또는 실제로 시스템 기능의 문제인지를 고려할 때(즉, 교수의 부족은 제외되어야 함), 지역군 전체의 수행을 어떻게 고려해야 하는지를 논의할 것이다. 학급 또는 학년 학생의 대다수가 위험군 범위에 있을 때 장애 범위에 있는 특정 학생을 구분하는 것은 문제가 많다.

표 4-4 [그림 4.5]에 나타나는 2학년 학생의 진전도 모니터링 데이터 차이 분석

(A) 학년수준 향상률 진전도 모니터링	분당 0.97단어/주
(B) 목표 향상률 진전도 모니터링	분당 1.86단어/주
(C) 실제 향상률 진전도 모니터링	분당 0.96단어/주
향상률 진전도 모니터링 격차 지표(학년수준 향상률에 대해)(C/A×100)	학년수준 향상률의 99.0%
향상률 진전도 모니터링 격차 지표(목표 향상률에 대해)(C/B×100)	목표 향상률의 51.6%

향상률 기준점 차이 분석

향상률 차이 분석의 두 번째 단계는 학생의 수행 부진 정도에서 달성률이 미치는 영향을 결정하는 것이다. 3장에서 설명한 바와 같이, 보편적 선별검사에서 표준 수준 및 실제 수준 사이의 거리는 '기준점 격차 지수'라고 하는 단순한 비율로 표시할 수 있다. 기준점 격차 지수는 학년수준 성취도를 실제 학생의 성취도로 나누어 계산한다. 이 지수는 학생이 주어진 시점에서 수행 수준이 얼마나 뒤처져 있는지를 측정한다. 여기서 문제는 그 학생이 자신과 또래들 사이의 차이를 좁히는 속도로 성장하고 있는지 여부이다. 이 분석은 시간 경과에 따른 기준점 차이를 조사하여 수행된다. [그림 4.2]의 가을학기 기준점에서, 이 지수는 우리의 목표 학생이 그 또래 학생들과 2.6배 차이가 나는 것을 보여준다(52단어/20단어=2.6배). 보통 성적이 좋은 학생의 수행은 대상 학생보다 2.6배 더 높다. 더 쉬운 설명을 위해, 비율을 역수로 만들고 100을 곱해, 대상 학생에게 기대하는 것에 비례하여 달성한 성과의 비율을 나타낼 수 있다. 일반 학생들과 동등한 수준에서 성취하는 대상 학생들은 기준점 격차 지수가 100%가 될 것이며, 이는 학생이 기대 수준의 100%를 달성하고 있음을 나타낸다. 독자들은 이 방정식을 100% 가득 찬 연료 계기판처럼 생각할 수 있다. 이 예에서 지수는 $(20/52 \times 100 =$

표 4-5 **[그림 4.2]의 2학년 학생의 기준점 차이 지수의 요약표**

(A) 대상 학생에 대한 학년수준 향상률 기준점	분당 0.97단어/주
(B) 대상 학생에 대한 실제 향상률 기준점	분당 0.83단어/주
(C) 대상 학생에 대한 목표 향상률 기준점	분당 1.86단어/주
가을학기 기준점 차이 점수	학년수준 수행의 38.5%
봄학기 기준점 차이 점수	학년수준 수행의 57.5%
학년수준에 대한 향상률 기준점 차이 점수(B/A)	학년수준 성장의 85.6%
목표에 대한 향상률 기준점 차이 점수(B/C)	차이를 줄이기 위한 목표 성장의 44.6%

38.5%)로, 대상 학생이 일반학생이 달성하는 수행 수준의 38.5%에 불과함을 나타낸다. 겨울학기와 봄학기에도 동일한 계산을 실시하여 연중 기준점 격차 지수의 변화를 보여준다. 따라서 겨울학기 평가에서의 지수는 $37/72 \times 100 = 51.4\%$가 될 것이며, 봄학기 평가에서의 지수는 $50/87 \times 100 = 57.5\%$가 될 것이다.

[표 4.5]에는 [그림 4.2]에 나타난 학생의 기준점 격차 지수가 요약되어 있으며, 해석에 대한 요약이 수록되어 있다. 모든 자료들을 종합해보면, 한 학년 동안, 학년 수준의 학생 수행과 비교하여 대상 학생의 기준점 성장은 기대했던 것보다 약간 밑돌았다는 결론을 내릴 수 있다. 즉, 이 학생은 일반적인 2학년 학생들의 기대 속도(분당 0.83단어/주 vs. 분당 0.97단어/주)보다 약간 낮은 속도로 움직이고 있었다. 일반 학생들과의 향상률 기준점 차이는 85.6%이다. 그러나 대상 학생의 가을학기 기준점 차이점수가 일반적인 2학년 학생 성적의 38.5%였으므로, 목표 향상률(즉, 일반적인 2학년 학생들과의 차이를 따라잡기 위해 필요한 성장률)은 분당 [1.86단어/주]가 된다. 대상 학생의 향상률 0.83은 이 목표 속도보다 상당히 낮다. 차이를 좁히는 데 필요한 대상 학생의 진전도와 비교하기 위하여 실제 향상률(0.83)을 목표 향상률(1.86)로 나누었는데, 향상률 기준점 점수는 목표 성장의 44.6%로, 학생이 1년 동안 기대 진전 속도의 절반에도 미치지 못한다는 것을 나타낸다. 이 성장률은 또 겨울학기에 51.4%, 봄학기에 57.5%로 같은 학년 또래들을 따라가지 못했음을 보여준다. 비록 대상 학생은 어느 정도의 진전도를 보이고 있었지만, 그는 연중 충분한 속도로 중재에 반응하지는 않았다. 이 결론은 두 가지 함의를 가진다. 첫째, 이러한 데이터는 중재에 대한 학생의 반응이 시간이 지남에 따라 학생의 실제 학업실패 위험을 줄이기에 충분하지 않다는 것을 보여준다. 둘째, 그 중재가 일반 교육에서 계속되든지 아니면 특수교육으로 옮기든지, 강화될 필요가 있다.

컴퓨터적응검사를 이용한 격차 분석

컴퓨터적응검사 측정 시 진전도 모니터링 데이터를 사용하는 것과 동일한 종류의 분석을 실시할 수 있다. [그림 4.3]과 [표 4.6]에서 볼 수 있듯이, STAR 수학 측정에서 기준점 차이 점수를 계산하려면 CBM과는 다소 다른 해석적 접근이 필요하다.

가을학기에 각각 10, 40백분위점수를 가진 2학년 학생 간의 환산점수 차이는 95인데, 이는 10백분위점수의 학생이 40백분위점수 학생이나 기준점 학생의 예상 성적에 비해 76.5%에 해당하는 수준으로 수행한다는 것을 의미한다. 따라서, [그림 4.3]의 기준점 차이 점수를 해석하기 위해 76.5%보다 큰 차이는 매우 부진한 것으로 간주된다. 마찬가지로 연간 증가율을 확인할 때, 학생이 10백분위점수에 머무른다면, 그는 주당 1.53환산점수의 속도로 증가하여, 학년말에는 여전히 학년수준 점수의 83.6%인 411점의 환산점수를 얻을 것이다([그림 4.3] 참조). 이 예에서는 40백분위점수(492점) 혹은 주당 5.06환산점수로 목표 향상률이 설정되었다. 이 학생은 실제 향상률 기준점에 반영된 대로 주당 2.50환산점수의 증가율을 달성했다. 실제 향상률 기준점을 학년수준 향상률 기준점으로 나누고 100을 곱하면 이 예에서 학생은 학년수준 수행 학생의 기대 대비 116.1%의 성장률을 보였다; 그러나 학년수준 성장속도와 비교했을 때, 성장률에 대하여 차이를 좁히기 위한 것의 55.5%만 성장했다.

 표 4-6 **[그림 4.4]의 2학년 학생의 STAR 수학 기준점 향상률 요약표**

(A) 학년수준 향상률 기준점(40백분위점수에서)	2.42환산점수/주
(B) 실제 향상률 기준점(40백분위점수에서)	2.81환산점수/주
(C) 40백분위점수로 가기 위한 목표 향상률 기준점	5.06환산점수/주
가을학기 기준점 차이 점수	학년수준 수행의 76.5%
봄학기 기준점 차이 점수	학년수준 수행의 81.3%
학년수준에 대한 향상률 기준점 차이 점수(B/A)	학년수준 성장의 116.1%
목표에 대한 향상률 기준점 차이 점수(B/C)	학년수준 성장의 55.5%

[표 4.6]은 [그림 4.6]에 나온 3학년 학생들의 이러한 점수를 요약한 것이다. 표와 그림에서 나타내듯, 일반적인 3학년생(40백분위점수)은 가을학기 507환산점수에서 봄학기 581환산점수로 성장하였고, 36주 동안 주당 평균 2.06환산점수를 얻었다. 이 사례에서 대상 학생은 458환산점수(20백분위점수)로 시작하여 주당 3.42환산점수의 성장률을 보이며 학년 말까지 581환산점수(40백분위점수)에 도달했다. 학년 초에 20백분위점수였던 이 학생은 주당 1.83환산점수의 성장률을 보였다. 이 학생은 진전도 모니터링 데이터에 반영된 대로 실제 성장률에서 3.49환산점수를 얻었다. 학년수준 수행 학생에 대한 진전도 모니터링 차이 점수는 20백분위점수에 남아있는 학생과 비교했을 때에는 190.7%이었으며, 학년수준의 수행을 보이는 학생들과 비교했을 때는 169.4%였고, 목표 수행의 102.0% 진전도를 보였다. 따라서 이 경우 학생은 예상보다 더 많이 성장했고, 또래들과의 격차를 성공적으로 좁힐 것으로 예측된다.

환산점수가 사용되는 유사한 방법들이나 컴퓨터적응검사에 대한 해석은 그 의미 있는 적용을 위해 추가적인 이해를 필요로 한다. 예를 들어, 르네상스 교육은 최근 STAR 측정법을 사용하는 학생들의 시간에 따른 변화를 더 잘 해석하기

표 4-7 [그림 4.6]의 3학년 학생의 STAR 수학 향상률 진전도 모니터링 요약표

(A) 학년수준 향상률 진전도 기준점 (20백분위점수 학생)	1.83환산점수/주
(B) 학년수준 향상률 진전도 기준점 (40백분위점수 학생)	2.06환산점수/주
(C) 목표 향상률 기준점 (가을학기에 40백분위점수 학생)	3.42환산점수/주
(D) 실제 향상률 진전도 모니터링	3.49환산점수/주
20백분위 점수에 있는 학생에 대한 향상률 진전도 차이 점수(D/A)	학년수준 수행의 190.7%
40백분위 점수에 있는 학생에 대한 향상률 진전도 차이 점수(D/B)	학년수준 수행의 169.4%
목표 진전도에 대한 향상률 진전도 모니터링 차이 점수(D/C)	격차를 줄이기 위한 목표 성장의 102.0%
성장백분위점수	52

위해 성장백분위점수를 개발하여 발표했다. 성장백분위점수는 학생들의 성장을 전국의 학생들의 성장과 비교한 수치이며, 1에서 99까지의 숫자로 보고된다. 예를 들어, 한 학생이 90의 성장백분위점수를 가지고 있다면, 이는 한 시험에서 다른 시험으로의 그의 성장이 비슷한 성취 수준에서 시작한 90%의 학생들보다 더 낮다는 것을 의미한다. [그림 4.6]과 [표 4.7]에서, 이 학생의 성장백분위점수(52 백분위점수)는 학생이 한 해 동안 20백분위점수에서 시작하여 40백분위점수 가까이 끝난 다른 학생들과 거의 똑같은 성장을 보였다. 이 경우, 학생이 학년 초에 20백분위점수인 다른 학년수준의 학생들보다 1년 동안 더 많이 성장하며 대상 학생과 또래 사이의 차이를 좁히는 고무적인 결과를 보였다. 이상적으로는, 부진 학생들의 학생 성장 백분위점수가 일반학생의 기대성장률을 초과하여 성장을 보이기를 기대한다.

성장백분위점수는 학생의 실제 성장 수준에서 비롯된 학생의 연간 성장률과 또래들과의 차이를 좁히는 데 필요한 성장률을 제공한다. 같은 백분위점수로 한 학년을 시작하고 끝내는 학생은 한 해 동안 성장하긴 했지만, 자신과 또래 사이의 격차를 좁히지 않으면 다음 해에는 훨씬 뒤처질 것이다. 동시에, 1년 이내에 좁힐 수 있는 간격은 대상 학생이 출발점에서 또래의 수행 수준보다 얼마나 뒤처지는지에 따라 결정된다. 성장백분위점수는 성장률이 정규분포 상 특정 지점에서 기대되는 학생의 증가 정도보다 훨씬 높은지 혹은 낮거나 같은지 여부를 나타낸다.

요약

학생 수행에 대한 향상률 계산은 중재반응모형 내 의사결정 과정의 핵심 지표 중 하나이다. 이 장에서 논의된 값들은 연중 기준점을 달성하는 일반 학생의 학년수준에 비해, 그리고 대상 학생과 일반 학생의 격차를 줄이는 데 초점을 맞춘 목표에 비해, 대상 학생이 얼마나 수행할 수 있는지 알 수 있도록 하는 간단

한 수식이다. 이 수치들은 또한 제공된 중재에 대한 대상 학생의 반응을 실증적
으로 규정하는 여러 방법을 제공한다.

05

배제 조건

5장

배제 조건

　본 장에서는 특정학습장애를 결정하기 위한 네 가지 기준 중 세 번째인 특정학습장애 범주에 따른 특수교육 자격 결정 시 다른 조건 배제 절차를 검토한다. 현행 IDEA 규정(2006)에는 다음의 배제기준을 포함한다. "(a)(1) 및 (2)항에 따른 연구결과는 (i) 시각 청각 또는 운동 장애, (ii) 지적장애, (iii) 정서 장애, (iv) 문화적 요인, (v) 불리한 환경적 또는 경제적 조건의 결과로서의 저성취가 아님, (vi) 제한된 영어 능력(§300.309[a][3])." 특정학습장애의 세 번째 기준은 다음 페이지의 [그림 5.1]에 도해되어 있다. 본 규정(a)(1)과 (2)에서 특정학습장애의 결정을 위한 첫 두 가지 기준을 참조한다. 최근 몇 년 동안 "정신지체"라는 용어는 이 장에서 사용하는 "지적 장애"로 대체되었다.

　IDEA 규정에는 도입 초기부터 학생의 학업 실패가 특정학습장애가 아닌 다른 장애 조건이나 학생의 생활 상황의 측면에 의해 야기된 것인지 여부를 결정하기 위해 다분야 평가 팀이 요구하는 조항이 포함되었다. 이러한 조항들은 평가에 학업성적의 다른 원인들을 배제하기 위한 구체적인 절차를 포함하지 않는 한, 특정학습장애가 다양한 이유로 학업 문제를 보이는 학생들에게 "두루뭉술한" 범주가 될 것이라는 우려에서 유래되었다. 특정학습장애는 명확한 포함 검사가 없는 진단 범주이다. 평가 용어에 따르면, 우리는 어떤 사람이 특정학습장애가 "정말 있는지" 또는 "아닌지"를 알려주는 논쟁의 여지가 없는 지수나 절대적인 기준이 없다고 말할 수 있다. 특정학습장애의 주된 증상은 성취 부진이지만, 성취 부진은 특정학습장애를 제외한 많은 요인들에 의해 야기될 수 있다. 따라서 성취 부진은 일련의 배제 판단들을 포함하기 때문에 "배제의 기준"이라고 불리는 특정학습장애 진단에 대한 유일하고 구체적인 지표가 아니다. 성취 부진이 명백할 경우, 일반적으로 인정되는 낮은 성취의 잠재적 원인을 우선적으로 검토하고 배제해야 한다. 일단 성취 부진의 원인이 가려지면, 평가 팀은 성취 부진이 있을 때 아이가 특정학습장애가 있다고 결론을 내릴 수 있다. 부진한 학업

그림 5-1 **장애아동교육법 상 특정학습장애 준거(준거 3에 음영표시됨)**

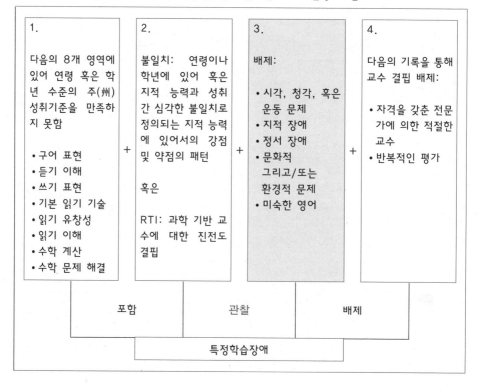

성적의 다른 일반적인 원인은 특정학습장애 정의에 따라 배제 기준이라고 한다. 이 장과 다음 장에서 우리는 두 가지의 배제 기준을 고려한다. 이 장에서는 다른 장애 조건 및 상황 요인의 존재를 평가하기 위한 절차에 대해 설명한다. 6장에서는 교수 결핍을 특정학습장애의 배제 기준으로서 평가하는 절차를 설명한다.

다른 배제 준거의 일반적인 절차

학생의 학업 실패의 원인으로 다른 조건을 배제하는 과정은 (1) 선별, (2) 평가, (3) 검증의 세 부분으로 구성된다. 규정에 기술된 각각의 조건이나 요소들이 학생들의 학업 문제의 가능한 원인으로 간주되어야 하지만, 그들의 잠재적인 영향을 배제하기 위해 종합 평가가 필요하지 않을 수도 있다(Reschly, 2005). 오히려, 선별 사정 또는 절차로 고려 중인 조건이 존재하지 않는다는 것을 명확히 할 경우, 평가 팀은 해당 조건을 배제하기 위해 해당 증거를 사용할 수 있다. 그러나 만약 선별이 조건의 인과적 요인이 될 가능성을 나타내는 경우, 그 팀은 그 조건과 학생의 학업적인 관심사 사이의 인과 관계를 확인하기 위해 좀 더 광범위한 평가 절차를 수행하거나 준비해야 한다. 명확성을 위해, 첫 번째 단계는 다음에 설명된 조건들이 좋지 않은 학업 성적과 인과 관계가 있다는 것을 배제하는 것이다. 또 다른 장애 조건이나 상황 요소가 선별에서 발견되지 않으면, 이는 학생들의 부진한 학업 성취의 원인으로 배제될 수 있으며, 특정학습장애를 고려할 수 있다. 또 다른 장애 조건이나 상황 요인이 발견되면 장애 조건이나 상황 요인이 실제로 학생들의 부진한 학업 성취를 초래하고 있다고 결론짓기 위해 추가적인 평가가 필요하다.

아래에서 설명하는 조건이 선별 시 감지되지 않을 경우, 배제 결정을 내리기 쉽다. 다음에서 설명하는 조건이 선별에서 발견되면, 결정은 그렇게 간단하지 않다. 예를 들어, 장애 조건이 존재하지만 학생들의 부진한 학업 성취를 초래하지는 않을 수 있다. 이 경우에, 장애 조건이 존재하더라도, 그것은 학업성취도 부실의 원인으로부터 배제될 수 있으며, 특정학습장애는 여전히 고려될 수 있다. 반면에, 장애 조건이 감지되어 학생의 부진한 학업 성취와 인과 관계가 있음을 입증할 수 있는 경우, 배제 기준을 적용하고 특정학습장애 진단을 실시할 수 없다. 우리는 이제 특정학습장애의 배제 요인을 선별하고 검증하기 위한 절차를 제시한다.

시각 장애

시각 장애의 여부는 배제 과정의 예를 보여주는 데 유용한 출발점이다. 시각 장애는 아이가 특수 교육을 받을 자격이 있는 것으로 판명될 수 있는 12가지 장애 조건 중 하나이다. 시각 장애를 배제할 때 답변되어지는 질문은 간단하다. 학생들의 학업적인 문제들이 발생하는 이유는 학업 자료를 보는 어려움 때문인가(예를 들어, 인쇄된 내용, 칠판의 영상화면)? 시각 장애 선별은 흔히 있는 일이며, 대부분의 성인들은 초등학교에 입학했을 때 시력 손상 선별에 참여한 것을 기억할 수 있다. 많은 주에서는 정기적인 학생들의 시력 검사를 요구하고 있다. 이러한 선별의 결과는 다학제 평가 팀이 시력 문제가 존재하는지 여부를 결정하기 위해 사용한다. 만약 학생이 선별 중에 정상적인 시력을 가지고 있는 것으로 밝혀지면, 시각 장애는 학업 문제의 가능한 원인으로부터 배제될 수 있다. 그러나 만약 선별 결과 시력에 문제가 있을 가능성이 있다면, 검안사나 안과 의사의 종합 평가가 필요하고 시각 장애를 교정해야 한다.

첫 번째로 답해야 할 질문은 시각 보조 장치(예: 안경)를 사용하여 시력을 교정한다면 학생들의 학업 성취도가 향상될 것인가 하는 것이다. 1학년 학생의 안경 처방이 부정확하다는 것이 밝혀지기 전까지 그가 특정학습장애로 식별되었던 사례가 있다. 그 학생의 안경이 교정되었을 때 학생은 빠르게 읽는 법을 배웠고 더 이상 특수교육이 필요하지 않게 되었다. 의료 치료나 시각적 도움을 통해 적절히 교정할 수 없는 더 심각한 시각적 손상은 기초 학습 기능을 배우지 못하는 잠재적인 요인이 될 것이다.

특정학습장애가 원인이 아니라 부족한 학습이 시각 장애에 의해 야기되었다고 결론짓기 위해서는, 학생에게 시각 지원과 알맞은 과제가 학습되고 제공되었음에도 학생들의 학습 진전이 향상되었는지 확인하기 위해 학업 성장을 모니터링해야 할 것이다. 학생의 시력 문제가 수정되고 적절하게 조정된 과제 자료를 사용하여 지시가 제공되고 계속해서 학생의 수행이 부진할 경우, 평가 팀은 부진한 학업 문제를 야기하는 요인으로서 시각 장애를 배제하고 배제 기준을 충족시키지 못할 것이다. 다시 말해, 진단 팀은 특정학습장애를 성취 부진의 잠재적 원인으로 고려해야 할 것이다. 예를 들어, 점자를 배우지 못한 시각장애 학생은 부차적으로 특정학습장애를 가진 것으로 판명될 수 있다.

청각 장애

시각 장애와 마찬가지로, 많은 주의 학생들은 정기적으로 청력 손상 선별 검사를 받는다. 청력 선별 검사를 통과한 모든 학생의 학업 성취 부진을 초래하는 요인으로부터 청각 장애를 배제한다. 청력 선별 검사를 통과하지 못한 학생들은 청력을 향상시키기 위해 보청기 또는 의료 치료가 필요한지 여부를 결정하기 위해 청력학자에 의해 평가된다. 유의한 청각 장애에 대한 증거는 청력 문제가 해결될 때까지 학생의 특정학습장애에 대한 고려를 배제할 것이다. 청력이 보편적인 교수에 맞게 교정된 후에도 기초 학습 기능을 습득하는 데 실패할 경우 특정학습장애 적격성을 고려할 수 있다.

운동 문제

운동 장애가 있는 학생들은 일반적인 학교 과제의 수행에 어려움을 겪을 수 있다. 예를 들어, 글씨 쓰기 능력에 영향을 미치는 정형외과적 장애를 가진 학생은 교실에서 작문 표현에 어려움을 겪을 수 있다. 감각 손상과 달리, 학교는 일반적으로 운동 문제 선별 검사가 의무적이지 않다. 결과적으로 다학문 평가 팀은 학업 수행에 유의미한 운동 중재(예: 쓰기)가 필요한 경우 특수교육 적격성에 대한 종합적인 평가를 실시할 때 이러한 문제를 선별해야 한다. White와 Haring(1980)은 학생이 글을 쓸 때 필요한 운동 기술에 대한 직접적인 평가가 운동 문제 선별 기준의 역할을 할 수 있다고 제안했다. 이 접근방식에서, 한 학급의 모든 학생들은 1분 안에 알파벳(예: "a")을 가능한 많이 쓰도록 요청 받는다. 그런 다음 대상 학생이 만든 인식 가능한 글자의 수를 나머지 학급 학생들의 것과 비교할 수 있다. 그 결과가 질과 양 측면에서 유사하다면, 운동 장애(즉, 정형외과적 장애)는 학생들의 작문적 표현 문제의 가능한 원인으로부터 배제될 수 있다. 그러나 대상 학생이 또래와 비교하여 이 선별 작업에 어려움을 겪는 경우, 의사 또는 직업 치료사의 추가 평가가 이루어질 것이다. 만약 학생의 작문 문제가 운동 장애로 인한 것으로 밝혀지면, 특정학습장애는 요인에서 배제될 수 있다. 이 경우 학생은 정형외과적 장애 또는 기타 건강 장애 범주에 따라 특수 교육을 받을 자격이 주어지거나, 제504조에 따른 편의제공에 따를 수 있다.

지적 장애

IDEA는 평가 팀들이 학생들이 기초 학습 기능을 배우지 못한 것이 항상 지적 장애(이전에 정신 지체로 불렸던)의 결과인지 여부를 고려하도록 했다. 지적 장애는 IDEA 규정에서 "아동의 교육적 수행에 부정적인 영향을 미치는 적응적 행동의 결핍과 동시에 존재하며 발달 기간 동안 나타나는 평균 이하의 일반 지적 기능"으로 정의된다(§300.8[c][6]). 지적 장애가 있는 것으로 확인되려면 일반적으로 학생은 지능의 전체 척도에 상당한 인지결손과 그러한 기술의 표준화된 척도에 적응적 행동의 부수적인 손상이 나타나야 한다. 역사적으로, 학교 심리학자들은 정기적으로 특수교육 적격성이 고려되는 모든 학생들의 지능 검사를 관리하므로 팀들은 이러한 데이터를 입수할 수 있었다. RTI가 특정학습장애 결정에서 능력-성취 불일치에 대한 대안으로 등장함에 따라, 더 이상 특정학습장애 판별을 위해 지능 검사가 필요하지 않다. 결과적으로 대부분의 전체 및 개별 평가에서 지능 검사가 필요한지 물음을 제기할 수 있다. 지적 장애의 배제와 관련하여, 우리의 입장은 다른 조건에 사용된 선별-평가-검증 과정이 지적 장애와 관련이 있다는 것이다. 즉, 평가 팀은 자동적으로 인지 능력 검사를 실시하기보다는 먼저 지적 장애 선별을 위해 사용 가능한 다른 자료를 사용할 수 있다(예를 들어, 읽기 특정학습장애의 가능성이 있는 학생이 해당 학년 수준 수학 성취와 같이 특정학습장애로 의심되는 것과 관련 없는 영역에서 평균 범위의 학업 성취도를 나타낸다). 특정학습장애로 의심되는 학생에게 종합 인지 평가를 실시할 경우 지적 장애 범주의 지능 점수를 나타내지 않을 것이다. 평가 팀은 특히 학생이 연령에 맞는 적응 행동을 보인다면 이 결정에 확신을 가질 수 있다. 이 시나리오에서, 평가 팀은 선별 단계에서 지적 장애를 배제할 수 있다.

> 평가 팀은 기계적으로 인지 능력 검사를 실시하기보다는 먼저 지적 장애의 선별을 위해 사용 가능한 다른 자료를 사용할 수 있다.

그러나 학생이 여러 학업 영역에서 결핍을 보이고 평가 팀도 학생의 적응 행동에 대해 우려한다면 완전한 인지 평가가 이루어질 것이다. 지적 장애가 의심될 경우 지능과 적응 행동에 대한 전면적인 조치를 취할 것을 권고한다. 지적 장애 범위에서 일관성 있는 점수를 보이는 학생은 지적 장애 범주에 따라 특수교육 적격성이 고려되고 특정학습장애 고려로부터 제외될 것이다. 지적 장애 절단점 이상의 점수를 받은 학생은 지적 장애의 요인으로부터 배제된다. Iowa에 있는 하트랜드 지역 교육청의 학교 심리학자들은 여러 해 동안 이 관행을 사용해 왔다. 그 결과, 그들의 지능 검사 사용은 적게 쓰게 되어, 연간 평균 몇 개의 행정 기관에서만 사용한다(Reschly, 2003). 이전의 배제 조건(예: 시각 및 청각 장애, 운동 장애)과는 달리, 정의상 지적 장애와 특정학습장애는 공존할 수 없다. 지적 장애의 존재는 부진한 학업 성취의 원인으로 특정학습장애의 가능성을 효과적으로 배제한다.

정서 장애

IDEA 규정은 학생들의 정서적 문제를 학업 성적 문제와 인과적으로 관련된 것으로 고려하도록 요구한다. 개념적으로, 이러한 문제들은 처음에는 정서적, 행동적 문제를 가진 학생 집단을 선별하기 위한 검사를 사용하여 조사된다. 행동 및 정서 선별 시스템(Kamphaus & Reynolds, 2007), 학생 위험 선별 척도(Drummond, 1994), 행동 장애에 대한 체계적 선별(Walker & Severson, 1992)과 같은 검사에 대한 정상적 범위의 수행 수준은 학생의 결핍된 학업 수행의 요인으로부터 정서 장애를 배제할 수 있는 1차적(first-level) 지표를 제공할 수 있다. 정서적·행동적 문제를 나타내는 학생들의 경우, 정서적 및 행동적 문제에 대한 풀 배터리 평가가 이루어진다. 이러한 평가에는 아동 행동 평가 시스템(BASC, Reynolds & Kamphaus, 2004) 또는 아동 행동 체크리스트(Achenbach & Rescorla, 2000)와 같은 폭넓은 범위(broad-band)의 행동 평가 척도가 포함될 수 있다. BASC 성격 자가 보고(BASC Self-Report of Personality)(Reynolds & Kamphaus, 2004)와 같은 자기 보고 검사와 아동 및 청소년을 위한 반구조화된 임상 인터뷰(McConaughy & Achenbach, 2001)와 같은 면접조사도 있다. 우울증이나 공격성과 같은 특정 문제는 각각 아동 우울 척도(Children's Depression Inventory)(Kovacs, 1992)와 청소년 분노 평가 척도 (Adolescent Anger Rating Scale)(Burney, 2001)와 같은 좁은 의미의 도구를 사용하여 조사할 수 있다.

비록 이 일반적인 형식이 받아들여질 수 있지만, 평가 팀은 어린 시절의 우울증과 같이 교사들이 잘 알아차리지 못하는 특정한 유형의 정서적 문제들을 정기적으로 더 철저하게 조사할 수 있다. 결과적으로 모든 경우에 풀 배터리 평가가 필요하지 않을 수 있지만, 우리는 광대역 아동 행동 체크리스트가 부모와 교사 모두에게 실시되고 특수 교육 적격성에 대한 모든 평가에 사용될 것을 권고한다. 다시 말하지만, 이런 평가 도구들에서 평균점수가 나타나면 학생들의 부진한 학업 성취의 원인으로부터 정서적 우려를 배제할 수 있다. 위험군 또는 임상적으로 유의한 범위의 점수는 학생의 학업 문제가 특정학습장애가 아닌 정서

장애로 인한 것인지 여부를 결정하기 위해 학생의 정서적 어려움에 대한 보다 포괄적인 평가가 필요하다는 것을 의미한다. 정서적 및 행동적 우려가 부진한 학업 성취의 원인으로부터 배제될 수 없는 경우, 학습 환경의 요구와 아동의 행동적 기능 간의 더 나은 적합성을 만들기 위해 고안된 정서적 중재와 행동적 중재가 적절한 감정적, 행동적 지원으로 인해 학업 성취도가 향상되는지 결정하기 위해 학업 진전도 모니터링이 함께 시작되어야 한다. 학업 수행이 향상되면 특정학습장애가 진단될 수 없다. 학업 수행이 향상되지 않은 경우, 정서 장애 범주에 따라 제공되는 서비스에 대한 IEP의 일부분으로서 적절한 학습을 보장하기 위해 특정학습장애 범주에 따라 제공되는 서비스에 집중적인 학업 중재가 필요할 수 있다.

그러나 또 다른 해결하기 어려운 요인은 특정학습장애로 인한 학업적 좌절로 인해 교실에서 문제행동이 보여 질 상황이다. 즉, 학생의 문제 행동이 정서 장애 때문이 아니라 확인되지 않은 특정학습장애 때문일 수 있다. 이 경우 3장에서 설명하는 기능적 학업 평가는 인과 조건을 분석하는 데 도움이 될 수 있다. 학생의 교육 수준에 맞는 강력하고 집중적인 학업 중재(계층 3)를 제공하면 성취가 향상될 뿐만 아니라 문제 행동도 개선시킬 수 있어 학업의 좌절감 가설을 지지한다. 이러한 상황에서 학생의 학업 성취도가 최소 수준이지만 행동이 개선된다면 정서 장애를 배제할 수 있으며, 학생은 특정학습장애로 확인된다. 또 다른 중요한 정보 출처는 학업 외적 환경(예: 가정과 지역사회)에서 학생의 행동 문제가 발생하는지 여부다. 그러한 상황에서 행동 장애의 부재는 정서 장애의 배제를 다시금 지원할 것이다. 그럼에도 불구하고, 오랫동안 지속되어 온 행동 문제들이 단기간의 중재를 통해 나아지지 않을 수도 있고, 확인된 정서 장애가 없다면 행동적 우려가 지속되지 않을 것이라는 것을 의미하지는 않는다는 것은 인정된다. 그러한 경우에, 특정학습장애를 가진 학생은 특수교육 프로그램의 일환으로 학업적, 행동적 중재가 모두 필요할 수 있다.

특정학습장애를 가진 학생은 특수교육 프로그램의 일환으로 학업적, 행동적 중재가 모두 필요할 수 있다.

문화적 요인(cultural factors)

이 분야에서 평가 팀은 학생의 학업 결핍이 학생들의 문화와 관련된 요인들로 설명될 수 있는지 여부를 결정해야 한다. 여기서 구상된 시나리오는 학생들의 학교 성적이 타국으로의 이민과 같은 요인들로 인해 방해를 받는다는 것이다. García – Vázquez(1995)는 이민 학생들은 종종 주류 문화에 적응하는 데 어려움을 겪으며, 이것은 그들의 학습에 부정적인 영향을 미칠 수 있다고 지적했다. 이 현상은 이민이 학생의 본국에서의 충격적인 사건(예: 전쟁, 기근)과 관련이 있다면 특히 두드러진다. 비슷하게, 부모가 불법 이민자인 일부 학생들은 그들의 학업 성적에 부정적인 영향을 미칠 수 있는 불확실한 이민 상태와 관련된 스트레스를 경험하고 있을 수도 있다. 게다가, 이민 학생들은 자주 이사를 가고, 여러 번 가정이 바뀌고, 학교에 계속 가는 데 어려움을 겪고, 노숙 등과 같은 다른 상황들을 경험할 수도 있다. 학교 평가 팀은 평가를 수행할 때 이러한 문제 중 어떤 것이 작용하는지 결정해야 한다.

문화적 요인에 대한 선별에는 문화 변용 단축형 검사(Acculturation Quick Screen)(Collier, 2000) 또는 아동 문화 변용 척도(Children's Acculturation Scale)(Franco, 1983)와 같은 도구의 행정이 포함될 수 있다. 좀 더 심도 있는 평가는 가족사를 듣는 것을 포함한다. 여기서 이 평가는 IDEA에서 별도의 배제 요건인 제한된 영어 능력(LEP)을 배제하는 과정과 밀접한 관련이 있지만 독립적이라는 점에 유의해야 한다. 그 결과, 평가 팀은 그 학생의 모국어가 영어라도 문화적 요인이 학생들의 학업 성적을 방해하는지 여부를 결정하는 데 주의를 기울여야 한다. 만약 학생의 학습이 주로 문화적 요인에 의해 영향을 받는다고 결정된다면, 그 학생은 특정학습장애 결정에 대한 고려에서 제외될 것이다. 만약 문화적 요인이 학생들의 어려움에 주된 원인으로 여겨지지 않는다면, 이 요인은 배제될 수 있다. 확인된 문화적 요소가 아이의 학업 성적에 미치는 부정적인 영향을 완화하기 위해, 고안된 전략을 개발하고 배치하는 것이 중요하다(Artiles, Kozleski, Trent, Osher, and Ortiz, 2010). 이러한 전략은 평가 팀이 매일 학교에 대한 어린이의 접근과 준비를 증가시키는 방법을 해결하기 위해 지역사회 기반 서비스와 해결방안을 고려해야 한다. 학습 환경의 요구와 그 환경에 완전히 참여하고 학습의 질을 개선하기 위해 학생과 학생의 가족에게 더 많은 지원을 제공하면, 특정학습장애는 배제된다.

제한된 영어 능력

문화적 요인들 간의 밀접한 관련 때문에 이것을 계속적으로 고려해야 할 것이다. 영어 능력이 제한된 학생들이 실제로는 제 2외국어로 영어를 배우는 일반적인 과정에서 발생한 학업상의 문제일 때, 장애를 가지고 있는 것으로 잘못 인식될 수 있다는 것이 역사적으로 우려되었다(Ortiz, 2008). 이러한 우려는 제 2외국어가 어떻게 습득되는가에 의해 악화되는데, 그 이유는 학생들이 영어를 잘 말할 수 있는 것처럼 보이지만, 학과목을 배우는 언어 능력은 없다는 것이다. Cummins(1981)는 보다 복잡한 학술 자료를 학습하는 데 필요한 공통적이고 일상적인 상호작용에 관한 언어 능력과 기초 학술 언어 능력(CALP)을 기술하기 위해 현재 실용 언어 능력(BICS)에 대해 잘 알려진 개념을 확인했다. 또한 Cummins는 BICS를 취득하는 데 일반적으로 2년이 걸리지만 CALP는 5－7년이 걸릴 수 있다는 사실을 발견했다. 그러므로, 평가 팀은 영어를 배우는 학생들의 언어 능력을 결정하는 데 특히 주의해야 한다. 이러한 문제에 대한 선별은 학교가 전형적으로 가정 언어 조사를 통해 이루어지는 영어 이외의 기본 가정 언어를 사용하는 모든 학생을 식별하도록 요구하는 국가적 요구사항이다. 학교들은 영어 이외의 모국어를 사용하는 것으로 확인된 학생들을 위해 영어 이해 및 의사소통 평가(ACCESS; WIDA Consortium, 2010) 조치와 같은 도구를 사용하여 학생들의 영어 언어 능력을 보다 철저하게 평가할 책임이 있다. 특정학습장애 범주에 따라 학생의 특수 교육 자격을 고려하고 있는 평가 팀은 학생의 학습 부진이 제2외국어

습득 과정으로 인한 것인지 아니면 이러한 요소들이 배제될 수 있는지를 결정하기 위해 이러한 학교 기록에 접근해야 한다. 언어 지원이 학업 중재와 함께 지원되고 학습이 향상되면 특정학습장애는 배제될 수 있다. 언어 능력과 함께 학습능력이 향상되지 않고 언어 발전과 학업 능력 개발을 위한 목표된 지원에 직면하여 특정학습장애를 배제할 수 없다. LEP를 가진 학생들은 제 2외국어로 영어를 배우는 정상적인 과정에서 발생한 학업상의 문제일 때 장애를 가진 것으로 잘못 인식될 수 있다.

> LEP를 가진 학생들이 실제로는 제 2외국어로 영어를 배우는 일반적인 과정에서 발생한 학업상의 문제일 때 장애를 가지고 있는 것으로 잘못 인식될 수 있다.

불리한 환경적 또는 경제적 조건

기준 3에 따라 평가 팀이 고려해야 할 최종 요소는 학생의 학업적 어려움이 특정학습장애가 아닌 불리한 환경적 또는 경제적 조건의 여부이다. 먼저 강조해야 할 것은 저소득 가정의 모든 학생들이 (즉, 국가 빈곤 기준 이하) 학교 실패를 보일 것으로 예상된다는 것이다. 가구소득은 학교성취와 관련된 것으로 꾸준히 입증되어 왔지만(2011; Duncan, Morris, & Rodrigues, 2011; Duncan, Yung, Brooks-Gunn, 1998; Hart & Risley, 1995), 빈곤 수준에 상관없이 매우 효과적인 학교에서 연령별 성취도를 달성할 수 있다는 충분한 증거가 있다(Haycock et al., 1999). 평가 팀의 과제는 가족의 경제적 상태가 학생들의 학습에 지장을 주는 상황을 만들고 있는지를 결정하는 것이다. 노숙과 적절한 음식 부족이 학생들의 학습 능력에 영향을 줄 수 있는 경제적 불이익에서 오는 결과의 두 가지 예시이다. 마찬가지로, 평가 팀은 가난과는 관련이 없지만 환경적인 불이익을 반영하는 다른 상황들이 학생들의 학습에 영향을 미치는지를 고려해야 한다. 비극적이게도 너무 흔한 예는 아동 학대이며, 이는 학습과 학교 성적에 해로운 영향을 미칠 수 있는 환경 스트레스 요인이다. 평가 팀은 가족과의 인터뷰와 학교 성적 검토를 통해 이러한 요소들을 고려해야 한다. 학부모들로부터의 의견 수렴은 특수교육의 모든 평가의 필수 요소이기 때문에 이러한 인터뷰는 완전하고 개인적인 평가의 일상적인 측면이어야 한다. 팀들이 특정학습장애의 가능성을 고려하고 있을 때, 이러한 요소들은 학업성취도 저하를 초래하는 것으로 배제되어야 한다. 학생과 가족에게 적절한 환경 지원이 제공되고 학생의 학습이 개선된다면, 환경 또는 경제적 불리는 학생의 학업적 어려움의 원인으로부터 배제할 수 없다. 이러한 지원이 강력한 학업적 중재를 함께 지원함에도(Tier 2와 Tier 3에서) 향상률이 오르지 못하면, 불리한 환경적 또는 경제적 조건을 배제하고 특정학습장애로 학생들을 식별할 수 있다.

요약

다른 조건이나 상황을 배제하는 과정이 표면상으로는 논리적으로 보이는 반면에, 특정학습장애에 대한 포함 및 배제 요인을 평가하는 것은 오류가 발생하기 매우 쉬운 과정이 될 수 있다. 복수의 배제 결정점 중 하나에서 의사결정 오류가 발생하는 경우, 최종 특정학습장애 의사결정에 오류가 있을 수 있다. 특정학습장애의 효과적인 배제 및 포함 기준에 대한 진단 정확도 자료를 기반으로 몇 가지 권장사항을 작성할 수 있다. 배제를 시행하려면 해당 결정에 매우 민감한(즉, 실제로 존재하는 문제를 탐지하지 못할 가능성이 매우 낮은) 조치와 점수를 줄이는 것이 중요하다. 그러므로 배제 요인의 경우, 우리는 이러한 조건이 존재하는지 여부에 대한 민감한 지표라는 것을 알고 있는 조치를 이용해야 한다. 민감도 측정에 대한 요구사항은 시각 장애, 청각 장애, 운동 문제 및 지적 장애에 대해 쉽게 충족된다. 이 요구사항은 문화적 요인 및 경제적 또는 환경적 불이익을 배제하는 경우 쉽게 충족되지 않는다. 무엇이 환경적인 불이익을 주는가? 이 기준은 어떻게 운영되고 있는가? 정서 장애를 배제하는 것은 엄밀히 말하면 환경적인 불이익을 배제하는 것보다 쉬운 시도지만 결코 간단하거나 쉬운 일이 아니다. 이러한 판단을 내릴 수 있는 정확도는 선택한 측정 절차(예: 설문지를 통해 수집된 자료, 시간에 따른 정서 장애의 안정성 및 그에 따른 문제를 감지할 수 있는 수단의 능력), 정서 장애의 존재 또는 부재를 나타내는 데 사용되는 절단 지점 및 방해물, 그리고 정서 장애를 겪고 있는 학생들을 위한 중재 효과의 취약성에 따라 달라진다.

엄격한 진단 정확도 관행의 측면에서, 몇 가지 문제는 특정학습장애를 진단 구성 요소로 취약하게 만든다. 첫째, "정말로 특정학습장애인지" 또는 "특정학습장애가 아닌지"를 확실히 알 수 있는 절대적인 기준은 없다. 예를 들어, 연구가 설령 실시된다 하더라도, 그 학생이 우리가 특정학습장애라고 부르는 이 조건을 가지고 있는지 확실히 말해줄 수 없다. 이 개념의 순간부터 기술적, 경험적 근거에서 도전을 받고, 일반 교육에 어려움을 겪으면서도 쉽게 식별할 수 있는 "이유"가 없는 학생들을 위해 봉사하고자 하는 욕구와 욕망에서 비롯되는 진단 구조이다(Lyon, 1996). 논리적으로, 특정학습장애는 아이들이 필수 기술을 습득하기 위한 추가 지원을 받을 수 있도록 하고, 이러한 학생들이 무료로 적절한 공교육을 받을 수 있도록 하는 방법으로 보여져 왔다. 특정학습장애 적격성 결정은 성적이 가장 낮은 학생의 일정 비율이 서비스를 받을 자격이 있는 규범적 체제에 의해 주도되어야 한다고 주장될 수 있다. 일부 다른 사람들은 특정학습장애 적격성이 집중적인 학업적 중재와 지원이 없을 때 부진한 학업 성취의 상대적 확실성에 기초해야 한다고 주장해왔다(Vellutino, Scanlon, and Zhang, 2007). 다른 이들은 신뢰할 수 있는 진단 기준이 구체화될 수 있고 진단 과정이 강점과 약점을 처리함으로써 이를 통해 효과적인 중재로 변환될 수 있는 정보를 생산하는 독특한 학습자 그룹이 있을 수 있다고 믿는다(Kavale & Flanagan, 2007). 우리는 특정학습장애 구성의 의미가 식별된 아이들이 진단을 받지 않았을 때보다 더 우수한 결과를 보이는 정도에 따라 달라져야 한다고 주장한다.

학생들의 성적과 학습 환경의 요구 사이의 적합성을 최적화하기 위한 체계적인 지원에도 불구하고, 지속적으로 부진한 학업 성취도는 보다 집중적인 지원 없이 지속적인 실패를 나타내는 고유하고 구체적인 지표다. 우리는 무엇이 "진정한 특정학습장애"를 구성하는지 확실히 알 수 없기 때문에, 결과적 타당성에 기초한 진단 의사결정에 대한 실용적인 접근법을 제안한다. 종합 평가 과정의 목표는 학습 문제를 식별하고, 학습에 대한 가능한 장벽을 제거하고, 학생 학습을 개선하기 위한 집중적인 학문적 지원을 제공하는 것이다. 이 의사결정 과정은 특정학습장애 식별에서 끝나지 않고, 오히려 시스템적으로 그리고 개별 학생들을 위해 학습 성과를 개선하기 위한 지속적인 문제해결을 포함한다. 따라서, 부진한 학업 성취에 대해 일반적으로 인정되는 원인을 배제하기 위한 노력에는 학업 성취도에 방해가 되는 장벽을 최소화하기 위한 체계적 문제해결과 성과가 개선되는지 여부를 확인하는 교육적 시도가 포함되어야 한다. 성적이 향상되지 않는다면, 학교 팀은 수행 격차를 낮추고 학생들을 장기간의 학습 성공을 위한 길로 이끌기 위해 계속해서 학생 및 학생의 가족과 협력해야 한다.

06

배제 준거:
적절한 교육의 결핍

배제 준거: 적절한 교육의 결핍

이 장에서는 특정학습장애(specific learning disability; SLD) 진단을 위한 네 번째이자 마지막 준거를 살펴볼 것이다([그림 6.1] 참고). 2006년 IDEA에서는 다음과 같이 요구사항을 규정하고 있다.

특정학습장애를 가진 것으로 의심되는 아동이 보이는 저성취가 읽기나 수학에 있어 적절한 교수의 결핍으로 인한 것이 아님을 확인하기 위하여 평가단은 평가의 일환으로 아동이 의뢰 과정 전 혹은 중에 자격을 갖춘 전문가에 의해 일반교육환경에서 적절한 교수를 받았음을 증명할 수 있는 자료와 아동이 부모에 의한 교수를 제공 받는 동안의 진전도에 대한 공식적 평가를 반영하는 적당한 간격으로 반복 실시한 성취도 평가 자료를 고려해야 한다(§300.309[b]).

다음은 "적격성 결정을 위한 특별 규정" 조항에 따른 것으로 규정은 다음과 같이 명시하고 있다.

만약 진단을 내리는 과정에서 결정적인 요인이 (ESEA의 1208[3] 조항에서 정의하고 있듯) 읽기 교수의 핵심 요소를 포함한 읽기에 있어서의 적절한 교수의 결핍이나 수학에 있어서의 적절한 교수의 결핍 혹은 제한된 영어 능력이라면 아동이 장애를 가진 것으로 진단해서는 안 된다(§300.306[b]).

1997년 IDEA에서도 유사한 조항을 포함하고 있으나, "제한된 영어 능력과 더불어 읽기나 수학에 있어 교수의 결핍"을 구체화했다는 점은 흥미롭다. 읽기 교수의 결핍과 관련하여 2006년 규정에 추가된 부분은 NCLB(2001) 중 2장에서 기술한 읽기에 있어 "읽기 구성요소"로서 읽기 교수의 핵심 요소를 정의하는 부분으로 다음과 같다. "'읽기 교수의 핵심요소'라는 용어는 음운 인식, 파닉스, 어휘 발달, 구어 읽기 기술을 포함한 읽기 유창성, 읽기 이해 전략에 있어 명시적이고 체계적인 교수를 의미한다(§1208[3])." NCLB와 IDEA의 입안자가 기초학습

 그림 6-1 학습장애 진단 준거와 관련된 IDEA 규정(준거 4 하이라이트 표시함)

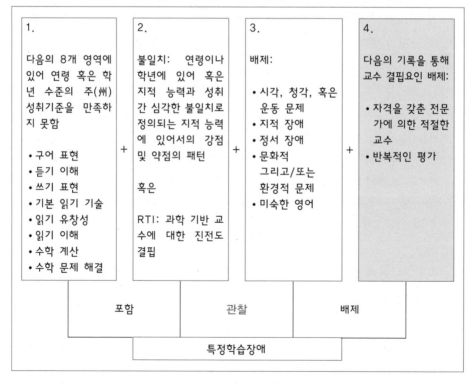

기능에 있어 명시적인 교수의 중요성을 강조했음은 분명하다.

　적격성 평가를 위해 학생을 의뢰하는 역사적인 모델의 주된 약점 중 하나는 학생을 평가에 의뢰하기 전 저성취의 원인으로 적절한 교수의 결핍을 배제하지 못했다는 점이다. 의뢰 체계는 적격성 결정의 필요성을 암시하는 성취 부진과 같은 "증상"에 의존했으며, 결과적으로 많은 아동이 SLD로 잘못 진단되었다. 저성취와 관련된 문제는 SLD가 존재함을 나타내는 고유하고 명백한 지표가 아니라는 것이다. 다시 말해, 학습장애를 가진 모든 아동은 저성취를 보이지만 저성취를 보이는 모든 아동이 학습장애를 가진 것은 아니다. 그러므로 SLD의 특징으로 저성취에 의존하는 것은 오류를 범하기 쉬우며, 아동이 잘못 진단되는 결과를 낳을 것이다(그리고 실제로 낳았다).

> 적격성 평가를 위해 학생을 의뢰하는 기존 모델의 주된 약점 중 하나는 학생을 평가에 의뢰하기 전 저성취의 원인으로 적절한 교육의 결핍을 배제하지 못했다는 점이다.

　한편 효과적인 교수가 제공되었을 때에도 지속되는 낮은 성취는 SLD가 존재함을 나타내는 강력한 증거다. 분류에 대한 연구는 적절한 교수의 결핍을 배제하기 위해 RTI 시스템을 적용했을 때 진단의 정확도가 향상되었음을 보여준다(Compton, Fuchs, Fuchs, & Bryant, 2006; Speece et al., 2003; VanDerHeyden, 2011). 일례로 VanDerHeyen(2011)은 어떤 학생이 위험군 학생인지 혹은 더 집중적인 서비스를 필요로 하는지에 대한 의사결정을 내리는 데 있어 선별검사 데이터만으로는 운에 맡기는 것보다 더 정확한 의사결정을 내릴 수 없음을 보여준다. 그러나 교수를 실시한 뒤 이루어진 선별검사는 더 정확한 의사결정을 내릴 수 있음을 보여준다.

Tier 1 혹은 정규 수업의 충실도에 대한 평가

보편적인 선별검사 데이터는 Tier 1 혹은 정규 수업의 적절성을 평가하는 데 사용된다. 교수가 부적절한 경우 대다수의 아동은 준거에 못 미치거나 위험군에 해당하는 범위의 수행을 보일 것이다. 측정의 타당성 관점에서 유사한 수행을 보이는 경우(즉, 모든 학생이 매우 낮은 수행을 보이는 경우) 개별 학생에 대해 잘못 판단할 가능성이 높을 것이다. 의사결정의 타당성 관점에서 많은 학생이 낮은 수행을 보이는 경우 이러한 원인 중 하나는 교실에서 적절한 교수가 이루어지지 않은 것일 수 있다. 첫 번째 단계로서 교실에서의 교수를 향상시키는 것은 개별 학생에 대한 오진을 막기 위해 필요함과 동시에(사실상 대부분의 아동이 선별검사에 실패하는 학급에서는 많은 학생이 실패할 위험에 처해 있기 때문에), 모든 학생의 학습을 향상시키기 위한 좋은 노력이라고 할 수 있다.

> 많은 학생이 낮은 수행을 보이는 경우 이러한 원인 중 하나는 교실에서
> 적절한 교수가 이루어지지 않은 것일 수 있다.

선별검사 데이터를 수집하고 분석하기

핵심 교수가 충분했는지 평가하기 위한 첫 단계는 선별검사의 데이터가 의사결정을 내리는 데 충분한지 확인하는 것이다. 핵심 교수에 있어서의 문제를 배제하기 위해 선별검사 데이터를 사용하기 위해서는 선별검사도구가 2장에서 기술한 준거에 부합해야 한다. 즉, 중요한 교육적 성취를 반영하고, 미래의 수행을 예측하며, 신뢰할 수 있는 점수를 산출하고, 효율적으로 실시할 수 있으며, 학생의 수행에 있어 작은 변화에도 민감해야 한다. 선별검사도구가 학생이 그동안 배운 기술과 해당 학년의 교육과정 범위와 계열에서 곧 배우게 될 내용을 이해하기 위해 필요한 기술을 측정하는 것은 중요하다. 간혹 팀원 간에 아동이 잘

수행하는 것처럼 보이도록 쉬운 기술을 선택하고 싶은 유혹에 빠지는 경우가 발생할 수 있는데, 이러한 접근은 부정확한 결과로 이끌 뿐이다. 선별검사를 통해 유용한 의사결정을 내리기 위해서는 데이터를 수집하는 팀이 아동이 할 수 있다고 생각하는 것이 아닌 아동이 할 수 있을 것으로 기대되는 것을 평가할 수 있는 검사도구를 선택해야 한다. 이러한 접근은 학교가 선별에 있어 첫 단계인 "대부분의 아동이 기대되는 만큼 수행하고 있는가?"라는 질문에 답할 수 있게 해 준다.

학교에서 학생의 학습을 향상시키고, 중재를 필요로 하는 개별 학생을 파악하는 데 유용한 데이터를 제공하는 보편적 선별의 지속 가능한 시스템을 구축하기 위해서는 의사결정자가 보편적 선별에 있어 다음의 흔한 오류를 범하지 않도록 주의해야 한다. 첫 번째로 많은 시스템이 과도하게 많은 평가를 실시한다. 과도한 평가는 학생의 성취에 악양향을 미친다. 선별검사의 경우 "다다익선"이 아니다. 의사결성자는 가상 먼저 학교를 위한 병가 목록을 만들어야 한다. 학교는 (이 장의 마지막에 있는) [양식 6.1]의 샘플 목록을 사용해 현재 학교에서 사용하고 있는 모든 검사도구를 나열할 수 있다. 중복된 평가 시스템이 사용되는 경우 의사결정자는 하나의 시스템을 선택하고, 효율성과 효용성을 위해 다른 하나는 중단해야 한다. 보편적 선별검사 데이터는 다음과 같이 사용될 수 있다.

- 핵심 교수의 효과 평가
- 취약 집단에 있어 핵심 교수의 효과 평가
- Tier 2 중재를 필요로 하는 학생 파악
- Tier 2 및 Tier 3 중재의 장기 효과 평가
- 핵심 자원의 분배를 결정하는 데 활용

의사결정자는 위와 같은 의사결정을 내리고, 이러한 의사결정에 따른 방향으로 데이터가 사용될 수 있도록 하는데 각각의 검사도구가 어떻게 사용될 것인지 미리 알고 있어야 한다.

　　보편적 선별을 효과적으로 실시하는 데 있어서의 다음 단계는 주(州) 표준에 명시된 해당 학년에서 기대되는 학습 성과를 검토하고, 보편적 선별을 위한 적절한 선별 과제를 파악하기 위하여 각 학년의 교원과 만나는 것이다. 교사는 가능한 검사도구를 검토하고, 선별을 위해 사용하기를 선호하는 검사도구를 밝힐 수 있는 기회를 가져야 한다. 검사자와 리더는 특정 선별검사를 선택한 명확한 근거를 제시하고, 교사가 선별도구를 선택한 이유를 이해하고, 학교에서 의사결정을 내리기 위하여 데이터가 어떻게 사용될 것인지 이해할 수 있도록 완성된 검사도구 목록을 제시해야 한다.

　　선별검사도구가 선택되고, 교사에 의해 점검되면 선별절차를 계획할 수 있다. 보편적 선별은 학교의 규모와 선별을 실시하기 위해 사용 가능한 자원에 따라 하루 혹은 여러 날에 걸쳐 실시될 수 있다. VanDerHeyden과 Burns(2010)는 하루 동안 선별 일정 샘플을 제공한다([표 6.1] 참고). 하루에 모든 선별 활동을 포함하는 것은 빼앗기는 교수 시간을 최소화하고, 학교가 정확한 선별을 실시할 수 있도록 한다. 리더는 선별 데이터를 수집하는 데 있어 표준 선별검사 실시 지시사항이 제공되고 지켜질 수 있도록 해야 한다. 수집된 데이터가 신뢰할 수 있도록 채점되고, 점수가 데이터베이스에 입력될 수 있도록 해야 한다. 선별검사 데이터에 근거해 다양한 의사결정을 내리기 때문에 신뢰도와 타당도를 위협받지 않는 데이터가 수집될 수 있도록 하는 것은 중요하다. 또한 의사결정자가 쉽게 접근할 수 있는 동시에 학생의 개인정보를 보호할 수 있는 데이터베이스에 데이터를 정리하는 것은 중요하다.

　　데이터 팀 리더가 평가 목록을 완성하면 목록을 검토하고, 검사도구를 선택한 이유를 설명하고, (해당된다면) 수용 가능한 검사도구(예: CBM) 중 특정 도구를 선택하는 데 있어 교사의 의견을 수렴하기 위하여 학년 수준에서 교원 회의를 개최한다. 각 학년에서 언제 선별이 실시되는지 예상할 수 있도록 선별 일정이 제공되며, 어떻게 선별이 실시되는지 이해할 수 있도록 교사에게 선별 실시 대본이 제공된다. 선별 당일에는 학년별 1시간 선별 블록으로 일정이 계획된다. 학교의 훈련 받은 코치는 각 학급에 배정된다. 코치는 교장, 학교심리학자, 언어병

표 6-1 선별검사 일정 샘플

시간	학년	교사	교실	코치
7:45-8:45	1학년	교사 A	교실 1-A	코치 1
		교사 B	교실 2-A	코치 2
		교사 C	교실 3-A	코치 3
		교사 D	교실 4-A	코치 4
9:00-10:00	3학년	교사 I	교실 1-C	코치 1
		교사 J	교실 2-C	코치 2
		교사 K	교실 3-C	코치 3
		교사 L	교실 4-C	코치 4
10:15-11:15	2학년	교사 E	교실 1-B	코치 1
		교사 F	교실 2-B	코치 2
		교사 G	교실 3-B	코치 3
		교사 H	교실 4-B	코치 4
11:30-12:30	5학년	교사 Q	교실 1-E	코치 1
		교사 R	교실 2-E	코치 2
		교사 S	교실 3-E	코치 3 (코치 4는 채점을 위해 데이터 정리)
12:30-1:15	점심시간			
1:15-2:15	4학년	교사 M	교실 1-D	코치 1
		교사 N	교실 2-D	코치 2
		교사 O	교실 3-D	코치 3
		교사 P	교실 4-D	코치 4
2:15-2:45	종례, 데이터 정리, 하교			

출처: From A. M. VanDerHeyden & M. K. Burns, "Essentials of Response to Intervention" (2010), in Essentials of Psychological Assessment, p. 25. Copyright 2010 by John Wiley and Sons, Inc. Reprinted by permission.

리학자, 특수교사, Title 1 보조교사 등 배정된 학급으로부터 자유롭고, 문서화된 선별절차를 따를 수 있도록 훈련 받을 수 있는 사람이면 누구나 가능하다. 학년

그림 6-2   학급수준 선별검사에서 학급의 학생의 수행 결과

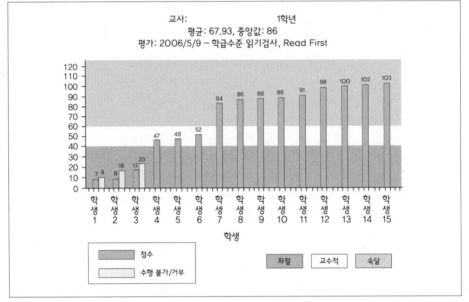

중앙값(분당 86단어)이 숙달 범위(가장 위쪽 음영 표시된 부분으로 분당 60단어부터 120단어까지)에 있다는 점을 고려할 때 데이터 팀은 학급수준의 학습 문제가 없는 것으로 결론을 내릴 수 있다.

별 교실당 한 명의 코치가 필요하며, 전체 코치 팀은 남은 선별 시간 간격 동안 모든 남은 학급을 담당할 수 있도록 배치될 수 있다. 만약 해당 학교에 학년별 5명의 교사가 있다면 선별 당일에는 5명의 코치가 필요하다([표 6.1]의 선별 일정 샘플 참고).

예정된 시간에 코치는 학급 담당자 명단, 문서화된 실시절차, 디지털 타이머, 선별검사자료를 가지고 배정된 학급으로 간다. 코치는 결석한 학생을 확인하고, 교사가 선별검사를 실시하는 것을 돕는다. 만약 ORF 데이터가 수집된다면 코치는 교사가 정확하게 채점하고 있는지 확인하기 위해 처음 2~5명의 학생을 다시 한 번 채점한다. 읽기, 수학, 쓰기에서 집단검사를 실시할 수 있는 고학년의 경우 전체 학급이 약 15분 안에 선별될 수 있다. 선별 데이터가 수집되면 코

치는 데이터를 정리한다. 코치는 선별 다음날 교사가 자신의 학급에서 실시된 모든 검사를 채점하는 것을 돕기 위해 학년별 계획 기간에 참여할 수 있으며, 이러한 데이터는 데이터베이스에 입력된다. 컴퓨터 기반 선별검사도구가 사용된다면 의미 있는 점수를 얻을 수 있도록 실시하는 동안 방해나 주의분산 없이 효율적으로 진행되었는지 확인하기 위해 유사한 절차를 따를 수 있다(이 장의 마지막에 있는). [양식 6.2]에는 데이터 팀이 의사결정을 내리는 데 선별 데이터를 사용하기 전 선별 데이터의 질을 확인하고 기록하기 위해 사용할 수 있는 체크리스트 샘플이 제시되어 있다.

데이터가 수집되면 데이터를 이해하고 해석하는 더 중요한 작업이 시작된다. 점수는 [그림 6.2] 및 [그림 6.3]과 같이 학급별로 정리된다. 각 아동의 수행은 기대되는 수행 기준 준거와 비교하여 나타낸다. 준거를 상회하는 아동은 위험군이 아니며, 준거에 못 미치는 아동은 위험군이다. [그림 6.2]를 보면 대부분의 아동이 위험군 준거나 이를 상회하는 수행을 보이고 있음을 알 수 있다. 이 학급의 경우 학급 수준의 문제는 없다. 학급 수준의 문제가 없는 경우 핵심 교수는 충분한 것으로 간주할 수 있으며, SLD로 평가된 학생을 포함한 위험군 학생이 보이는 저성취의 원인이 아닌 것으로 배제할 수 있다. 학급에서 대부분이 위험군 준거를 상회하는 수행을 보이는 경우 소집단의 학생이나 개별 학생이 Tier 2나 Tier 3 중재로 의뢰될 것이다.

학급의 중앙값이 위험군 기준점에 못 미친다면 개별 학생을 Tier 2나 Tier 3 중재로 의뢰하기에 앞서 학급 수준의 문제를 발견하고 다루어야 한다. [그림 6.3]은 학급 수준의 문제를 보여준다. 이 학급에 소속된 대부분의 아동이 해당 학년에서 기대되는 2분 내에 40개 자릿수를 정확히 맞추는 준거에 못 미치는 수행을 보인다. 학급 수준의 문제가 발견되면 데이터 팀은 저성취가 많은 학급, 학년 또는 학교 전체에 영향을 미치는 전반적인 문제인지의 여부를 결정하기 위해 데이터를 점검한다. [그림 6.4]의 흐름도는 데이터 팀이 발견된 문제의 범위를 결정하기 위해 내리는 의사결정의 절차를 보여준다. 팀은 중재 유형을 결정하기 위해 [그림 6.4]의 흐름도를 따라야 한다. 예를 들어, 학급의 중앙값이 선별 준거에 못 미치나 해당 학년에서 대부분의 학급이 잘하고 있다면, 즉 선별 준거를 상회하는 중앙값을 보인다면 데이터 팀은 단일 학급의 수행 문제로 취급하고, 학급 수준의 중재를 진행한다. 그러나 해당 학년에서 50%의 학급이 선별 기준점에 못 미치는 중앙값을 보인다면 학년 수준의 중재를 계획해야 한다. [그림 6.5]와 [그림 6.6]은 각각 학년 및 학교 수준의 학습 문제를 보여준다. [그림 6.5]는 해당 학년의 모든 학급을 보여준다. 학급 1은 선별검사에서 준거에 못 미치는 학생이 67%이고, 학급 2는 선별검사에서 준거에 못 미치는 학생이 86%이다. 모든 학급에서 적어도 50%의 학생이 위험군에 해당하거나 선별 기준점에 못 미치는 수행을 보이며, 이는 학년 수준의 학습 문제를 나타낸다. 해당 학년에서 ([그림 6.5]에

그림 6-3 학급수준 수학선별검사에서 4학년 학급의 모든 학생의 수행 결과

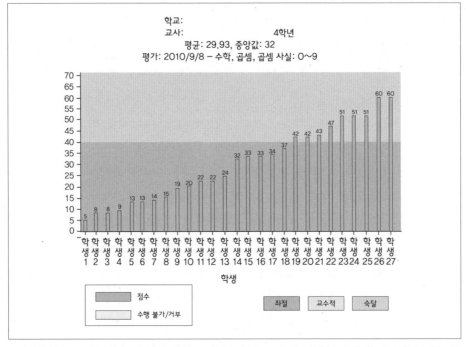

중앙값(2분당 32개 자릿수 정답)이 위험군 범위(2분당 0-40개 자릿수 정답)에 해당되며, 이는 학급수준의 학습 문제가 있음을 나타낸다.

서는 4학년에서) 학년 수준의 문제가 발견되면 데이터 팀은 어느 시점부터 학생이 기대되는 수행 수준보다 뒤처지기 시작하는지 결정하기 위해 다른 학년의 그래프를 점검해야 한다. [그림 6.6]의 학년 수준 그래프는 1, 2, 3학년의 그래프를 나타낸다. 세 학년 모두에서 절반 이상의 학급이 학급 수준 학습 문제를 가지고 있다. 학교 수준의 문제가 발견되면 학년을 초월한 전반적인 해결책을 시행하는 것이 더 효과적이고 효율적이다. RTI를 시행하는 데 있어 흔한 실수는 전반적인 문제를 [그림 6.6]에 제시된 바와 같이 개별 학생의 학습 문제처럼 다루는 것으로, 이는 금세 중재를 관리하는 학교의 능력을 넘어서고, 모든 학생이 기대되는 학년 수준의 기술을 숙달하기 위해 필요한 교수를 받도록 보장하는 전반적인 교수적 변화를 일으키지 못한다.

그림 6-4 **보편적 선별에 따른 의사결정 흐름도**

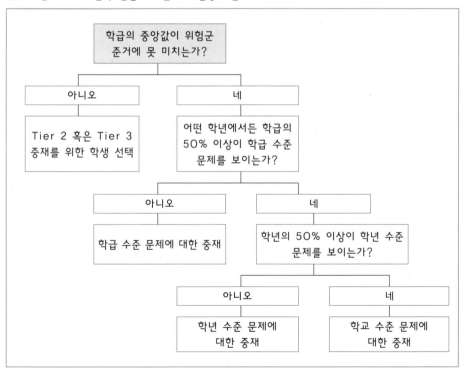

Tier 2와 Tier 3 중재는 학급, 학년, 학교 수준 학습 문제를 다룬 뒤에 계획하고 실시해야 한다. 학급, 학년, 학교 수준 문제는 핵심 교수가 충분하지 않았다는 증거를 제공한다. 핵심 교수가 충분하지 않은 경우 데이터 팀은 문제해결 논의에서 핵심 교수와 학습을 향상시키고 학급, 학년, 학교 수준의 학습 문제를 해결하기 위한 시정 조치의 적합성을 확인하기 위한 전략에 초점을 맞춰야 한다. [표 6.1]의 조치와 조치 후 분석에 대한 요약은 데이터 팀이 학급, 학년, 학교 수준 문제가 언제 발견되었는지 고려할 수 있도록 한다. 특히 팀이 취한 시정 조치가 무엇이든 간에 이후의 선별 데이터는 이러한 시정 조치가 성공적이었는지의 여부를 평가하기 위해 사용될 수 있다. 전반적인 학습 문제가 발견되면 문제가 해결될 때까지 선별검사는 더 빈번하게(예: 매달) 반복 실시할 수 있고, 그래야 한다. 데이터 팀은 시정 조치와 이러한 조치의 효과를 결정하기 위한 평가를

그림 6-5 해당 학년 수준에서 모든 학급의 수행 결과(4학년 사례)

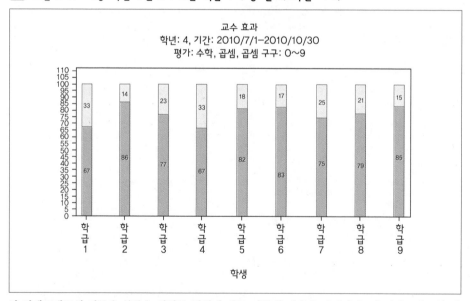

각 막대그래프의 어두운 부분은 위험군 범위에 있는 아동의 비율을 나타낸다. 각 막대그래프의 밝은 부분은 선별검사에서 위험군 범위에 해당하지 않는 아동의 비율을 나타낸다. 선별검사 결과에 따르면 해당 학년에서 모든 학급은 학급 수준의 학습 문제를 가지고 있다.

 그림 6-6 **교수효과**

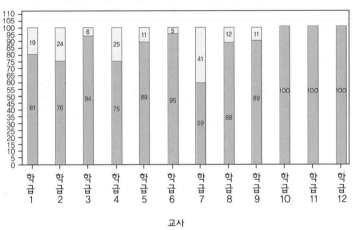

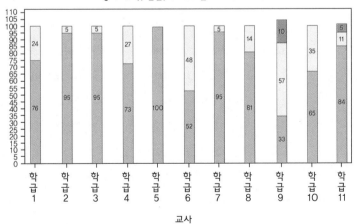

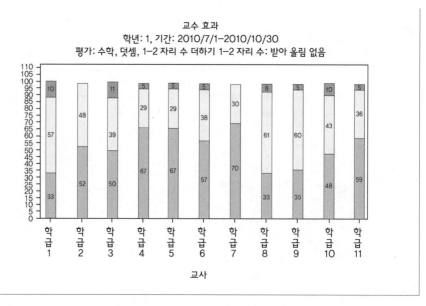

그래프의 가장 위쪽은 보편적 선별검사 동안 동일한 선별 과제에 대한 3학년 학급 전체의 수행 결과를 나타낸다. 중간은 2학년 학급 전체의 수행 결과를 나타낸다. 아래쪽은 1학년 학급 전체의 수행 결과를 나타낸다. 모든 학년 수준에서 모든 혹은 대부분 학급에 있어 학급 수준의 학습 문제를 발견할 수 있다. 이러한 선별검사 결과는 학교 수준의 학습 문제가 존재함을 나타낸다.

계획하기 위해 [표 6.2]를 사용할 수 있다. 실시자는 통제된 연구 상황에서 학습에 긍정적인 효과가 있었던 교수 전략을 요약 및 정리해 놓은 유용한 연구를 찾을 수 있을 것이다. 관심 있는 독자는 Hattie(2009)와 존스홉킨스대학의 데이터기반교육개혁센터(Center for Data-Driven Reform in Education; www.bestevidence.org/index.cfm)를 참고하기 바란다. 이러한 출처는 실시자가 어떤 전략이 연구에서 효과적이었는지의 여부를 결정하는 것을 돕고, 따라서 시스템 및 학생의 요구와 맞게 조정하고, 충실하게 실시한다면 효과를 볼 수 있는 전략을 확인하는 중요한 첫 걸음이 된다(Burns, Riley-Tillman, & VanDerHeyden, 2012). 학급 수준, 소집단, 개별 중재를 위한 효과적인 중재 프로그램과 전략에 대한 요약은 [표 6.3]을 참고하라.

Tier 2와 3 중재의 충실도 평가

　RTI의 구현에는 '누가 중재를 받는가', '언제 중재가 이루어지는가', 그리고 '시간이 흐름에 따라 중재의 효과는 어떠한가'에 관한 지식이 필요하다. 데이터 팀은 학생의 이름, 학년, 교사, 학급선별검사점수, 중재 시작일, 그리고 중재가 성공적이었는지에 대한 기록을 남긴다. 이 기록은 [표 6.4]와 같이 엑셀 파일에 저장된다.

　다단계 중재(Tier 1, 2와 3)가 충실하다는 증거는 두 가지 방법으로 얻을 수 있다. 첫째, Tier 2와 3 중재를 받는 대부분의 아이들은 성공을 경험해야 한다. 약 몇 %의 학생들이 단계별 중재를 필요로 해야 하는지를 보여주는 연구들이 있다. 약 20%의 학생들은 확인된 학습목표를 달성하기 위해서 Tier 2 중재가 필요하다. 또 약 10%의 학생들은 Tier 3 중재가 필요하다. Tier 3 중재에 있는 학생들 중 1~5%는 중재반응에 실패할 것이라 예상되며, 적격성 평가로 위탁될 필요가 있다. 이 수치들은 학교에서의 전반적인 성취수준과 학교에서의 학업수준 향상노력의 정도의 영향을 받는다. 예를 들어, VanDerHeyden, Witt와 Naquin (2003)은 1~2학년의 15%가 몇몇 유형의 중재를 필요로 하며, 5%가 단기간 연구자가 실시한 중재에서 성공을 경험하지 못한다고 밝혔다. 이후에, 지역구 수준에서도 동일한 평가절차와 의사결정 규칙을 사용하여 연구를 실시하였는데, VanDerHeyden, Witt, Gilbertson(2007)은 수학과목에서 규칙에 맞게, 집중적인 학급 중재가 실시되었을 때 오직 2%의 학생들만이 개별적 중재를 필요로 했다고 밝혔다. 이상적으로, 20% 이상의 학생들이 중재를 필요로 한다면, 정규수업 내용을 재초점화 할 필요가 있다. 많은 학생들이 Tier 2 또는 Tier 3 중재를 필요로 할 때, 심각한 학생들의 수업상황 이동 및 학습자료 이동의 문제가 드러난다. 20% 이상의 학생들이 추가적인 중재를 필요로 하는 학교에서는, 중재 제공을 위해 필요한 자료의 수가 많다. 그러므로 첫 번째 단계는 반드시 Tier 2 중재 대상 학생이 20% 이하가 되도록, 그리고 Tier 3 중재 대상 학생이 10% 이하가 되도록 만드는 것이다.

Tier 2 또는 Tier 3 중재 대상 학생이 20% 이하가 되도록 만드는 것은 이상적인 목표일지 몰라도, 특히 꾸준히 낮은 수행을 보이는 학교에 있는, 많은 RTI 시행자들은 이 목표를 RTI 시행 첫 해에는 이루기가 어렵다는 것을 안다. 우리는 학교가 자원을 가지고 있다면, 대상 학생에 대한 Tier 2와 3 중재뿐 아니라 정규수업 상에서 보이는 부진도 다루는 것이 가능하다는 점을 안다. 예를 들어, Clemens, Shapiro, Hilt−Panahon, Gischlar(2011)와 Zigmond, Kloo, Stanfa(2011)는 높은 교육적 지원이 필요한 학교에서의 RTI 실행을 기술하였는데, 이 학교들은 추가적인 중재가 필요한 학생들의 비율이 20%를 초과하였지만, 핵심교수와 보충교수의 동시적 접근이 가능하였다. 두 모델 시행 모두에서 3년간 상당한 향상을 확인할 수 있었고, 결과적으로 핵심 교육내용에 대한 추가적 지원이 필요한 아이들의 비율이 20% 이하 수준까지 도달하였다.

둘째, 시간의 흐름에 따라 Tier 2와 3을 필요로 하는 학생의 비율이 감소해야 한다. 다른 말로 하면, 효과적인 다단계 중재가 제공될 때, 위험군 학생의 비율이 후속적인 선별 작업에 의해 감소하여야 한다. [그림 6.9]의 첫 번째 그래프에는 가을학기, 겨울학기 선별검사에서 위험군으로 판별된 (그래서 단계별 중재를 받은) 학생의 비율을 보여준다. 이러한 방식으로 데이터를 구조화하는 것은 의사결정자들로 하여금 중재가 학업 실패 위험군 학생의 비율을 감소시키는지를 재빠르게 확인시키고, 또한 학생들에게 더 큰 효과를 제공하기 위해 지원이 필요한 학급을 찾아내게 한다. 이 예시에서, 1반은 가을에 33%의 학생들이 기준점을 넘지 못했다. 겨울학기에, 오직 9%의 학생들만이 위험군에 남아있었다. 2반은 가을학기 56%에서 겨울학기 5%로 위험군 학생들의 비율 변화를 경험하였다. 이러한 감소는 교수적 노력이 더 많은 학생의 학업적 성공으로 돌아온다는 것을 증명하는 강력한 지표가 된다. 이러한 방식으로 데이터를 구조화하는 것은 데이터 팀이 위험 감소의 정도가 불충분한 학급을 재빠르게 찾아낼 수 있게 만든다. 이 예시에서, 6반은 가을과 겨울 사이에 위험군 학생의 수가 눈에 띄게 줄어들지 않았다. 데이터 팀은 왜 6반이 다른 반과 다른 결과를 보여주었는지를 확인하는 문제 분석 및 해결 과정에 참여해야 한다(예: 교사가 연간수업계획을 따랐는가? Tier 2 중재가 학급에서 계획한 대로 시행되었는가? 이 학급에서 학생 진전을 가속하기 위해 어떤 변화가 필요한가?). 문제 분석 및 해결은 학급이 진전을 보이는지 확인하기 위해 학급 중재를 관찰하고, 더 자주 학급을 평가하는 것을 필요로 한다. 중재에 대한 노력이 해당 학급 학생들의 진전도를 성공적으로 가속시킴을 확인하기 위해 봄학기에 선별검사가 실시될 수도 있다.

표 6-2 데이터 팀의 의사결정

분류	후속 조치	조치가 성공적이었는가?
학급 문제	1. 학급 중재를 시작한다. 2. 학급 중앙값이 기준점에 도달할 때까지 주별 진전도를 확인한다. 3. 학급문제가 해결된 뒤에도 위험군에 남아있는 학생들을 판별한다.	RTI를 몇 학기나 몇 년간 시행했을 때, 학급 문제를 가지고 있는 학급의 비율은 줄어들어야 한다. [그림 6.7]의 2반은 학급의 학습문제를 성공적으로 해결한 하나의 예시가 될 수 있다.
학년 문제	1. 핵심 교수 절차(수업시간 배당, 연구로 검증된 교육과정 도구의 사용, 연간수업계획, 특정학습목표의 숙달도에 대한 이해와 측정)를 검토한다. 2. 학생들을 따라잡기 위해 학급 차원의 추가 중재를 시작한다. ([그림 6.7]은 학급 차원의 중재를 어떻게 확인하는지에 대한 예시를 제공한다.) 3. 해당 학년에 기대되는 기술을 습득하도록 보장하는 전략을 찾기 위해, 이전과 이후 학년 간 팀 미팅을 수행한다.	RTI를 몇 학기나 몇 년간 시행했을 때, 학급 문제를 가지고 있는 학급의 비율은 줄어들어야 한다. [그림 6.9]는 학급의 학습문제를 성공적으로 해결한 하나의 예시가 될 수 있다.
학교 문제	1. 핵심 교수 자료와 절차(수업시간 배당, 연구로 검증된 교육과정 도구의 사용, 연간수업계획, 특정학습목표의 숙달도에 대한 이해와 측정)를 검토한다. 2. 향상의 우선순위를 결정하고 실행계획을 설정한다. 효과를 보장하는 주별 진전도 모니터링과 우선적인 내용 영역에 보충적인 교수 프로그램을 추가한다. 3. 월별 효과를 평가하고 진행상황을 조정하기 위해 학교향상-데이터 팀 회의를 수행한다.	RTI를 몇 학기나 몇 년간 시행했을 때, 학급 문제를 가지고 있는 학급의 비율은 줄어들어야 한다. 위험군 학생들의 비율도 시간의 흐름에 따라 감소해야 한다. 사회경제적 지위, 인종, 성별 등 개인적 취약성 수준에서 위험군인 학생들의 비율은 수행 격차가 줄어드는 것에 비례해야 한다. 장기적으로 바르게 학업을 진행하고 있는 학생들의 비율(대수학을 배우고 통과한 학생들의 비율, AP 등록자 수와 점수, ACT를 듣고 기준점을 통과한 학생들의 비율)은 증가해야

	유관학교들과 만남을 가져 실행 효과 관련 데이터를 공유하고 학생의 장기적 성공을 지원하기 위한 전략을 짠다.	한다.
소그룹 문제	1. 더 명시적인 교수를 제공하기 위해 표준 계획안을 따라 Tier 2 중재를 가한다. 2. Tier 2에 참여하는 학생들의 진전도를 격주로 확인한다. 학습목표 상 위험군에 속하지 않는 학생들의 중재-후-수행과 선별 검사/기준에 근거하여 학생들을 제외한다. 교사들에게 Tier 2에 참여하는 학생들의 성장을 보여주는 주별 그래프를 제공한다. 대부분의 아동들이 Tier 2에 성공적으로 반응할 때까지 Tier 2 중재의 문제를 분석하여 해결한다. 3. 대부분의 아동들이 성공적으로 Tier 2 중재에 반응할 때, 진전이 없는 아이들을 판별하여 Tier 3 계획을 수립한다.	Tier 2에 참여하는 대부분의 학생들은 90% 정도 중재성공기준에 부합해야 한다. Tier 2 중재 중 성공기준을 만족한 학생들은 다음 선별검사에서 더 높은 비율로 통과해야 한다. Tier 2 중재성공기준을 만족한 학생들은 높은 비율로 학기말 총합평가에서 통과해야 한다.
개인 문제	1. 중재대상을 판별하기 위해 개인평가를 수행하고, 효과적인 중재를 알아보며, 수행의 기초선을 명시한다. 2. 중재 수행을 위해 필요한 모든 자료를 준비한다. 3. 표적 중재 기술에 대한 주별 성과와 선별검사점수를 확인한다. 교사와 학부모에게 학생의 진전도를 보여주는 주별 그래프를 제공한다. 4. 학생의 주별 진전도를 가속화하기 위해 문제를 분석하여 해결한다.	Tier 3 중재에 참여하는 대부분의 아동들은 성공적으로 반응해야 한다. 선별된 아동의 2~5% 이하는 Tier 3 중재 반응에 실패한다. 중재가 충분한 기간 동안(예: 2주) 충실히 실행될 때에만 중재에 대한 부적절한 반응이 판별될 수 있다. 중재가 잘 실행될 때, 2주 이내에 중재로 인한 성장이 분명해져야 한다. 성장을 보이지 않는 중재는 수정되어야 한다. Tier 3 성공기준을 만족하는 학생들은 후속 선별검사에서 위험 범위에 들어가는 비율이 더 낮다. Tier 3 성공기준을 만족하는 학생들은 높은 비율로 학기말 성적측정에서 숙달 수준 이상 수행해야 한다. Tier 3 반응에 실패한 아동들은 높은 비율로 특수교육 서비스 자격기준에 부합한다. Tier 3 중재에 대한 부적절한 반응은 개인적 취약성 수준과 비례해야 한다.

표 6-3 효과적인 중재 프로그램과 그 전략

교수 강도	중재명	주요 전략	목표	연구 인용
Tier 1 또는 2	학급 또래교수	반응 기회의 최대화.	숙달/유창성 증가	Greenwood, Dinwiddie, et al. (1984)
Tier 1 또는 2	또래지원 학습전략	학생 피드백을 위한 구조화된 지원, 반응 기회의 최대화, 과제 난이도의 점진적인 증가.	숙달/유창성 증가	Fuchs, Fuchs, Mathes, Simmons (1997)
Tier 1 또는 2	학급 수학중재	즉시적 피드백을 포함한 안내된 연습, 학생 수행에 맞춘 학습내용, 과제 난이도의 점진적인 증가, 반응 기회의 최대화, 학생 오류 수정, 향상된 수행에 대한 대비(contingency)	숙달/유창성 증가	VanDerHeyden, McLaughlin, Algina, & Snyder (2012)
Tier 1 또는 2	HELPS	반복해서 읽기, 학생 수행에 맞춘 학습내용, 즉시적 피드백, 향상된 수행을 대비한 관리계획	숙달/유창성 증가	Begeny et al. (2010)
Tier 3	가리기-따라 쓰기-비교 하기	올바른 반응모델, 반응 연습, 즉시적 오류 수정	습득	Skinner, Beatty, Turco, & Rasavage (1989)
Tier 3	안내된 연습	올바른 반응을 확인시켜주는 프롬프터, 즉시적 피드백	습득	Ardoin, Williams, Klubnick, & McCall (2009)
Tier 3	증가적 반복연습	배우지 않은 또는 생소한 소재에의 노출을 체계적으로 증가시키기. 학습내용은 각 차시에 숙달될 생소한 소재를 사용하여, 정확히 학생 수행수준에 맞춰 설정하기. 기억 유지의 촉진을 위해 최근에 학습된 소재에 체계적/반복적으로 노출시키기.	습득과 유창성 증가. 암기해야 하는 기술에 이 상적.	Burns, Zaslofsky Kanive, & Parker (2012)
Tier 3	과제 배치	생소한 소재를 익숙한(또는 더 쉬운, 더 선호하는) 소재와 섞어 노출 및 연습을 증가시키기	숙달	Neef, Iwata, & Page (1977)

표 6-4 중재 일지 예시

학생	교사	학년	과목	중재	마지막 중재점수	성공 여부	시작일	수정일	종료일
학생A	교사A	2	수학	받아내림 없는 두 자릿수 뺄셈	53자리수 정답 /2분	예	2011. 01.26.	2011. 02.14.	2011. 03.04.
학생B	교사A	2	읽기	이해도 확인을 포함한 구두 읽기 표준안	분당 72단어	예	2011. 02.18.	2011. 03.04.	2011. 03.17.
학생C	교사B	3	수학	0-9단 곱셈	59자리수 정답 /2분	예	2011. 03.14.		2011. 03.25.

학생 수행 데이터는 전반적인 학급의 교수에 대한 반응을 논의하는 데에 강력한 도구가 된다. 학생 수행 데이터의 활용방법을 이해하는 학교에서는 모든 교사들이 성공적, 효과적으로 지원받을 수 있다. 데이터 패턴은 전문적인 발달 지원 또는 교육과정 목표 및 자료 수정의 영역에서 활용될 수 있다. 학급 중재가 시작되는 곳에서, 데이터 팀은 표적 기술의 진전을 확인하기 위해 각 학급의 주별 진전도를 검토할 수 있다([그림 6.7]의 가운데 그래프). 학년 중재가 진행되는 곳에서, 데이터 팀은 중재의 성공을 확실시하기 위해, 중재 목표에 도달한 학생들의 비율을 추가적인 지원이 필요한 학급에 대한 강력한 지표로 사용한다. [그림 6.7]의 마지막 그래프에서 9~11반은 동일한 학급 중재를 실시함에도 불구하고 같은 학년의 다른 반과 비교했을 때 느린 진전도를 보인다. 데이터 팀은 봄학기 선별검사에서 모든 학급이 위험군 학생의 수를 목표 수준까지 줄이기 위하여, 이 데이터를 중재 노력에 대한 문제 분석 및 해결, 그리고 중재 수정하는 데에 사용할 수 있다.

또 다른 진전도 지표로는 단계별 중재에 참여했던 학생이 후속 선별검사에서 다시 위험군으로 돌아오는 빈도를 검토하는 것이다. 중재에 참여했던 학생들

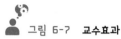 그림 6-7 **교수효과**

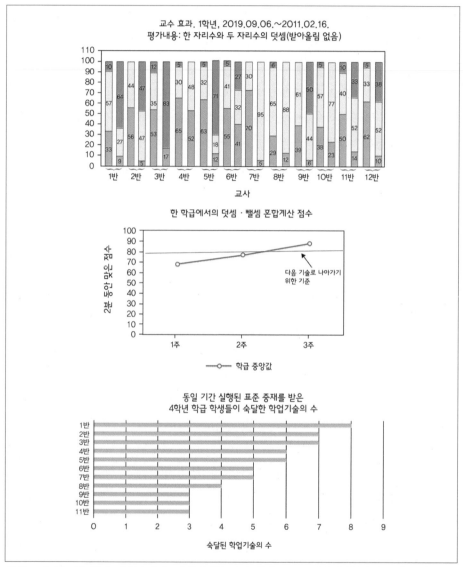

위의 그래프는 한 학년 내에서 후속 선별검사를 거쳐 위험군으로 판별된 (단계별 중재를 받은) 학생들의 비율을 보여준다. 가운데 그래프는 학급 중재 중인 한 학급의 중앙값을 주별로 보여준다. 아래 그래프는 모든 학급이 동일한 학급 중재에 참여하는 학년에서 각 학급 학생들이 숙달한 학업기술의 수를 보여준다.

이 후속 선별검사에서도 여전히 위험군 밖에 위치한다는 것은 장기간 중재 성공에 대한 강력한 증거가 된다. 비슷하게, 학교는 초기에 위험군으로 판별되어 단계별 중재를 받은 학생들이 학년말 시험에서 통과할 가능성을 본다. 시간의 흐름과 효과적인 중재에 따라, 중재를 받은 학생들이 학년말 시험에서 더 높은 성적을 거둔 것을 확인해야 한다.

수집된 데이터가 특정 중재를 받은 학생들이 유의미한 진전을 보였다는 사실(예: 위험군을 벗어나는 학생들의 비율이 높다)을 드러낼 때, 특정학습장애로 평가받는 개별 학생들은 불충분한 중재로 인해 부족한 진전도를 보이는 것이 아님을 결론 내릴 수 있다. 명백히 효과적인 보충적 중재뿐만 아니라, 효과적인 핵심 교수 프로그램에 학생들을 노출시킨다면, 교수의 부족은 수행 부진의 원인에서 타당하게 제외될 수 있다.

처치 충실도의 평가 및 문서화

핵심 교수와 보충적 중재의 결과 분석에 더하여, 교수의 잠재적 부족은 교수 및 중재 충실도 평가에 의해 직접적으로 평가받을 수 있다. Sanetti와 Kratochwill(2009)은 중재 충실도를 교수의 내용, 질, 양 그리고 과정을 포함한 다면적인 개념이라 설명하며, 다음의 정의를 제시하였다. "처치 충실도는 훈련된 교사에 의해 필수적인 중재 요소가 종합적이고 일관적인 방식으로 전달되는 정도이다(p. 448)." 중재 활용에 대한 교사의 자기보고만으로는 실제 충실도를 측정하는 데에 적절한 근거가 될 수 없다(Noell et al., 2005; Wickstrom, Jones, Lafleur, & Witt, 1998). 연구자들은 중재에 대한 직접 관찰(Wicksrtom et al., 1998), 중재 시 발생하는 영구적 산출물 또는 기록물(Mortenson & Witt, 1998), 그리고 아동의 수행 향상(Gilbertson, Witt, Singletary, & VanDerHeyden, 2008; VanDerHeyden, mcLaughlin, Algina, & Snyder, in press)이 실제 중재 충실도 측정에 사용될 수 있다고 밝혔다.

RTI 의사결정의 정확성을 위협하는, 가장 중요하고도 흔한 것은 아마 중재 실행의 충실도 부족일 것이다. 관련 문헌에 따르면, 낮은 중재 충실도는 예외 없이 문제로 지적된다(McIntyre, Gresham, DiGennaro, & Reed, 2007). 낮은 중재 충실도는 흔한 위험요소이며, 의사결정자들은 중재 충실도를 촉진하고, 중재의 성공/실패 결정의 일부로서의 그것을 평가하기 위해 충실도를 점검해야 한다. 부적절한 중재를 중재 실패의 원인에서 제외하기 위해서, 데이터 팀은 다음과 같은 점을 고려해야 한다. 중재가 성공적이었는지를 의사결정자들이 판단하기 위해서 중재를 올바르게 선택하고, 지원하며, 일관적이고 정확하게 실행해야 한다. [양식 6.3]에서(이 장의 맨 끝에 있음), 중재 문제 분석 및 해결 체크리스트를 제공하였는데, 데이터 팀은 이것을 중재 반응이 실패했다고 결론짓기 전에 중재 실행의 적절성을 확인하기 위해 사용할 수 있다. 덧붙여, 중재 표준안의 핵심 요소들과 일치하게 제작된 처치 충실도 체크리스트는 해당 중재가 충실하게 실시된 정도를 평가하는 데에 사용될 수 있다. 체크리스트의 예시는 Heartland(IA) Area Education Agency의 웹사이트(www.aea11.k12.ia.us:16080/idm/checklists.html)에서 찾을 수 있다. 교사의 자기점검은 처치 충실도를 확인하는 데에 충분하지 않기 때문에, 중재에 대한 훈련을 받은 다른 구성원(예: 읽기 코치)들이 충실도를 점검하는 것을 추천한다. 이상적으로, 학교장은 보충적 중재뿐 아니라 핵심 교수 둘 다 참여하는 교사들의 일상적인 관찰목록에 공식적인 충실도 점검을 포함시킬 수 있다.

　　만약 중재가 올바르고 일관되게 수행되지 않는다면, 수정된 중재를 위해 학급 내 코칭이 필요하며, 일정 기간 안정적인 중재 사용은 중재 효과성을 평가하기 위해 필수적이다. 중재가 학습목표에 비추어 상승 그래프를 그려내고 있는지 판단하기 위해서, 중재 성과 데이터를 주별로, 형성적으로 검토하는 것을 추천한다. 학생 수행의 상승세가 발견되지 않는다면, 중재 효과를 매주 극대화하기 위해, 훈련된 코치가 중재 회기를 관찰하여 피드백을 제공하고, 문제를 분석 및 해결하도록 한다. 데이터 팀이 [양식 6.3]에서 제공한 문제 분석 및 해결 체크리스트 속 각각의 질문에 "예"라고 답하지 않았다면, Tier 2나 3의 중재가 실패했다고 생각할 수 없다. 각각의 질문에 "예"라고 대답할 수 없다면, 교수의 부족, 이 경우에 중재의 부족은 특정학습장애 판별에 있어 반드시 고려해야 할 사항이다.

교수 및 중재의 충실도 문서화

학생의 수행수준을 효과적으로 진전시키기 위해서는, 핵심 교수와 보충적 중재 모두 충분한 빈도로, 충분한 기간 동안 제공할 필요가 있다. 핵심 교수에서는, 매일 적절한 시간을 기초학업기능 교수에 할당해야 한다. 모든 학습 자료가 제공될 수 있도록 연속된 블록타임이 필요하다. 학습자의 다양한 요구를 반영하는 활동과 함께, 교사의 설명, 안내된 연습, 그리고 독립적인 연습을 할 수 있는 충분한 시간이 필요하다. 마찬가지로 중재 계획안의 모든 측면을 다룰 만큼 충분한 시간이 중재에 배당되어야 한다. 적절한 중재 시간 확보의 실패가 곧 중재의 실패로 이어질 수 있다.

교수와 중재의 충분성은 후속 선별검사에서 학생들 대부분의 수행수준이 기준점 이상이고, 20% 이하의 학생들이 Tier 2 중재를 필요로 하며, 10% 이하의 학생들이 Tier 3 중재를 필요로 한다는 사실을 보임으로써 증명된다. 초기에 80%의 학생들이 기준점 이하인 학교에서, 시간의 흐름에 따라 기준점에 도달하는 학생 수가 상승세라면, 교수와 중재가 바람직한 효과를 보인다는 뜻이다. 위험군에 있는 학생들의 비율은 선별검사를 통해 감소하거나 매우 낮게 유지되어야 하며, Tier 2와 3 중재를 받는 대부분의 아동들이 그 중재에서 성공을 경험해야 한다. 중재가 실패할 때에는, 충실도에 대한 직접적인 평가가 필요하다. 중재 충실도에 대한 직접적인 평가는 중재와 그 결과물에 대한 직접적인 관찰을 포함해야 한다. 불충분한 중재의 실행은 의사결정 정확도에 위협적이고, 부적절한 교수 준거를 제외하는 데에 중재 반응 데이터를 사용하지 못하게 막는다.

부모와의 반복된 평가 결과 공유

2006년 미국 장애인교육법 개정안에서 학교는 특정학습장애로 생각되는 학생의 부모에게 "수업 중 학생 진전도에 대한 공식적인 평가를 반영한, 일정 기간 마다 반복적으로 평가된 성취 결과에 대한 데이터 문서"의 제공을 명시하였으며, 이는 학교-부모 의사소통의 중요성을 역설한 것이다. 학교가 수주 간의 다단계 서비스 모형을 제공할 때 이 의사소통은 특히 중요해진다. 학교가 학생들의 진전도를 확인하고 그 정보를 명시적으로 부모에게 전달해야 한다는 생각에 대한 한 가지 이유는, 중재가 시간이 걸리는 작업이기 때문이고, 또 부모는 다단계 수업과 중재를 "잘 알지 못하기" 때문이다. 부모, 양육자, 그리고 다른 이해당사자들은 일반적인 학생들의 학습과 자신의 아이의 학습에 지역 교육 시스템이 어떤 영향을 미치는지 알 권리가 있으며, 특히 아이가 어려움을 겪고 있을 때는 더욱 그렇기 때문이다.

대부분의 시스템이 보편적 선별검사를 실시하고 그 데이터가 웹기반 프로그램에 들어간다는 점을 고려할 때, 이해당사자들에게 시스템 진전도를 그래프나 보고서의 형태로 제공하는 것이 편리하다. 시스템은 내용 영역 및 학년에 따라 선별검사에서 위험군인 학생들의 비율과 평균 점수를 공유한다. 이 데이터는 학교 웹사이트나 통신문을 통해 공유되는 것이 좋다. 대부분의 학교는 기금 모금 목표를 보여주거나 특정 기간 얼마나 많이 올라갔는지를 보여주는, 온도계 형식의 그림에 아마 익숙할 것이다. 학교는 학생 수행 데이터에 이와 비슷한 중요성을 부여하고, 학교의 학업수준 향상과 중재 노력의 효과에 관해 투명한 결과를 제공해야 한다.

부모와 평가결과를 공유하는 것은 다루기 힘든 요구사항이 아니다. 교사들은 부모-교사 회의에서 학급선별검사 결과를 공유하도록 훈련받을 수 있고, 또 그래야 한다. 교사는 다른 학생들의 이름을 가린 채로, 부모들에게 자신의 자녀가 다른 학생들과 비교했을 때, 혹은 기준점과 비교했을 때 어떤 위치에 있는지 보여줄 수 있다. 몇몇 학교들은 아예 다른 학생 모두의 이름을 지운 채 학급 성취그래프를 집으로 보내기도 한다. 또 다른 학교들은 어떤 평가가 실시되었는지에 대한 간단한 설명과 함께 결과 메뉴에 체크 표시된 학생 성적을 제공하며, 그 내용은 다음과 같이 기술된다. (1) 아이가 잘 학습하고 있으므로, 지금 중재가 필요하지 않습니다. (2) 아이의 점수가 우리가 원하는 수준보다 낮아, 아이에게 중재가 필요하지 않도록 후속 조치를 취할 것입니다. (3) 아이의 점수가 [기준점 명시]보다 아래일 때, 학교에서는 정규일과의 한 부분으로서 정규수업시간 중에 중재를 제공합니다. 이러한 안내문 뒤에는 다음과 같은 말이 뒤따라 나온다. "당신의 아이에게 담임선생님과의 소그룹 또는 1:1 보충학습을 제공하고 싶습니다. 학교 방문 일정을 잡기 위해 전화 부탁드립니다. 중재에 대해 이야기를 나누고, 또 가지고 계신 질문에 대답해 드리겠습니다. 중재는 곧바로 시작될 것이고, 편하실 때 방문 일정을 잡아주시면 됩니다. 우려되는 점이나 질문이 있다면 전화해주세요."

학교는 Tier 2나 3 중재에 참여한 학생들의 수행 그래프를 가정과 공유하는 것을 정례화해야 한다. 중재 계획안을 손으로 쓴 메모, 학생 진전도와 함께 짝지어 보내야 하며, 이는 중재 진전상황과 다음 주에도 중재가 계속 이어질지에 대해 부모님께 알려준다. 부모는 중재에 관해 질문이 있는 경우에 대비하여 교사의 이메일 주소나 핸드폰 번호를 받을 수 있다.

[양식 6.1] 선별내용 영역별 보편적 선별검사 샘플 질문지

내용 영역/ 학업기술 영역	평가자 이름	측정 비용	관리에 필요한 시간	관리의 빈도	어떻게 결정할 것인가? (하나에 동그라미 하세요)	측정의 적절성/ 정확성
					• 초기의 또는 계속된 학습부진/선별검사 • 교수나 중재의 개발 또는 수정/형성평가 • 중재 효과/진전도 확인 • 프로그램 평가	
					• 초기의 또는 계속된 학습부진/선별검사 • 교수나 중재의 개발 또는 수정/형성평가 • 중재 효과/진전도 확인 • 프로그램 평가	
					• 초기의 또는 계속된 학습부진/선별검사 • 교수나 중재의 개발 또는 수정/형성평가 • 중재 효과/진전도 확인 • 프로그램 평가	

[양식 6.2] 데이터 선별 체크리스트

참일 경우 체크	다음의 조건들이 충족된다면 의사결정에서 데이터 선별이 사용될 수 있다:
	측정하는 내용은 국가 표준안과 일치하며, 학생들이 이미 학습했고 또 다가올 수업에서의 성공과 관련하여 반드시 알아야 할 기술을 반영한다.
	측정 점수는 미래의 수행을 예측한다.
	측정 점수는 신뢰성이 높다.
	측정은 간단하고 효과적으로 관리된다.
	측정 점수는 시간의 흐름에 따른 학습상의 변화를 민감하게 반영한다.
	질문지는 과대평가를 방지하기 위해 작성되었다.
	선별 절차는 정확도 높은 데이터 수집을 보장한다.
	각 아동이 동일 학급의 다른 아동들과 비교했을 때, 그리고 위험군 경계 기준점과 비교했을 때 어느 정도의 성취를 보이는지를 나타내기 위해, 담임교사들은 그래프를 만든다.
	모든 학생들이 선별검사에 참여한다.
	학교, 학년, 또는 학급에 문제가 존재하는지를 확인하기 위해 학교, 학년, 그리고 학급의 수행패턴을 평가한다.

[양식 6.3] 중재 문제 분석 및 해결 체크리스트

1단계: 문제 정의 및 데이터 시스템 분석	예	아니오
학급의 모든 학생들이 같은 측정도구로 선별되었는가?		
데이터의 질(예: 변화 민감성, 신뢰성, 바람직한 결과의 반영성)은 의사결정하기에 충분한가?		
선별검사 문항은 국가 표준교육과정에 따른 교수 목표와 일치하는가?		
데이터는 선별검사가 바르게 수행되었는지를 확인할 수 있는가?		
선별검사의 기준이 효율적이고, 정확하며, 바르게 적용되었는가?		
교사는 학급별, 학년별 학생 수행 그래프를 받았는가?		
선별검사는 모든 학급에서 연중 3회 실시되었는가?		
요약: 모든 항목에 '예'라고 표시하였다면, 선별검사 데이터는 의사결정에 사용될 수 있습니다. 2단계로 넘어가십시오.		
2단계: 데이터 해석 문제 분석 및 해결	**예**	**아니오**
기준점 이상에 위치해 있는 학생들이 50% 이상인가? (예: 학급 중앙값이 기준점보다 더 큰가?) 아니라면, 해당 학급에 학습문제가 있다는 뜻이다.		
각 학년에서 학급 중앙값이 선별검사 기준점을 초과하는 학급이 50% 이상인가? 아니라면, 해당 학년에 학습문제가 있다는 뜻이다.		
교내에 중앙값이 선별검사 기준점을 초과하는 학급으로 구성된 학년이 50% 이상인가? 아니라면, 학교에 학습문제가 있다는 뜻이다.		
선별 데이터는 빈곤수준, 인종, 언어 사용, 그리고 성별에 따라 편파적이지 않은 출현율 및 진전도를 보이는가?		
요약: 모든 항목에 '예'라고 표시하였다면, 데이터는 Tier 1과 2 시정조치를 위해 적절히 검토되었다는 뜻입니다.		
3단계: 핵심 및 보충적 교수의 문제 분석 및 해결	**예**	**아니오**
교사는 분명한 지시, 안내된 연습, 빈번한 반응 기회, 그리고 피드백을 포함한 수업 계획을 사용하는가?		
높은 질의 연구기반 교육과정 자료를 수업에 사용하는가?		
교사는 각 학년 수준에서 숙달해야 하는 핵심 학업기술을 명시한 연간수업계획을 따르는가?		

핵심 학업기술의 숙달을 확인하는 학생 데이터를 수집하였는가?		
Tier 2 중재는 핵심 학업기술을 숙달하지 못한 학생들의 요구를 충족시키기에 충분한가?		
Tier 2 중재는 더욱 명시적인 교수를 포함하는가? (모델링, 빈번한 반응 기회, 즉각적인 피드백, 반복 시연, 학생의 수준에 맞으며 학습 진전에 따라 난이도가 점진적으로 증가하도록 구조화된 학습자료)		
학생 진전도 데이터가 Tier 2 종결 기준점 및 새로운 Tier 2 대상 학생 의뢰 기준점과 함께 주별로 수집되는가?		
후속 선별검사에서 위험군에 속하는 학생들이 20% 미만인가?		
요약: 모든 항목에 '예'라고 표시하였다면, 데이터는 Tier 3 개별중재를 계획하기에 충분하다는 뜻입니다. 4단계로 넘어가십시오.		

4단계: 중재 충실도의 문제 분석 및 해결	예	아니오
중재는 학생 평가에 근거해 시행된다.		
중재 대상 및 수행 기초선을 설정하기 위해 학업기능검사를 실시하였는가?		
교실에 실제로 적용되기 이전에 중재가 학습의 향상을 가져온다는 것을 확인하는 과정을 거쳤는가?		
코치가 지원과 훈련을 제공한다.		
중재는 확실히 최소한의 학급시간과 학급자원을 필요로 하며, 학급의 하루 일과와 잘 맞아떨어지도록 개발되었는가?		
교사는 중재 실행을 받아들이고, 이에 전념하였는가?		
학습자료(예: 보상물, 학습지)는 교사가 쉽게 사용 가능한가?		
단계별 계획안이 어떻게 중재를 실행할지에 대해 잘 묘사하고 있는가?		
"코치"를 통해 교사는 어떻게 중재를 실행하는지에 대해 확인하였는가?		
코치는 교사가 바르게 중재를 사용할 수 있고, 모든 필요한 자료들을 가지고 있다는 것을 확실히 하기 위해 중재 실행을 관찰하였는가?		
초기 훈련 이후에 교사에게 후속지원을 제공하였는가?		
중재 충실도를 확인한다.		
영구 결과물을 통해 충실도를 확인하는가?		
영구 결과물은 중재 사용을 정확하게 나타내는가?		

교사들은 영구 결과물을 검토하였는가?		
학업 수행을 관리한다.		
충실도 데이터가 그래프로 표현되었는가?		
수행 데이터가 그래프로 표현되었는가? (대체 행동과 문제 행동)		
수행에 대한 피드백이 사용되었는가?		
관리자가 포함되었는가?		
중재가 매일 계획한 대로 진행되었는가?		
요약: 모든 항목에 '예'라고 표시하였다면, 교사가 중재를 사용하기에 적합한 훈련을 받았으며, 중재 충실도가 정확하게 평가되었다는 뜻이다. 중재가 문제행동을 변화시키지 못한다면, 5단계로 넘어가십시오.		
5단계: 중재 설계의 문제 분석 및 해결	예	아니오
학생이 중재 중에 오류를 범하는가? 만약 그렇다면, 과제 난이도를 줄여 보았는가?		
보상물이 추가되었으며, 그것이 수행 향상을 지원하였는가?		
학생이 습득 유형의 학업지원을 필요로 하는가? (예: 옳고 그른 반응에 대한 더 포괄적인 설명, 더 정교한 피드백을 포함한 안내된 연습)		
학생이 유창성 유형의 학업지원을 필요로 하는가? (예: 더 많은 반응 기회, 목표 설정, 매일 더 유창한 학업수행에 대한 보상)		

07

관찰 평가

7장

관찰 평가

이 장은 종합 평가를 완성하기 위한 필요조건인 교실 관찰 평가를 실시하는 개념적 근거와 방법에 대한 논의를 제시한다. 행동 관찰을 실시하는 것에 대한 더 풍부하고 상세한 논의에 관심 있는 독자들은 Hintze와 Shapiro(1995), Hintze, Volpe, Shapiro(2008), Shapiro(2011a), Shapiro와 Skinner(1990), Skinner, Rhymer, McDaniel(2000), Volpe, DiPerna, Hintze, Shapiro(2005)의 주요 논문을 보아야 할 것이다.

1장에서 논의한 바와 같이, 장애아교육법(IDEA, 2006) 규정의 주요 조항 중 하나는 특정학습장애를 판별할 때 교실에서 학생을 관찰하는 것을 종합 평가의 필수적인 부분으로 고려해야 한다는 조건이다. 구체적으로, IDEA는 평가팀이 "일상적인 교실 수업과 아동의 수행에 대한 모니터링에서 관찰한 정보를 사용" 하도록 요구한다(§300.310[b][1]). 관찰은 일반적으로 사회적 또는 정서적 어려움으로 인해 의뢰된 학생을 종합적으로 평가하는 기본적인 부분이다. 그러나 학습 곤란으로 인해 의뢰된 학생들의 교실 행동을 관찰하라는 명시적인 조건은 관찰 필요조건을 법률로 규정하는 정책 입안자들의 의도와 관련하여 특별한 함의를 가진다.

첫째, 교실에서 학생 행동을 관찰하는 것은 평가자들이 학습이 일어나고 있는 교육적 생태계를 더 잘 이해할 수 있는 기회를 제공한다. Shapiro(2011a), Lentz와 Shapiro(1986) 그리고 Greenwood, Horton, Utley(2002)는 역사적으로 학생의 학업적 성취를 능동적 참여율, 교수에 대한 정확한 반응률, 그리고 기술을 연습하고 반응할 기회와 같은 특정 교실 변인들과 관련지었다(Greenwood, Delquadri, & Hall, 1984; Greenwood, Delquadri, Stanley, Terry, & Hall, 1985; Greenwood et al., 2002; Hall, Delquadri, Greenwood, & Thurston, 1982; Soukup, Wehmeyer, Bashinski, & Boviard, 2007). 사실, 학습 과정을 둘러싼 맥락적 요인들에 대한 이해는 잠재적으로 학생의 학업적 성공에 대한 가장 강력한 설명 요인이 될 수 있다는 것을 보여주는 연구들이 있다. 많은 이들은 교수 환경을 평가하는 것이 적어도 학생의 학업 기술 발달을 평가하는 것과 동등한 역할을 해야 한다고 주장해 왔다(Christenson & Anderson, 2002; Ysseldyke & Christenson, 1987).

둘째, 교실 행동을 관찰하는 것은 교사의 교수 과정의 질과 특징을 직접적으로 평가할 기회를 제공한다. 학습 문제로 의뢰된 학생을 종합적으로 평가하는 것에 대한 주요 조항 중 하나는 학생이 질 높은 교수를 받고 있음을 입증하는 것이다. 즉, 학생의 어려움이 특정학습장애와 관련된 기술들의 습득 부족이라기보다 학생을 가르치는 방식에 따른 것인지를 평가하는 것이 중요하다.

셋째, 학생들의 교실 행동을 평가하는 것은 학생이 학업 과제에 참여하는 수준과 특성을 집중적으로 검토하도록 한다. 교수가 이루어지는 동안 참여의 수준과 유형 사이의 관계는 오랜 세월 동안 체계적으로 연구되어온 주제로 이는 학생의 학업 성취와 관련된다.

> 학생 행동과 교사-학생 상호작용에 대한 교실 관찰은
> 학업 기술 문제의 근원에 대한 중요한 통찰을 제공할 수 있다.

일반적으로, 학생 행동과 교사−학생 상호작용에 대한 교실 관찰은 학업 기

술 문제의 근원에 대한 중요한 통찰을 제공할 수 있다. 이러한 관찰은 종합 평가를 완성하는 필수적인 요소가 되며 학업 성취를 향상시킬 수 있는 권고사항을 결정하는 데 중요하다. 관찰 요건은 특정학습장애의 네 가지 준거 모두와 관련되어 있다. 예를 들어, 준거 4에 대한 증거를 고려할 때, 교실 관찰은 교수의 결핍을 배제하고 학부모에게 반복적인 평가에 대한 정보를 제공하는 데 도움이 된다. 어떤 장애물들이 아이의 학습 어려움에 기여하는지 이해하기 위해 학습 맥락에 대한 직접적인 검토를 대체할 수 있는 것은 없다. 이러한 관찰은 계획된 중재가 왜 성공적인지 그렇지 않은지를 설명하는 데 적절하다. 관찰은 특정학습장애를 배제하거나 특정학습장애로 판별되었을 때 장기적인 교수를 계획하거나 중재의 효과를 향상시키기 위한 피드백을 얻는 데 있어서도 적절하다. 예를 들어, 학생은 잘 통제된 중재에 적절한 반응을 보일 수 있지만 그 중재가 주어지지 않을 때 학생의 학습 문제는 다시 나타날 수 있다. 관찰은 교실에서의 일반적인 교수적 조건과 그러한 조건(예: "적절한" 양의 지원, 학생의 학업적 능력에 부합하는 과제와 내용)이 학생들에게 적절한지에 대한 정보를 제공할 수 있다. 적격성 결정에 대한 부분으로 실시된 중재가 정확하게 또는 효과적으로 실시되지 않을 가능성도 있다. 중재가 가능한 철저하게 실시되고 있는지 여부를 확인하기 위한 최선의 방법 중 하나는 교실에서의 중재를 관찰하고 중재의 효과를 향상시키기 위한 문제해결(troubleshooting)을 수행하는 것이다. 예를 들어, 관찰을 통해 중재가 이루어지는 동안 학생이 잘 참여했는지 또는 참여도가 향상되었는지 정보를 제공할 수 있다. 마지막으로, 수행 중심 문제(할 수 있으나 하지 않는 것)와 기술 중심 문제(할 수 없는 것) 사이의 차이는 관찰 과정에 기초해 예상되는 중요한 결과다.

관찰 평가의 대상이 되는 주요 행동

두 가지 유형의 광범위한 행동들은 학생들의 학업적 행동을 평가하는 데 있어 주요 대상이 된다. 첫째, 부여된 학업 과제에 학생이 참여하는 수준과 유형을 충분히 이해하는 것이 중요하다. 학습 과정에 완전히 참여하지 않는 학생들은 수업의 중요한 부분을 놓칠 수 있고 더 낮은 학업 성취를 초래하게 된다(그리고 더 낮은 성취를 보이는 학생들은 학업에 덜 참여하게 된다). 학습은 누적되는 경향이 있으므로, 한 시점에서 학습 과정의 요소들을 놓치는 것은 학생이 학습의 선수 기술을 습득하지 못했기 때문에 이후의 지속적인 학업 실패로 이어질 가능성이 있다. 학생이 성공하기 위해 요구되는 참여의 수준은 학생이 습득하기 위해 노력하는 과제의 유형뿐만 아니라 학생 요구에 따라 크게 다를 수 있지만 학생은 최소한의 수준 이상으로 학습 과정에 참여해야 한다.

참여의 수준 이상으로 참여의 유형 또한 중요하다. 학업 참여는 능동적 참여(active engagement)와 수동적 참여(passive engagement)의 두 가지 범주 중 하나로 분류될 수 있다. 능동적 참여는 질문에 답하고, 해결하려고 하는 학업 문제에 대해 교사나 반 친구들과 함께 토론하며, 질문에 대한 답을 쓰는 것과 같이 학생들이 학습 과정에 능동적으로 참여하는 것을 뜻한다. 이와 대조적으로 학생들은 교사나 반 친구들의 이야기를 듣고, 토론을 경청하며, 교과서를 읽고, 다른 비활동적인 형태로 참여함으로써 수동적으로 참여할 수도 있다. 학업에 어려움이 있는 학생들의 경우, 능동적인 참여가 수동적인 참여보다 더 나은 학습이 일어나도록 한다는 것을 연구결과들은 일관되게 보여주고 있다(Greenwood et al., 2002). 참여는 "반응한 기회"로 측정되는데, 이는 별개의 이벤트나 시험으로 과제(예: 활동지 문제) 또는 교사 질문과 같이 학생이 반응할 선행 단서에 대한 학생의 응답을 포착한다. 연구에 따르면 반응할 기회를 증가시키는 교실 학습 구조는 활동지를 완성하거나 개별 자습과 같이 더 수동적인 상호작용에 주로 의존하는 교실 구조보다 성취에 더 강한 연관성을 가질 가능성이 있다(Hattie, 2009). 수동적인 참여는 학습에서 중요하지만, 학습에 어려움이 있는 학생들의 경우 상호작용의 비중은 능동적인 학습 과정의 측면에 두어야 한다.

관찰에서 포착되어야 하는 두 번째 광범위한 행동 범주는 효과적인 학습 결과와 양립할 수 없는 행동으로 종종 "과제 이탈(offtask)" 행동으로 불린다. 과제 이탈 행동에는 자리 이탈, 소리 지르기, 부적절한 운동 동작과 다른 유사한 행동들이 포함된다. 관찰은 성공적인 학습 결과와 경쟁하고 방해하는 이러한 행동의 수준과 성격을 파악해야 한다.

> 데이터 수집의 목적은 수집된 데이터가 학생의 특수교육 적격성에 대한
> 의사결정을 위해 중요한 질문을 다루는지 확인하는 것이어야 한다.

과제 집중/과제 이탈 행동에 대한 관찰 데이터를 수집하는 것만으로는 학업 환경과 학생의 학업적 어려움의 관계를 완전히 파악하기에 충분하지 않을 수 있음을 인식하는 것이 중요하다. 많은 경우, 과제를 하고 있는 것처럼 보이는 학생들(예: 과제에 수동적인 학생)은 실제로 "공상"을 하고 있을 수 있으며 가르치고 있는 내용에 완전히 집중하고 있지 않을 수도 있다. 분명한 과제 집중 행동의 이면을 주의 깊게 보지 못하는 관찰은 종종 학생의 학업 행동을 지원하지 않는 학습 환경의 주요 요소들을 놓치게 될 것이다. 마찬가지로, 과제에서 매우 벗어난 행동을 하는 것처럼 보이는 학생은 실제로 필요한 기술들을 습득하고 숙달하는 데 해가 되지 않는 방식으로 집중하고 있을 수도 있다. 예를 들어, 학생은 수학 문제나 교사가 제시한 질문을 생각하면서 천장을 응시할 수도 있다. 다시 말하자면, 과제 집중/과제 이탈 행동의 표면적 수집을 넘어서 그 이면의 세부 사항에 대한 정보를 얻지 못하면 학업 환경과 학생의 학업 문제 사이의 관계를 완전히 이해하지 못할 것이다.

관찰의 방법

교실 관찰을 실시하는 절차는 간단한 거시적 수준의 서사적 기술에서부터 교실 구조 내에서 미시적 수준의 사건을 포착하기 위해 설계된 복잡한 관찰 코드의 사용에 이르기까지 광범위하게 다양할 수 있다. 데이터 수집의 목적은 수집된 데이터가 학생의 특수교육 적격성에 대한 의사결정을 위해 중요한 질문을

다루는지 확인하는 것이어야 한다. 또한 데이터는 의뢰된 학생의 행동, 학생의 학업 문제가 발생하는 교수 맥락에 대한 객관적인 기술을 허용하고 학습 과정의 자연스러운 부분으로써 발생하는 교사−학생과 학생−학생 간 상호작용을 파악할 수 있도록 충분히 정량적이어야 한다. 교실 관찰 방법은 크게 서술적 관찰, 수정된 서술적 관찰, 그리고 체계적인 직접 관찰의 세 가지 유형으로 분류될 수 있다.

서술적 관찰(Narrative Observations)

가장 간단하면서 아마도 가장 자주 사용되는 교실 관찰의 형태는 교수 과정을 서사적으로 기술하여 작성하는 것이다. 일반적으로 이러한 유형의 관찰은 해석을 최소한의 수준으로 하여 기술한다. 관찰자는 지정된 시간 동안 학생을 관찰하고 관찰에 대한 기술적 서사를 작성한다. 예를 들어, 수학 학습장애가 의심되어 학부모가 평가 의뢰를 한 13세 소녀에 대해 다음과 같은 관찰이 실시되었다. 이 소녀는 유치원에서부터 4학년까지 꽤 일관된 좋은 성취 수준을 보이다가 지난 2년간 성적이 떨어지는 경향을 보였다. 관찰자는 교사 중심 교수와 수학 문제에 대한 소집단 연습이 혼합된 30분간의 수학 수업을 관찰했다.

> 관찰시간 동안, Pamela는 수학 수업 중이었고 교사는 그들이 그날부터 한 학기 내내 작업하게 될 새로운 프로젝트에 대해 설명하고 있었다. Pamela는 교수가 이루어지는 동안 교사에게 주의집중하였지만 소집단 연습 시간 동안 몇 가지 과제 이탈 행동을 보였다. 그녀의 과제 이탈 행동에는 공책 가지고 놀기, 분명한 목적 없이 교실 걸어다니기, 창문 밖 바라보기가 포함되었다. 관찰 이후, 관찰자는 Pamela의 교사와 이야기를 나누었는데 그는 과제 이탈 행동이 문제가 되지 않는다고 보고했다. 교사는 Pamela의 주요 문제가 수업 내용을 이해하지 못하였을 때 과제에 대한 도움을 요청하지 않고 부정확하게 과제를 완성해서 제출하는 것이라고 말했다.

Pamela에 대한 서술적 관찰은 그녀가 교사의 교수활동에 주의를 기울이고 있는 것처럼 보였지만 어느 정도 문제 행동도 보여주었다. 교사의 관점은 문제 행동의 수준이 충분한 문제가 되지 않는다는 것이었다. 이러한 서술적 관찰에서 많은 세부 사항들이 누락되어 있다. 예를 들어, 그녀의 참여 행동의 경험적 수준은 정확히 어느 정도였는가? 그녀의 참여 행동 수준은 반 친구들과 비교하여 어느 정도였는가? 구체적으로 문제 행동은 무엇이었는가? 이러한 행동이 얼마나 자주 일어났는가? 소집단, 대집단, 또는 개별활동과 같은 수학 시간의 교수 상황 특징에 따라 그녀의 행동이 달라졌는가? 수학 시간 다른 교수 활동에 있어 이 서사적 기술의 대표성에 대해 추가적인 질문들이 제기될 수 있다. 이러한 질문들에 비교 또래 집단이 어떻게 답하는가 역시 Pamela의 행동이 같은 교수 상황에 있는 다른 학생들의 행동과 어떻게 다른지 이해하는 데 중요하다.

더 폭넓은 서술에 대한 두 번째 예에서, 2학년 학생은 읽기 학습장애가 의심되어 의뢰되었다. 이 학생은 교사가 교수활동을 이끌어가는 집단으로, 함께 읽기(shared group reading) 시간 동안 관찰되었다.

관찰하는 동안, 학급 학생들은 함께 읽기(shared reading)를 하기 위해 카펫에 앉아 있었다. 그들은 이야기 읽기를 막 끝냈고 그 주에 그들이 이야기하고 있는 글자 조합을 찾고 있었다. Roberto는 매번 대답을 하겠다고 자원했고 종종 "나 알아요."라고 외쳤다. 그가 답하라고 지명되었을 때, 그는 e가 두 번 들어있는 단어, cheer를 정확하게 찾을 수 있었다. 교사는 Roberto가 읽도록 했는데 그는 c(ㅊ)를 soft c(ㅅ)로 발음했다. 그는 카펫에 앉아 있는 동안 계속 꼼지락거렸고 종종 이리저리 움직였다. 때때로 주변 친구들의 셔츠나 머리를 만지기도 했다. 관찰하는 동안, 반 친구들은 Roberto보다 훨씬 더 과제에 집중했지만 그들도 똑같이 꼼지락거리는 행동을 하고 있었다.

첫 번째 서술적 관찰의 예와 같이 Roberto의 행동의 광범위한 징후들은 분명했다. 그의 반응의 정확성은 의문스럽지만 교사의 질문에 집중하여 따르고 있는 듯 보였다. 지명되기 전에 소리치는 것은 관찰 내내 분명했고, 관찰자는 Roberto가 반 친구들보다 더 꼼지락거린다고 생각하지 않았다 하더라도 Roberto

는 꼼지락거리는 징후를 보였다. 이러한 전반적인 설명에도 불구하고 첫 번째 관찰과 유사한 질문을 Roberto와 그 친구들에게 할 수 있다. 교사의 교수활동에 대한 정확한 참여 수준은 어느 정도이며 또래와 비교해서 어떠했는가? 그가 얼마나 자주 소리치는가? 그가 질문에 답하려고 소리쳤을 때, 얼마나 정답을 말했는가? 그가 소리친 후 교사가 그를 지명(예: 강화)했는가? 대집단 교수활동이나 개별활동과 같은 다른 상황에서 이러한 행동은 얼마나 나타나는가? 수학이나 쓰기와 같은 다른 과목 교수활동에서 이러한 행동은 얼마나 나타나는가? 과제 이탈 행동이 Roberto에게 좀 더 어려운 학업 과제에서 일어날 가능성이 더 높았는가?

서술적 관찰은 교실 관찰 중에 일어나는 사건에 대한 폭넓은 감각을 제공하지만, 이 관찰법은 답을 주기보다는 더 많은 질문을 제기한다. 관찰 내용이 임상적으로 훈련된 전문가의 관점을 나타낼지라도 서술적 관찰은 정확성이 부족하고 관찰자의 주관적 관점만 나타낼 가능성이 있다. 이러한 한계를 고려할 때 종합 평가 수행을 위한 관찰 필요조건을 충족시키는 주된 방법으로 서술적 관찰을 사용하지 않는 것을 적극 권장한다.

수정된 서술적 관찰: ABC 분석(Modified Narrative Observations: The ABC Analysis)

서술적 기록을 더 객관적이고 실증적으로 도출하는 한 과정은 교실에서 일어나는 사건의 순서를 분석하는 틀(framework) 내에서 관찰을 하는 것이다. 관찰자는 행동 반응의 순차적 성격을 더 잘 파악할 수 있도록 일반적으로 '선행사건-행동-결과(ABC)' 분석으로 알려진 것과 같이 사건을 기록한다. [표 7.1]은 그러한 ABC 분석 양식을 보여준다. 이 양식에서, 관찰자는 특정 간격(이 경우 매 30초)으로 행동 사건, 그에 선행하는 사건과 후속 사건을 기록한다. 예를 들어, 교사는 Roberto의 소리치고 손을 드는 행동에 대해 [표 7.1]과 같은 방식으로 반응했다. 그러한 관찰은 오랜 시간에 걸쳐 이루어질 때 학생과 교사 행동에 대한 통찰을 제공할 수 있는 사건의 순서를 확인할 수 있도록 하며, 교실에서의 행동

표 7-1 시간 간격을 사용한 Roberto의 ABC 분석 양식

시간	선행사건	행동	결과
0:00	교사가 질문한다.	Roberto가 소리친다.	교사는 Roberto에게 소리치기 전에 손을 들라고 말한다.
0:30	교사가 질문한다.	Roberto는 손을 들고 부정확하게 대답한다.	교사는 Roberto에게 손을 들어주어 고맙다고 이야기하고 부정확한 반응을 수정해준다.
1:00	교사는 학생에게 소리내어 읽으라고 한다.	Roberto는 손을 들고 "제가 읽고 싶어요."라고 말한다.	교사는 Roberto에게 곧 그의 차례가 돌아올 것이라고 말한다.
1:30			
2:00			
2:30			
3:00			
3:30			
4:00			
4:30			
5:00			

에 보다 더 큰 성공을 거둘 수 있도록 교사―학생 상호작용을 조정하기 위한 아이디어를 제공한다. 이러한 종류의 관찰은 또한 서술적 기록을 위해 더 초점화되고 객관적인 과정을 제공할 수 있을 뿐만 아니라 정량화할 수 있다(예: 관찰 시간 동안 Roberto가 몇 번이나 교사를 방해했는가?). 객관성을 좀 더 갖추기 위한 서술적 관찰의 다른 변형된 형태로는 사건 후에 발생한 관련 결과와 함께 교실에서 일어나는 사건들을 발생 순서대로 나열하는 간단한 사건 목록(a simple listing of events)이 있다.

ABC 분석은 단순한 서술적 기록보다 많은 이점을 지니고 있지만, 종합 평가를 실시할 때 그 과정에서 이러한 유형의 관찰 절차가 어렵고 더 주관적인 것

으로 만드는 실질적인 어려움이 있다. 많은 경우, 교실 행동의 결과는 후속 행동의 선행사건이 된다. 관찰자들에게 이러한 연속적인 사건들을 분리된 ABC 단위로 구분하도록 요구하는 것은 인위적인 데이터를 만들 수 있고 실제로 자연스런 교실 환경에서 일어나고 있는 일을 반영하지 못한다. 예를 들어, 일련의 사건들에서 교사가 소리치는 아이에게 "소리치기 전에 손을 들어라"라고 요구하는 것이 포함될 수 있다. 교사의 반응 직후, 학생은 손을 들지 않고 다시 한번 소리친다. 순서를 기록할 때, 초기 사건은 교사가 질문한 이후에 일어나고 그 뒤에 교사의 지적이 뒤따른다. 그러나 첫 번째 사건의 결과가 두 번째 사건에 앞선다. 그러한 순서는 드문 일이 아니며 결과를 선행사건과 분리하는 것이 어려워진다.

둘째, ABC 분석은 선행사건과 결과가 시간적으로 행동과 연결되어 있다고 가정한다. 달리 말하면, 한 학생이 수업 중에 소리칠 때, 선행사건은 바로 앞에 일어난 사건이었고 결과는 바로 그 직후에 발생한 것이라고 가정한다. 때때로, 행동의 선행사건과 결과는 행동과 연결시킬 수 없다. 일련의 사건들이 모두 시간적으로 연결되어 있다고 가정하는 것은 학생의 행동을 실제로 야기하는 것에 대한 잘못된 결론으로 이어질 수 있다. 예를 들어, 한 학생이 아침에 학교에 도착하기 바로 직전 버스 안에서 괴롭힘을 당하고 등교한다. 교사가 학생에게 질문할 때, 학생은 책상에 엎드린 채 교사를 무시하는 반응을 한다. 그리고 교사는 학생에게 질문에 주의를 기울이라고 말한다. 교사의 질문에 대한 선행사건으로 보이는 것은 실제로 학생이 아침 버스 사건에 대해 생각하고 있는 것이다. 분명히, 일시적으로 연결되지 않은 선행사건과 결과에 대한 결론을 도출하는 것은 매우 문제가 될 수 있다.

일반적으로, 변형된 서술적 기록이 단순한 서술적 설명보다 교실 관찰에 대해 훨씬 더 풍부한 그림을 제공하며 관찰을 할 때 교실 맥락을 더 잘 이해하도록 돕는 데 중요한 역할을 할 수 있지만, 그러한 관찰은 효과적인 교실 관찰의 필요조건을 충족하기에는 충분하지 않다. ABC 분석은 종종 보다 체계적인 직접 관찰의 전조가 되며, 그동안 수량화할 수 있는 더 많은 데이터가 수집된다.

체계적인 직접 관찰(Systematic Direct Observation)

아마도 교실 관찰을 실시할 때 가장 자주 권장되는 방법은 수량화할 수 있는 데이터의 수집을 포함하는 체계적인 직접 관찰 절차의 사용일 것이다. 이러한 방법은 교실에서 학생의 행동을 정의하는 객관적인 데이터를 수집하려고 한다. 그 데이터는 학생의 행동, 교사의 행동, 교사, 학생 그리고 급우들 간의 상호작용을 정의하는 수량화된 값으로 보고되며 실제로 일어나는 일을 직접 반영해야 한다.

> 체계적 직접 관찰의 방법: 빈도 또는 사건 기록법, 지속시간 및 반응지연시간 기록법, 시간 표집 간격 기록법

체계적인 직접 관찰에 대한 많은 다른 접근법이 있지만, 모두 행동의 조작적 정의를 내리는 것으로 시작한다. 효과적으로 조작적 정의를 내리는 주요한 방법은 관찰하고자 하는 것의 성격을 파악하는 것이다. 예를 들어, 수학 수업 중에 학생이 일반적인 교실 수업에 대해 어떻게 반응하는지 기술하기 위해 교실관찰이 설계된다면, 그때 관찰을 정의하기 위해 사용되는 조작적 행동은 수업 시 일반적으로 일어날 것이라 기대하는 것과 일치해야 한다(예: 교사의 교수활동에 집중하기, 학습지에 기록하기, 문제에 대해 급우들과 의견 나누기, 수업시간 동안 착석하기, 질문에 답할 때 손들기). 효과적인 조작적 정의는 무엇이 행동의 발생을 구성하는지 그렇지 않은지 명확히 하는 것이다. 조작적 정의를 내릴 때 한 가지 유용한 경험 규칙(rule of thumb)은 두 번째 관찰자가 제시된 정의를 읽고 행동의 발생을 확실하게 확인할 수 있어야 한다는 것이다. 일단 관찰을 위해 행동이 정의되면, 데이터가 수집되는 방법은 관찰되는 행동의 성격에 따라 달라질 것이다. 관찰 방법은 관심 행동에 따라 선택되어야 한다. 각 관찰 방법은 어느 정도 다른 결과를 낼 수 있으므로 특정 방법과 결과 데이터를 충분히 이해하는 것이 중요하다.

빈도 또는 사건 기록법

빈도 또는 사건의 기록은 특정한 행동이 발생하는 횟수를 기록하는 것이다. 일반적으로 빈도 또는 사건 기록은 한정된 시간 내에 이루어지며, 데이터를 비율로 보고할 수 있다(예: 발생 횟수/시간 단위). 예를 들어, 관찰자는 학생이 교사 중심 수업을 방해한 횟수를 세고 60분의 수업 시간 동안 평균 방해 횟수를 기록할 수 있다. 빈도를 비율로 변환하는 것(예: 분당 방해 횟수)은 관찰된 시간의 양이 다를 때 관찰자가 관찰 간의 결과를 비교할 수 있도록 해준다(예: 60분 동안 10번의 방해와 5분 동안 4번의 방해는 분당 0.16 방해와 분당 0.80 방해로 변환하면 쉽게 비교할 수 있다).

빈도 또는 사건의 기록은 관심 행동의 시작과 끝이 서로 다른 경우 가장 적절하다. 종이비행기 던지기, 소리 지르기, 손들기, 그리고 방해 행동은 모두 교실 수업에서 흔히 볼 수 있는 행동적 사건의 예이다. 일정 시간 동안 지속되거나 연속되는 행동은 빈도 또는 사건 기록을 사용해서 관찰하기 어렵다. 예를 들어, 빈도 또는 사건 기록 절차를 사용해서 학생의 학업 참여나 과제 집중 행동을 기록하는 것은 어려울 수 있다.

빈도 또는 사건 기록을 사용하는 데 있어 또 다른 중요한 고려사항은 각 행동의 지속시간이다. 일반적으로 빈도나 사건 기록의 사용은 각 행동 발생의 지속시간이 거의 같을 때 가장 효과적이다. 예를 들어, 교사의 교수 시간 동안 방해 횟수를 계산한다면, 방해 행동이 '짧은 소리 지르기'에서 '1분 또는 그 이상 지속되는 질질 끄는 분노'까지 다양할 경우에 문제가 될 수 있다. '한 번의 소리 지르기'와 '1분 동안 지속되는 분노' 사이에는 분명한 차이가 있지만 사건을 기록하는 것은 두 종류의 행동에 대해 하나의 사건으로 기록해야 할 것이다. 사건 기록이 지속시간이 다른 행동에 사용되는 경우, 관심 행동을 더 잘 포착하기 위해 아래에서 기술한 것과 같이 사건 기록과 지속시간 기록(예: 방해 시간)을 결합할 수 있다.

빈도 또는 사건 기록은 행동이 낮은 빈도로 발생하지만 중요한 행동일 때 특히 요긴하게 사용될 수 있다. 그러한 행동은 자주 발생하지 않지만 그 강도로 인해 관심의 대상이 될 것이다. 예를 들어, 한 학생이 일주일에 한두 번만 개별 활동하는 것을 거부하고 교실 밖으로 뛰쳐나갈 수 있지만 그러한 행동을 기록하는 것은 교실 요구사항에 대한 학생 반응의 성격을 충분히 파악하는 데 중요하다. 빈도나 사건 기록은 그러한 행동을 파악하기 위한 가장 간단하면서도 어쩌면 가장 좋은 방법이 된다.

빈도 또는 사건을 기록하기 위한 방법은 다양한데, 종이 한 장에 기록하는 것부터 기계로 작동되거나 혹은 디지털 카운터 같은 기록 장치의 사용까지 포함할 수 있다. 방법에 관계없이, 행동의 빈도를 추적하고 행동을 둘러싼 배경 사건을 기록하는 과정은 빈도 또는 사건을 기록하는 데 있어 적절하다.

지속시간 및 반응지연시간 기록법(Duration and Latency Recording)

관심 행동의 성격이 행동의 시작부터 끝까지의 시간이 중요한 경우, 지속시간 기록을 사용할 수 있다. 특히, 이후의 중재를 통해 반응의 길이가 목표가 될 것으로 기대되는 경우 지속시간은 중재의 결과를 반영할 수 있는 중요한 변수가 된다. 예를 들어, 교실 관찰 측면에서 한 학생이 교사 기대 시간 한도 내에서 수업 과제를 완성하는 데 어려움이 있다면 수행 정확성을 유지하면서 시간의 양을 줄이는 목표를 가지고 각 과제를 완성하는 데 걸리는 시간을 기록하는 것이 중요할 것이다.

마찬가지로, 학생이 과제 시작 지시를 받고 나서 과제를 시작하는 데 걸리는 시간에 대한 데이터를 얻는 것이 관심이 되는 경우도 있다. 이것은 자극이나 신호(예: 수업을 시작하기 위한 구두 지시)와 행동의 시작(예: 학생이 과제를 하기 시작한다) 사이의 반응지연 또는 경과된 시간이라고 한다.

지속시간과 반응지연시간을 모두 기록할 때, 관심 행동은 잘 정의된 시작점과 종료점을 가지고 있어야 한다. 관찰자들은 자극 사건(예: 시작점)과 행동적 반응의 종료가 되는 것에 대해 통일된 합의를 해야 한다. 지속시간의 경우, 반응의 종료는 행동이 발생하는 기간의 종료로 정의된다. 반응지연시간의 경우, 종료점은 행동 사건의 시작으로 정의되며 시작점은 학생이 시작하도록 하는 교사의 프롬프트로 정의된다.

지속시간이나 반응지연시간을 기록하는 방법은 정확한 시간 장치가 필요하다. 스톱워치와 기타 유사한 디지털 장치는 그러한 정확성을 위해 설계되었고 이러한 기록을 작성하는 데 쉽게 사용될 수 있다. 이러한 종류의 기록을 위한 기술적인 애플리케이션 역시 존재한다. 데이터는 사건당 평균 지속시간이나 반응지연시간으로 기록된다.

지속시간과 반응지연시간 기록의 어려움에는 구분되는 시작점과 종료점이 없는 행동에 대한 문제가 포함된다. 따라서, 행동의 시작과 끝을 정확히 지적하는 것이 이러한 종류의 기록의 정확성에 매우 중요하기 때문에 지속시간과 사건 기록의 정확성은 문제가 될 수 있다.

시간 표집 간격 기록법(Time Sampling Interval Recording)

빈도, 사건, 지속시간 또는 반응지연시간을 이용해서 실제 행동의 발생 횟수를 계산하는 것은 행동이나 행동집합이 교실에서 얼마나 자주 발생하는지 정확하게 판단하는 데 이상적이다. 반면 이러한 방법의 어려움은 관찰자가 교실에 앉아서 발생하는 행동을 보고 있어야 하는 현실적인 문제뿐만 아니라, 보다 연속적인 유형의 행동을 포착하는 데 있어서의 어려움은 이러한 방법을 사용하는 데 상당한 제한을 가한다. 따라서, 시간 표집 기록의 사용은 아마도 교실 수업 관찰을 위한 관찰 데이터 수집의 가장 효율적이고 가치 있는 형태로 등장했다. 시간 표집의 핵심 특징은 관찰 시간을 선택하고 행동 발생의 실제 수준을 나타내는 데이터를 제공하는 방식으로 행동을 체계적으로 표집하는 것이다. 행동이 표집되고 일부 행동의 발생을 실제로 기록하지 않기 때문에 시간 표집에서 얻은 데이터는 실제 행동의 발생을 추정하게 된다. 그러나 표집 절차의 특성은 수량적 데이터를 체계적으로 수집하기 위한 방법일 뿐만 아니라 관찰자 시간을 효율적으로 사용하도록 하는 것이다.

시간 표집 절차는 일반적으로 행동이 관찰되는 시간 내에서 관찰 시간을 동일한 작은 단위로 나누는 것을 포함한다. 시간 단위는 관찰되는 행동의 성격에 따라 달라질 수 있지만 30분 관찰에 대한 일반적인 단위는 15초 간격 120개로 나눌 수 있다. 각 간격 내에서 행동의 유무는 어떠한 유형의 간격 기록(예: 전체, 부분, 또는 순간적 시간 표집)이 사용되었는지에 따라 달리 기록된다.

전간 기록법(Whole-Interval Recording)

전간 기록법에서는 관찰되는 행동이 발생한 것으로 기록되려면 지정된 전체 간격 동안 관찰되는 행동이 있어야 한다. 특정 간격의 어떤 지점에서 행동이 중단되면 그 행동은 없는 것으로 기록된다. 행동은 전체 간격에서 나타나야 하기 때문에, 전간 기록법은 지속적일 수 있는 행동이나 매우 짧은 간격(예: 5초; Shapiro & Skinner, 1990)일 때 사용된다. 예를 들어, 관심 행동이 지속적인 학업 참여라면, 관찰자는 전간 기록법을 사용하여 학생이 장시간 주의를 기울이고 있는지 여부를 판단할 수 있다. 이와 대조적으로, 문제 행동이 자리 이탈하거나 소리 지르기라면 행동이 존재하는 간격(예: 행동이 15초 간격 내내 발생했다.)이 많지 않을 것이다. 특정 간격에서 행동의 짧은 부재는 그 간격에서 행동이 발생하지 않은 것으로 표시될 것이다. 예를 들어, 교사가 수업에서 전체 집단에게 지시를 하는 동안 아이가 자리를 이탈해 15초 기록 간격 중 처음 13초 동안 착석하지 않고 마지막 2초 동안 자리에 앉아 있었다면, 자리 이탈 행동은 그 간격에서 기록되지 않는다. 따라서, 전간 기록법은 실제 행동의 발생을 과소평가하는 경향이 있다.

부분 간격 기록법(Partial Interval Recording)

부분 간격 기록법에서는 관찰되는 행동이 발생한 것으로 기록되려면 그 간격의 어떤 부분에서도 관찰되는 행동이 있어야 한다. 만약 어떤 행동이 한 간격 내에서 시작하고 끝난다면, 그 행동은 그 구간에서 발생한 것으로 기록된다. 만약 그 행동이 한 간격 내에서 여러 번 발생한다면, 그 행동은 그 구간에서 발생한 것으로 표시될 뿐이다. 부분 간격 기록법은 특히 저빈도 행동이나 단기간 동안 산발적으로 발생하는 행동을 발견하는 데 민감한데, 어떤 사례가 순식간에 발생하더라도 기록되기 때문이다. 관찰자는 한 번에 몇 초 동안 학습 자료에 집중하는 학생의 과제 집중 행동 출현 빈도를 셀 것이다. 부분 간격 기록법에서 행동의 기록은 어떤 하나의 또는 작은 행동 사례를 기록해야 하기 때문에 실제 행동의 발생을 과대추정하는 경향이 있다.

순간 시간 표집법(Momentary time sampling)

순간 시간 표집법은 특정 시간 간격이 시작되거나 끝나는 순간에 있었거나 혹은 없었던 때 관찰되는 행동이 기록되는 것을 요한다. 이 과정은 기본적으로 행동에 대하여 특정한 시간 간격에 스냅샷을 취하고, 그 순간에 관심 행동이 나타나는지 아닌지를 보여주는 것이 포함된다. 훈련된 관찰자는 타이머(timing device)를 4초 동안 내려 본 다음 5초가 되는 순간(5초 간격의 마지막 초)에 고개를 들어 보고 그 순간에 일어난 행동을 기록하며 이 과정을 관찰 회기에서 남은 구간 동안 반복한다. 이 기법은 행동이 적당한 수준의 빈도로 발생하며 관찰 기간 내내 분명할 때 특히 유용하다. 순간 시간 표집법은 일반적으로 실제 행동 발생률에 가장 가까운 추정치를 산출하는 것으로 확인된다.

교실 관찰을 수행하는 데 한가지 관찰 방법을 사용할 수도 있지만, 이러한 방법들이 관심 행동을 가장 잘 포착하는 방식으로 결합되는 것이 더 일반적이다. 예를 들어, 관찰자가 교사-학생의 상호작용을 관찰하는 데 관심이 있다면, 학생에게 접근하는 교사 각각의 사례를 기록하고, 학생의 반응이 어떠한지 보는 시스템을 고안하는 것이 가장 좋을 것이다. 간격 기록 장치(interval recoding device)를 사용하면 교사가 학생에게 접근하는 간격(부분-간격 형식)을 기록할 수 있고, 학생이 교사의 접근에 같은 간격으로 반응하는지(부분-간격 형식)를 기록할 수 있다. 마찬가지로, 관찰자는 교사가 학생에게 다가간 횟수에 관심이 있다면, 일정 간격 내에 교사가 다가간 빈도를 계산하고 빈도(사건)와 간격 기록 과정을 합할 수 있다. 즉, 관찰자는 부분 시간 표집 절차를 사용하여 한 간격 동안 행동의 발생을 코딩할 수 있으며(그리고 교사 접근을 포함하는 간격의 20%나 분당 2회의 교사 접근과 같이 관습적인 부분 간격 발생으로 보고하거나) 혹은 한 간격 내에 1회 이상의 교사 접근을 포함하고 실제 교사 접근에 더 민감한 추정치를 제공하는 간격들 내에서 사건의 빈도를 코딩할 수 있다(예: 동일한 10분 또는 60간격 관찰 기간 동안 80회의 교사 접근은 분당 8회의 접근과 동일할 것이다). 이러한 유형의 결합된 기록 절차는 관찰자가 관심 행동을 더 정확하게 포착하도록 하는데, 관찰 결과는 팀에게 관찰 과정 전반에서 행동이 비슷한 비율(돌발적인 것과 반대)로 발생하는지 이해할 수 있게 해 주고 행동의 발생 전이나 후에 따르는 행동을 수량화할 수 있기 때문이다.

관찰 코드(Observation Codes)

관찰자는 그의 특별한 관심사에 맞춘 특정한 방법을 설계할 수 있지만, 연구자들은 많은 관찰 도구를 교실 안의 행동을 포착하기 위해 개발했다. 이러한 도구는 현장에서 검증되고 연구에 사용되어 이미 입증된 관찰 코드의 편리성을 제공한다. Hintze 등(2008)과 Volpe 등(2005)은 연구들을 바탕으로 체계적인 행동 관찰을 실시할 때 유용하게 사용할 수 있는 도구의 목록을 제시한다. 특히, Volpe와 동료들은 특별히 교실 내의 행동을 평가하기 위해 고안된 척도에 초점을 맞췄다.

이러한 방법 중에서 Shapiro(2011b)가 개발한 학교학생행동관찰(Behavioral Observation of Students in School: BOSS)은 교실에서 가장 관련성이 높은 변수와 일치하는 특성을 가진 코드 내에서 관찰 범주를 제공한다. 교실에서의 높은 관심사는 학생들이 어떻게 학업 과제에 참여하는가이다. 앞서 언급했듯이, 학생들은 능동적이거나 수동적인 방식으로 과제를 수행할 수 있으며 BOSS 코드는 두 가지 형태의 과제집중(on-task) 행동 수행 방식을 구별하도록 고안되었다. 여러 연구에서 능동적이고 수동적으로 연결된 BOSS 코드에서 학업적 행동은 전체 학생, 특히 ADHD를 가진 학생들의 행동을 예측하는 지표로서 차별화된 결과를 보이는 것을 알아냈다(DuPaul et al., 2006; Hosterman, DuPaul, & Jitendra, 2008; Vile Junod, DuPaul, Jitendra, Volpe, & Cleary, 2006).

BOSS 코드는 학업 참여의 유형을 구분하는 것 외에도 관찰자가 학생의 문제(즉, 과제 이탈) 행동을 기록하도록 요구한다. 이는 언어, 행동, 그리고 수동적인 과제 이탈의 세 가지 분류로 관찰된다. 이 각각의 행동들은 교실 관찰 동안 종종 광범위하게 문제 행동으로 눈에 띄게 나타난다. 마지막으로 BOSS 코드는 또한 교사들이 관찰(교사 중심 교수[TDI])되는 동안 부분 간격 기록 절차를 사용하여 매 다섯번째 간격마다 자료를 수집하여 학생들을 직접적으로 교수했는지 여부를 검토한다. 교사 행동은 관찰 당시 활발한 교수가 있었는지 여부를 광범위하게 평가하기 위해 기록된다. BOSS 코드를 사용하여 관찰하는 방법은 기간을 15초 간격으로 나누는 것을 포함한다([그림 7.1] 참조). 각 간격이 시작될 때, 학생의 수행 행동은 능동참여시간(AET) 혹은 수동참여시간(PET)으로 기록된다. 각 간격이 시작될 때 학생이 수행을 하지 않는 경우, 이 두 가지 모두 기록되지 않는다. 따라서 15초마다 학생들이 과제를 수행하는지 여부와 과제 집중 행동에 대해 순간 시간 표본을 사용하여 기록하게 된다. 나머지 간격 동안 관찰자는 세 가지 타입의 과제이탈 행동이 있는지 없는지(언어, 행동, 수동) 부분-간격 기록 과정으로 기록한다. BOSS에서 순간적이고 부분적인 간격 기록의 결합은 효율적이면서도 경험적으로 타당한 방법으로서 학생의 학업 혹은 과제이탈 행동을 평가할 수 있

 그림 7-1 BOSS 코드 양식의 일부 예시

Moment	1	2	3	4	5*	6	7	8	9	10*	11	12	13	14	15*
AET															
PET															
Partial															
OFT-M															
OFT-V															
OFT-P															
TDI															

는 좋은 기회를 제공한다.

BOSS 코드는 또한 관찰 데이터 수집의 매우 중요한 구성요소를 만들어낸다. 교실에서의 행동 수준에 대한 해석은 교육적 맥락에서 매우 구체적이다. 예를 들어, 한 학생이 읽기/문학 수업을 하는 동안 관찰되었을 때, 간격 중 50%의 능동참여시간(AET)의 수준을 가진 것으로 나타났다.

능동참여시간(AET)의 수준에 문제가 있는지 그리고 주의가 필요한지 충분히 이해하는 것은 교육적 맥락이 동일한 수업에서 대상이 아닌 또래와의 오직 상대적인 AET의 수준에 의해 결정될 수 있다. 즉, 같은 시간 관측된 또래의 AET가 의뢰된 학생의 관측 대비 45%일 때, 의뢰된 학생의 AET는 동료들과 상당히 다르다고 간주되지 않을 것이고 따라서 교수 기간의 맥락을 고려하였을 때 교사가 허용 가능하다고 보는 수준을 나타낸다. 반면, 의뢰된 학생의 AET 수준이 10%에 불과하고 또래는 50%라면 의뢰된 학생의 AET 수준은 일반적인 또래보다 훨씬 낮은 것으로 판명될 것이다.

규준적인 비교를 할 때 핵심은 상황에서 무엇을 기대하는지 정의하는 것을 인식하는 것이다. 학생들이 교육을 받고 있는 수업의 맥락을 벗어나는 규준적인 비교를 하는 것은 해석할 수 없는 데이터가 될 가능성이 높다. 85%의 AET+PET 수준인 학생은 교실의 규준 수준이 99%인 선생님에 의해 여전히 문제로 간주될 수 있다(즉, 동일한 교실에서 같은 교수활동에 참여하는 학생들은 평균 그 시간의 99% 정도 과제에 집중한다).

BOSS 코드에 내장된 것은 또래 규준 데이터의 모음이다. 관찰자는 매 5번째 간격마다 관찰이 의뢰된 학생으로부터 또래 아동들로 전환한다. 또래를 선택할 수 있는 방법에는 여러 가지가 있지만, BOSS 코드에 의해 추천된 방법은 각각의 또래 기록 간격을 다른 또래들로부터 체계적으로 선별하는 것이다. 또래 비교 간격의 데이터는 또래 규준으로 간주되는 것을 설정하기 위해 간격에 따라 모아진다. 각각의 또래 관찰에서 다른 학생을 사용함으로써, 관찰자는 교사가 선택하거나 무작위로 관찰자가 선택한 또래가 일반적인 수행을 보이지 않을 가능성을 제거할 수 있다.

비록 BOSS 코드가 교실 관찰에 매우 효율적인 메커니즘을 제공하지만, 이 코드는 '교사−학생' 또는 '학생−학생'의 상호작용을 체계적인 방법으로 평가하지는 않는다. 교실 행동의 상호작용 특성을 더 잘 파악하도록 설계된 다른 코드로는 주−이벤트 교실 관찰 코드(SECOS, State-Event Classroom Observation Codes, Saudargas, 1997)와 생태학적 행동 평가 시스템(E−BASS, Ecological Behavioral Assessment System, Greenwood et al., 2000)이 있다. 두 시스템 모두 BOSS보다 더 복잡하며, 자세한 방법은 이 장에서 다룰 범위를 벗어난다. 마찬가지로 BOSS 코드 사용에 대한 자세한 내용은 Shapiro(2011b)에서 확인할 수 있다.

수업 관찰의 실행 계획(logistics)

수업 관찰을 할 때는 몇 가지 중요한 실행계획에 대한 고려사항이 있다. 관찰자는 관찰을 어디에서 해야 할 지, 관찰을 얼마나 오래 해야 하는지, 그리고 관측치를 얼마나 많이 모을지를 고려해야 한다. 이러한 질문은 아동이 특수교육 적격성에 대한 결정을 촉진하는 데 효과적으로 사용될 수 있는 관찰 데이터를 얻는 데 매우 중요하다.

장소

관찰을 어디에서 해야 하는지에 대한 질문은 관찰에 의해 다루어지는 핵심 질문들에 대한 주의 깊은 검토에 의해 결정된다. 명백하게, 학생이 어려워하는 과목은 수업 관찰을 수행하는 데 초점이 되어야 한다. 만약 학생이 읽기에 있어서 학업적 어려움으로 인해 의뢰되었다면, 읽기 시간 동안의 교수 과정은 관찰의 초점이 되어야 한다. 그러나 관찰을 수행하는 곳을 결정할 때는 읽기 교수의 맥락 또한 고려해야 한다. 예를 들어, 학생의 읽기교수는 대그룹, 소그룹, 개별학습의 조합을 포함할 수 있다. 만약 학생의 읽기 행동이 이 세 가지 다른 상황에서 다르다면, 각 상황에서 관찰을 수행해야 한다. 마찬가지로, 의뢰된 학생의 문제가 읽기에만 한정되고 아동이 수학에 강하다고 보고된다면, 관찰자는 교사가 보고한 내용을 경험적으로 확인할 수 있도록 두 가지 교수 상황 모두 관찰하기를 원할 수 있다. 관찰할 "올바른" 장소를 선택하는 것은 훈련된 관찰자의 임상적 판단의 문제지만, 다양한 교육적 환경에서 아동의 행동 특징에 대한 정량적지표를 제공할 수 있는 데이터를 얻는 것에 기초한다. 서로 다른 교수적 조건(예: 집단 크기, 교수 방법)에서 얻은 데이터는 학생의 진보를 촉진하는 데 가장 효과적이거나 효과적이지 않은 조건에 대한 유용한 정보를 제공할 수 있다. 이러한 정보는 학생의 특수교육 필요성(9장 참조)을 결정하고 IEP를 개발하는 데 유용하다.

기간

두 번째 실행계획 질문은 각 관찰의 기간에 관한 것이다. 일반적으로 관찰기간은 관찰이 이루어지는 상황이 신중하게 고려되는 한, 광범위할 필요가 없다. 관찰되는 교수적 과정이 일반적인 교실 맥락에서 상당히 전형적이고 기술적으로 적합한 관찰 절차를 사용하여 행동을 기록하는 경우(즉, 서술적 기록이 아닌 경우), 10분에서 20분 정도의 관찰은 학생의 행동에 대한 적절한 관점을 포착하기에 충분하다. 관찰시간이 길수록 더 신뢰할 수 있고 잠재적으로 안정된 데이터를 얻을 수 있지만, 관찰자가 이러한 관찰을 수행하기 위해 그들의 일정에서 얼마나 많은 시간을 할애할 수 있는지에는 실질적인 제약이 있는 경우가 많다. BOSS 코드를 사용한 대부분의 연구는 보통 15분 단위로 관찰을 실시하였으며 며칠에 걸쳐 각각의 관찰자료를 수집하였다(DuPaul et al., 2006; Vile Junod et al., 2006). 임상적으로 BOSS 코드를 사용하는 사람들은 여러 주제 또는 상황에서 15~30분 정도의 관찰을 행하는 경우가 많다. 단일 관찰 회기를 얼마나 오래 관찰할 것인지 결정하는 열쇠는 해당 관찰 회기를 통해 수집된 데이터가 교실의 문제 행동을 이해하기에 충분한지 판단하는 것이다.

빈도

교실 관찰을 위해서 세 번째 고려해야 할 사항은 신뢰할 수 있고 유효한 데이터를 얻기 위해서 얼마나 많은 관찰이 필요한지 여부이다. 이에 대한 직접적인 해답은 없다. 관찰자는 수집된 데이터가 문제 행동을 나타내고 관찰이 의뢰된 문제의 성격을 포착했다는 것을 확신하기에 충분한 데이터를 수집해야 한다. 관찰 중에 수집된 데이터가 학생의 문제를 나타내는 정도를 결정하는 간단한 한 가지 전략은 관찰자가 관찰을 종료한 후 관찰한 것이 다른 수업시간에도 일반적이었는지 여부를 교사에게 물어보는 것이다. 교사들은 종종 학생들의 행동에 대해 주목할 만한 평가를 할 수 있는 사람들이고 일반적인 방법으로 학생들의 수행을 판단하는 데 매우 정확할 수 있다. 사실, 많은 연구들은 학생의 학업 행동에 대한 교사의 판단과 실제 학업 수행 사이에 강한 상관관계가 있음을 보여주었다(예: Feinberg & Shapiro, 2003, 2009). 교사가 한 수업 시간 동안 관찰한 행동이 다른 유사한 수업 시간에서의 학생의 행동과 동일하다고 나타나는 경우, 관찰자는 특정 수업시간에 추가 관찰을 행할 필요가 없다. 그러나 교사가 관찰자의 데이터 수집 중에 학생의 행동이 예외적으로 좋거나 나쁘다고 대답한다면, 유사한 수업시간을 추가로 관찰해야 할 것이다. 관찰자의 결론은 교실 관찰을 통해 수집된 데이터가 수업 시간 동안 일반적으로 보이는 학생의 행동을 나타내야 한다는 것이다.

수업 관찰을 위한 기술적 지원

지난 10년 동안 교실 관찰을 수행하기 위해 사용 가능한 기술은 상당히 증가해 왔다. 종이와 연필이 여전히 표준 도구로 남아있고 자주 사용되지만, 교실 관찰을 수행하는 능력을 크게 향상시킬 수 있는 기술 장치가 있다.

체계적인 직접적 관찰을 위해서는 타이머와 기록장치가 모두 필요하다. 스마트폰과 태블릿에는 이러한 기능들이 내장되어 있기 때문에 관찰 데이터를 수집하는 데 이상적인 장치가 된다. 스마트폰과 태블릿을 위해 개발되었거나 개발되고 있는 특정 애플리케이션을 추가하여, 교실 행동에 대한 체계적인 직접적 관찰이 일상적으로 가능하다. [표 7.1]에는 스마트폰과 태블릿에서 교실 관찰을 수행하는 데 현재 사용할 수 있는 몇 가지 애플리케이션이 나열되어 있다. 관심

표 7-2 스마트폰과 태블릿에서 수업관찰을 위해 가능한 애플리케이션

애플리케이션 이름/효용성	빈도/사건 기록 가능 여부	간격 기록 가능 여부	사용자들의 요구
BOSS App(아이폰, 아이패드, 안드로이드)(BOSS code), (2013년 초 출시) Pearson Assessment(약 $29.95) 아이튠즈 스토어에서 사용 가능	제한	가능	부분적으로 수정가능
Behavior Tracker Pro (www.behaviortrackerpro.com)(약 $29.99) 아이폰, 아이패드, 아이팟, 아이튠즈 스토어에서 사용 가능	가능	가능	전체적으로 수정가능
iBAA(아이폰 행동 사정 앱) (futurehelpdesigns.com/behavioralapps/ibaa) ($129.99) 아이튠즈 스토어에서 사용 가능	가능	가능	전체적으로 수정가능
ABC Data Pro (cbtaonline.com/drupal/abcdatapro)($.27.99) 아이튠즈 스토어에서 사용 가능	가능	가능	제한
BehaviorLens(아이패드에서만) (www.behaviorlensapp.com)($29.99) 아이튠즈 스토어에서 사용 가능	가능	가능	부분적으로 수정가능
School Psychology Tools (www.schoolpsychologytools.com)($34.99) 아이튠즈 스토어에서 사용 가능	가능	가능	전체적으로 수정가능

있는 사용자는 교실 관찰 필요에 따라 각각의 앱을 신중하게 검토해야 한다. 일부 앱은 주로 빈도나 사건 기록을 위해 설계되었으며, 다른 앱은 간격 기록에 더 중점을 두고 있다. 또한 이 밖에도 BOSS는 아이폰, 아이패드, 아이팟 터치, 안드로이드 기기용 앱으로 2013년에 출시되었다. BOSS 앱은 BOSS 코드를 내장하고 있을 뿐 아니라 사용자에 의한 추가적인 사용자 정의도 가능하다.

관찰 결과에 대한 문서화

종합 평가의 일환으로 교실 관찰을 수행할 때, 데이터는 전형적인 교실 수업 동안 학생의 실제 반응에 대한 관점을 제공한다. 다음의 예는 이러한 유형의 데이터가 종합 평가의 일부로 어떻게 사용될 수 있는지 보여준다.[1]

지난 10년 동안 교실 관찰을 수행하기 위해 사용가능한 기술은 상당히 증가해 왔다.

'3학년 학생인 Jadier는 계속되는 읽기와 문학에서의 문제로 인해 평가에 의뢰되었다. 그의 선생님에 따르면, 그는 학교 생활을 시작한 이래로 읽기와 쓰기에 어려움을 겪었으며 3학년 때부터 점차적으로 더 낮은 수행을 보였다. 반면 그의 선생님은 그가 수학과 과학을 매우 잘하며 학년 수준 이상의 수행을 보인다고 보고하였다. 관찰자가 읽기/문학 선생님을 만났을 때, 그녀는 Jadier의 행동이 종종 소집단 중재 시간과 핵심 교수 시간에서 다르다고 하였다. 관찰자는 읽기/문학의 핵심 교수 과정과 소집단 중재 시간을 모두 관찰하고 또한 수학 시간의 행동과 읽기 시간의 행동이 다른지 알아보기 위해 핵심 수학 수업시간도 관찰하기로 결정했다.'

[표 7.3]은 Jadier의 BOSS 관찰결과를 보여준다. 읽기/문학시간 BOSS 관찰 결과는 Jadier가 핵심수업 상황에서 다른 또래들에 비해 더욱 능동적이면서 때로는 수동적으로 참여하고 있음을 보여주었다. 반면, 집단 중재 시간의 경우 Jadier는 또래들에 비해 절반도 안 되는 시간 동안 능동적으로 참여했고 절반 이상의 시간을 중재 집단 활동에 수동적으로 참여하였다. 두 상황에서, Jadier는 또래들과 비슷하거나 낮은 수준의 과제이탈 행동을 보여주었다. 마지막으로, 교사 중심 교수는 두 환경에서 크게 다르지 않았다. 수학 시간 BOSS 관찰 결과는 Jadier가 또래에 비해 높은 수준의 AET 낮은 수준의 PET를 보임을 나타낸다.

---

1) Lehigh 대학교의 학교심리학 박사과정생인 Matt Gormley의 사례 사용.

표 7-3 **Jadier의 BOSS 관찰 결과**

	읽기 핵심 교수 상황		읽기 중재 상황		수학 핵심 교수 상황	
	Jadier (139간격)	또래 (34간격)	Jadier (139간격)	또래 (34간격)	Jadier (48간격)	또래 (48간격)
AET	15.11%	11.77%	16.98%	35.71%	56.25%	25.00%
PET	64.03%	52.94%	32.08%	50.00%	29.17%	33.33%
과제이탈-운동	8.63%	20.59%	5.66%	7.14%	6.25%	8.33%
과제이탈-언어	15.11%	17.65%	3.77%	21.43%	10.42%	25.00%
과제이탈-수동	12.23%	23.53%	0.00%	0.00%	2.08%	8.33%
교사 중심 교수		94.12%		92.86%		100%

Jadier는 또한 그의 학급 친구들에 비해서 낮은 수준의 과제이탈 행동을 보여주었다. 이러한 관찰에서, 교사는 모든 간격에서 TDI를 실시하였다. 특히, 교사는 다음 집단으로 이동하기 전에 각 소집단의 학생들을 몇 분 동안 지도하였다.

종합적으로, 이러한 데이터는 Jadier가 읽기/문학이나 수학 시간에서 과제이탈 행동의 비율이 높지 않으며, 그가 읽기에 비해 수학 교수에 더 능동적으로 그리고 수동적으로 참여한다는 것을 보여주는데, ㅡ이는 Jadier가 읽기/문학보다 수학 시간에 더 동기가 높고 열심히 하는 학생이라는 교사의 보고를 지지하는 것이었다.

이 사례는 행동 관찰의 결과, Jadier의 행동이 그의 전반적인 학습 과정에 영향을 미치지 않는 최선의 시나리오를 제시한다는 점에 유의할 필요가 있다. 많은 경우, 행동 관찰을 통해 수집된 데이터는 학생의 과제 이탈 행동이 교수 과정에서 유익을 얻는 학생의 능력을 방해하는 사건을 만들 수 있음을 보여줄 수 있다(9장의 추가 사례 연구를 참조). 데이터가 학습에 대한 잠재적인 방해 행동의 증거를 나타낸다면, 5장에서 논의된 바와 같이 학생의 학습 어려움이 정서·행동장애의 직접적인 기능이 아님을 효과적으로 배제하기 위해 학생의 잠재적인 행동 문제에 대해 더 깊이 있게 검토해보는 것이 중요하다.

요약

이와 같은 예에서 보듯이, 이러한 유형의 교실 관찰은 종합 평가를 통해 그려진 그림에 실질적으로 기여할 수 있는 학생에 대한 풍부한 정보를 제공한다. 데이터 중심적이고 경험적이며 객관적인 체계적 관찰은 교수적 맥락과 학생들의 행동에 미치는 영향에 대한 중요한 통찰을 제공한다. 전문가들 사이에서 흔히 사용되는 단순한 서술적 혹은 기술적 관찰은 체계적인 직접 관찰 과정이 제공하는 깊이 있는 정보를 제공하지 못하고 종합 평가에 포함하기에 충분하지 못한 것으로 간주될 수 있다.

분명히, 교실 관찰을 위한 많은 전략들과 방법이 있다. 법을 주의 깊게 읽어 보면 정책 입안자들은 학생들의 평가 기회를 제공하여 교수 상황에 대한 이해를 충분히 포함시키고자 했다는 것을 알 수 있다. 연구 결과들은 교수 과정과 환경의 특성이 학생들의 학업 결과에 영향을 미치는 데 중요한 역할을 한다는 것을 보여준다. 질 높은 체계적 직접 관찰의 중요성과 그에 쏟는 시간은 학생의 학업 능력을 평가하는 다른 모든 측면과 동일하며 최소화되어서는 안 된다.

08

RTI 시스템의
학부모 참여

8장

RTI 시스템의 학부모 참여

모든 학생들, 특히 어려움을 겪고 있는 학생들을 위해 학습을 개선하는 데 중점을 두는 전문가나 학자는 간단한 학생 평가에서 얻은 자료점을 기반으로 판단하는 것이 필수적이다. 데이터가 적절하다면 의사 결정자는 데이터를 신뢰하고 학교에서 지원수준을 결정할 때 편안함을 느낀다. 결국, 경험과 과학은 교육자들에게 학생 수행 데이터가 학교에서 교수 활동을 안내하는 데 있어 최고의 결정권자라 가르쳤다. 그러나 학부모의 경우, 학생 데이터를 기반으로 한 이러한 판단은 종종 불안감을 유발하고 심지어 혼란스러울 수도 있다.

당신이 리틀 리그 야구 경기를 보고 있다고 상상하자. 그리고 당신은 8살짜리 아이가 볼을 치려는 것을 보고 있다. 그는 코치의 말을 듣고 고개를 끄덕이며 플레이트에 서 있다. 그의 작은 팔은 올바른 위치에서 공을 치려고 노력하고 있고 경기에 완전히 집중하고 있다. 코치가 볼을 스트라이크존으로 바로 던지고, 아이는 너무 강하게 스윙해서 볼을 치지 못한다. 이 장면을 두 번 본다고 생각해 보자. 스윙 없이 몇 번의 투구가 이루어졌다. 이제 최종 투구를 위한 시간이다. 대부분의 어른들은 그 아이가 우울하고 축 처진 어깨로 선수 대기석(dugout)으로 돌아오는 것보다 성공을 경험하고 공을 치기를 원할 것이다. 학교와 그들 자녀의 학업 자료를 고려하는 학부모들은 어떤 대가를 치르더라도 실패를 피하고 싶은 열망을 느낄지도 모른다. 전문가에게 실패는 도움을 제공하거나 교육 전략을 변경하기 위한 신호일 뿐이다. 그러나 학부모에게 선별 검사 실패는 보다 더 크고 중대하게 느껴질 것이다. 예를 들어, 학부모는 좋지 않은 학업 성적이 대학에서 성공하지 못하거나 학습에 대한 열정을 키울 수 없거나 자신의 최고 잠재력을 성취하지 못할 것이라는 신호로 받아들일 수 있다.

이러한 두려움이 궁극적으로 관련이 없는 것처럼 밀고 나아가는 것은 학부모와 학교 간의 신뢰 구축에 시간을 투자하는 것보다 생산적이지 못하다. 종종 학부모는 의사 결정 과정을 늦추거나 어렵게 만드는 것으로 간주되며, 이는 학부모가 자녀의 삶에서 하는 주요한 역할을 불명예스럽게 하고 궁극적으로 학교 기반 중재의 결과를 약화시킨다. 최악의 경우, 초기 단계부터 학부모와 적극적으로 협력하지 않으면 궁극적으로 모든 사람에게 도움이 되지 않는 적대적인 관계를 초래할 수 있다.

대부분의 장소에서 RTI의 생산적인 학교−가정 파트너십을 구축하는 데 극복해야 할 몇 가지 장애물이 존재한다. 당신이 받은 의료 검사 결과를 얻기 위해 의사에게 방문했을 때의 기분을 상상해보라. 그 의사는 아마도 바쁘기 때문에 3분 정도 검사실에 들어와서 당신이 이해하기 힘든 언어로 검사 결과를 설명해주고 전문의와 후속 조치를 취하라고 이야기한다. 의사는 당신이 질문을 하기 위해 생각을 모으기 전에 사라질 수도 있다. 마찬가지로, 학교에서 종사하는 전문가들은 그들의 무신경한 "진료행위"를 주의 깊게 관찰해야 한다. 전문가는 학부모와 이야기할 때 전문 용어(jargon)를 사용하지 않아야 한다. 우리가 "DIBELS", "절단점", "기준점", "충실도"와 같은 용어를 사용하면 학부모들에게는 외국어처럼 들릴 수 있고 해당 용어들은 우리가 의도하는 것보다 훨씬 더 "큰 부담"(high−stakes)으로 다가올 수 있다. 어려운 기술적 언어를 사용하면 학부모들은 이해하는 데 어려움을 겪고 고립되었다는 느낌도 받을 수 있다. 둘째, 학부모가 학교에 면담하러 왔을 때, 특히 학부모가 많은 질문을 하거나 학교의 요청에 매우 민감하거나 협조적이지 않다고 인식되면 교직원은 담을 쌓는 경향이 있다. 전문가는 학부모가 10−15명의 낯선 교직원이 있는 방에 들어가서 자녀에 대해 민감한 정보에 대해 의사소통할 때의 느낌을 고려해야 한다. 학교 관계자의 수는 토론에 가장 필수적인 사람들로만 제한되어야 한다. 셋째, 교직원은 학부모와의 토론을 통해 중재 계획에 도움이 되지 않는 영역으로 진입해서는 안 된다. 학부모는 자녀의 약점에 대해 책임이 있다는 관념에 매우 민감하다. 중재 계획과 당장 관련이 없는 질문(예: 임신이 정상이었는지 여부)을 하는 것은 학부모로 하여금 전문가가 의도하지 않은 인과 관계를 만들게 한다. 교직원은 과제에 대한 토론을 유지하고 효과적인 중재 계획에 중점을 두어야 하며 필요에 따라 조정하기 위해 중재의 영향을 상시 모니터링 해야 한다.

> 단계적 중재 시스템과 어려움을 겪고 있는 학생들에게 그것이 어떤 의미인지에 대해 학교공동체의 이해를 구축하는 것이 학교의 임무이다. 그럼으로써 학부모는 완전한 심리평가가 중요하지만, 이것이 학업적 실패의 위험이 있는 학생을 돕기 위한 시작점이 아니라는 것을 이해할 수 있다.

거의 모든 학교에는 학교−학부모 회의에서 작용하는 힘의 불균형이 존재하지만 전문가는 RTI 데이터를 수집하여 효과적인 가정−학교 파트너십을 만들 수 있다. 데이터가 전문적이지 않은 용어로 설명될 때, 학부모는 판별 및 중재 계획 절차가 투명하고 반복 가능하며 이해할 수 있는 과정임을 이해하게 된다. 많은 학부모들은 수년 동안의 경험으로 자녀를 '돕는' 유일한 방법은 평가를 통한 것임을 알게 되었을 것이다. 따라서 학부모는 평가를 원하며 학교는 평가가 불필요할 수 있고 학습 향상에 도움이 되지 않으며 궁극적으로 모두에게 시간 낭비가 될 수 있다는 좌절감을 느껴 학부모와 학교 간 소통의 분위기는 처음부터 적대적일 수 있다. 단계적 중재 시스템과 어려움을 겪고 있는 학생들에게 그것이 어떤 의미인지에 대해 학교공동체의 이해를 구축하는 것이 학교의 임무이다. 그럼으로써 학부모는 완전한 심리평가가 중요하지만, 이것이 학업적 실패의 위험이 있는 학생을 돕기 위한 시작점이 아니라는 것을 이해할 수 있다. 아동이 교수에 반응하지 않을 때, 첫 단계는 아동에게 어떻게든 결점이 있다고 결론 짓기보다는 교수를 바꾸는 것이 학교의 역할이다.

우리는 "처음부터 다시 시작하자"라는 보다 직접적인 접근 방법을 제안한다. 팀의 가정은 다음과 같다: 모든 아동은 올바르게 교육을 받으면 학습할 수 있다. 교육 실패는 드문 일이 아니며 학생의 20% 정도는 최적의 성장을 보이기 위해 교실에서 제공되는 것과 다른 교육이 필요하다. 교수의 실패가 확인되면(즉, 부진하면) 중재가 필요하다. 대부분의 중재는 잘 적용되었을 때 효과적이다. 중재가 사용됨에 따라 데이터는 정기적인 간격으로 수집되어 어른들이 중재가 계획대로 이루어지는지 확인할 수 있다. 중재가 효과적이지 않은 것으로 나타나면 데이터 팀이 중재를 조정한다. 목표는 아동이 학교에서 장기적인 성공에 이르게 하는 교육 기법 및 전략을 찾는 것이다. 이러한 직접적이고 실용적인 접근은 가족들의 궁극적 목표와 일치한다([표 8.1] 참조). 또한 학교 시스템은 커뮤니티 및 학교 토론회, 학교 웹사이트 및 뉴스레터를 통해 단계적인 또는 RTI 시스템의 효과에 대한 데이터를 공유하는 것이 좋다. 이 장에서는 긍정적인 학부모-학교 RTI 파트너십을 구축하기 위해 학교 시스템에서 취해야 할 구체적인 과정에 대해 설명한다.

표 8-1   가족의 전형적인 목표 및 필요

가족들이 원하는 것들	가족들이 알고 싶어하는 것들
• 학습 향상 • 투명한 의사결정 • 적극적인 문제해결 체계 • 자원의 효율적 활용	• 우리 아이의 성적은? • 무엇을 다르게 했는가? • 어떤 효과가 있었나? • 다음에는 무엇을 하는가?

보편적 선별 검사 결과에 대해 학부모에게 조언하기

보편적 선별 검사 결과에 대해 부모에게 알리는 것은 선별 검사를 실시하기 전에 시작된다. 학교는 학년 초 학부모회의(소위, 학부모 오리엔테이션) 시 학부모에게 정보를 제공해야 한다. 학부모가 알아야 할 점은 학교가 대부분의 학생들이 예상대로 학습하는지 또는 교육 프로그램 조정이 필요한지를 이해하기 위해 정기적인 평가를 실시하고 있다는 것이다. 학교는 학업 선별 검사를 소아과를 방문하여 정기적으로 키와 체중을 검사하는 것과 유사하다고 설명할 수 있다. 선별 검사는 학교 지도자들과 교사들에게 아동이 기대에 따라 학문적으로 성장하고 있는지를 알려주기 위한 것이다. 문제가 확인되면 학교는 학급, 소그룹이 필요한 경우 학생 개인을 위한 개별 중재를 계획하고 실시한다. 학부모에게는 해당 학년에서 기대되는 것, 특히 1년 동안 3회의 선별 검사가 실시될 것이며(문제가 발견될 경우 더 많은), 신뢰할 수 있고 유효한 평가가 사용되고 결과를 학부모에게 알리며, 아동이 중재에 참여할 경우 학부모에게 정보를 제공하고 참여하도록 안내할 것임을 알려준다. 국립학습장애센터(National Center for Learning Disabilities)는 인터넷에서 무료로 이용할 수 있는 "RTI에 대한 학부모 지침서"라는 문서를 마련했으며, 다음 사이트에서 이 자료를 확인할 수 있다(www.ncld.org/checklists-a-more/parent-advocacy-guides/a-parent-guide-to-rti). 이 자료는 학부모를 위해 인쇄되거나 학교 웹사이트에서 링크로 제공될 수 있다.

요약하자면, 선별 검사가 이루어지기 전에 학교는 학부모와 함께 어떤 데이터가 수집되고 학교에서 교수를 향상시키고 모든 학생들을 위한 학습 결과를 산출하는 데 사용되는 데이터에 대한 토대를 마련한다. 학교가 선별 검사에 대해 긍정적인 분위기를 유지하는 것이 중요하다. 즉, 데이터 사용 방법을 명시하고 솔직하게 데이터의 한계를 인정하는 것이다. 예를 들어, 전형적으로 선별 검사 데이터는 진단적인 것이 아니며 왜 아동이 기대되는 수준에서 수행하지 못하는지 사용자에게 알려주지는 않는다. 그러나 선별 검사 데이터는 개선이 필요한 조직적인 문제가 있는지 여부와 개별 학생이 추가 지원이나 중재를 받지 못하면 실패할 가능성이 있는지를 판단하는 데 매우 효율적이다. 교사가 데이터의 가치와 사용 방법을 이해할 때만 학교와 학생을 위한 데이터의 의미에 대해 부모와 잘 의사소통 할 수 있다. 교사는 유용한 평가 정보와 생산적인 교수 목표를 완전히 이해해야 하며 또한 선택된 측정 도구의 기술적 타당성(즉, 의미가 있다는 것), 의사결정에 사용되는 방법 및 평가 시간을 가능한 효율적으로 관리하는 방법을 이해하는 것이 중요하다. 데이터 팀 및 학교 지도자는 검사를 실시하고 학년 초의 교사 회의 중 검사 결과를 검토해야 한다. 교사는 질문을 하고 학년 중에 사용되는 모든 평가에 대한 우려에 대처할 기회를 가져야 한다. 학교에서 교사가 평가 절차에 대해 충분히 이해하고 있는지 확인하지 못하면 교사는 데이터를 잘 사용하지 않고 평가절차에 대한 우려를 부모와 공유하는 경향이 있다.

선별 검사가 시작되기 전에 완료해야 할 단계가 하나 더 있다. 학교가 현장 리더십 팀 또는 유사한 방식으로 학부모 대표를 두지 않는 경우, 학교는 매년 학교의 목표와 우선 순위를 설정하고 목표를 향해 진행 상황을 평가하는, 학교장이 주도하는 학교 차원의 팀에 대한 학부모 대표를 준비해야 한다. 예를 들어, 지역 사회의 후원금 지원이 필요할 때 최소한으로 학부모를 참여시키는 경향이 있다. 그러나 진정한 학교-학부모 파트너십은 학교가 직면한 어려움이 분명해지고 시정 조치가 계획되고 후속 회의에서 개선 효과가 검토되는 회의 테이블에 부모가 참여할 때만 가능하다. 이러한 리더십 팀 회의는 학교 전체의 학생 수행 그래프를 공유하고 해당 데이터를 학년도 교육 계획에 명시적으로 연결하는 이상적인 장소이다. 이러한 회의에서 공유되어야 하는 교육 프로그램 효과에 대한 데이터는 아래에서 논의된다. 중요한 것은, 이러한 회의들은 이해관계자와 리더가 학생 데이터 및 기타 정보 출처를 조사하고 질문할 수 있는 기회를 제공한다. 예를 들어, 학부모는 더 우수한 학생들의 요구가 충족되고 있는지 궁금해 할 수 있다. 해당 질문은 데이터 팀이 해당 질문을 보고 다음 학부모 회의에서 답변을 제공하는 데 필요한 데이터를 수집하기 위한 액션 플랜이 된다. 이러한 회의는 두 가지 목표를 달성한다. 첫째, 회의는 다른 학부모 및 지역 사회 구성원과 공유할 수 있는 정보를 제공한다. 둘째, 회의는 학업 향상 계획을 수립하고 개선하기 위한 형성 과정이다.

학부모들에게 제공해야 할 데이터

선별 검사

선별 검사 후에 부모에게 제공해야 하는 데이터에는 두 가지 유형이 있다. 첫째, 학부모들은 학교 전체적으로 교육의 일반적인 효과를 보여주는 투명한 데이터 관점을 높이 평가할 것이다. 교장은 [그림 6.6]과 [그림 6.7]에서 묘사된 것처럼, 내용 영역의 성적에서 부진한 학생들의 비율을 그래프로 생성하고 공유할 수 있다. 학부모에게는 매우 높은 수행 수준을 보이는 학생들에 대한 교수가 도전적이고 가속화될 수 있도록 교사가 어떤 조치를 취할 것인지, 그리고 위험에 처한 학생들에게 보다 효과적인 교수를 제공하기 위해 어떤 조치가 취해질 것인지를 알려야 한다.

학부모에게 제공되어야 하는 두 번째 유형의 데이터는 자신의 자녀를 "위험군" 또는 "일반군"으로 판단하는 데이터다. 이러한 데이터를 학부모에게 전달하는 가장 간단한 방법은 [그림 8.1]에서와 같이 다른 학생의 이름이 제외되거나 가려진 상태로 학급 전체의 수행 그래프를 제공하는 것이다. 이를 통해 학부모는 자녀가 기준점 또는 검사 선별 기준에 따라 어느 수준에 위치하는지, 그리고 자녀가 학급 내 다른 모든 학생들과 비교하여 어디에 위치하는지 한눈에 파악할 수 있게 된다. 아동이 위험 범위 내에서 수행하고 있다면, 교사는 학부모에게 전화하고 선별 검사 데이터 보고서에 그 다음 주에 후속 평가가 실시될 것이며 필요하다면 학생에게 추가적인 지원인 중재를 제공하기 위한 계획을 논의하기 위해 학부모 방문을 요청할 것이라는 알림장을 작성하는 것이 좋다. 학부모에게 기준점이 어떻게 확인되며 그것이 무엇을 의미하는지 설명하는 것이 유용하다.

그림 8-1 **검사결과 사례**

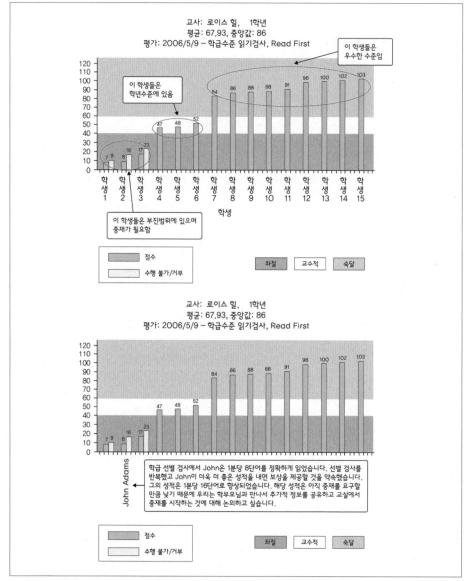

상단 패널은 학급 선별 검사 데이터가 학부모에게 어떻게 해석될 수 있는지 보여준다. 하단 패널은 학급 선별 검사 데이터를 개별 아동의 학부모와 공유하는 한 가지 방법을 보여준다. 이 경우에는 "John Adams"라는 가상의 사례를 제시하였다.

예를 들어, 기준점은 3학년 말에 아동이 고부담 읽기 검사를 통과할 확률이 100%임을 학부모에게 설명하는 것이다. 기준점은 중재가 필요한 아동들이 누락되지 않도록 설정되었지만, 중재를 받고 있든 아니든 실제로 잘할 수 있는 많은 아동들이 중재가 필요한 것으로 간주될 수 있다고 학부모에게 설명할 수 있다. 중재에 대한 후속 평가를 통해 학교가 성공을 위해 진정으로 중재가 필요한 학생만을 정확히 찾아낼 수 있다는 정보를 학부모에게 알려줄 수 있다. 불필요한 중재를 제공하는 데 소요되는 시간은 심화학습, 동아리활동, 속진학습에 참여할 기회 등 아동이 경험할 수 있는 다른 교육 기회에 대한 시간 손실이기 때문에 중재 필요성에 대해 정확하게 알고 있어야 한다. 학부모와 학교가 공유해야 할 또 다른 중요한 주제는 효율적인 평가와 중재라는 개념이다. 효율성은 궁극적으로 아동을 위한 더 풍부하고 전반적인 학교 경험을 제공하기 때문에 개별 학생에게 중요하다. 학부모와 학생들의 선별 검사 데이터를 공유하는 데 있어 학교의 또 다른 옵션은 각 학생과 함께 집으로 보내는 서면 요약본을 준비하는 것이다. 이러한 요약본의 예시는 [양식 8.1](이 장의 마지막 부분)에 제시되어 있다.

중재 계획 및 후속 조치

중재할 아동들이 확인되면, 학부모는 중재 계획에 대한 요약본과 중재 프로토콜 사본을 받아야 한다. 학부모에게 누가 중재를 하는지, 언제 중재를 하는지, 그리고 주당 몇 번 중재를 하는지 알려야 한다. 데이터 팀은 학부모에게 중재 동안의 진전도 결과 자료를 매주 보낸다. 중재가 진행되는 동안 학부모는 학생의 진전도 그래프와 중재가 효과적이며 다음 주에도 중재가 지속될 것이라는 내용의 알림을 받는다. [양식 8.2]와 [양식 8.3](이 장의 마지막 부분)은 중재에 대한 정보를 학부모에게 전하기 위해 가정으로 보낼 수 있는 편지의 예시를 보여준다. [그림 8.2]는 중재 과정이 어떻게 부모들과 공유될 수 있는지에 대한 모델을 제공한다. 이 그림은 수학 개별 중재를 받은 학생의 진전도를 보여준다. 그래프는 매주

그림 8-2 학부모들과 중재과정을 공유할 수 있는 방법에 대한 모델

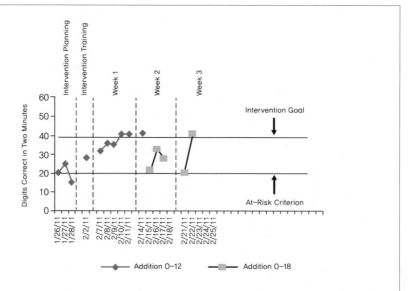

1주차: Allison은 이번 주에 급속한 발전을 보였고 0-12 더하기에 대한 목표를 넘어섰습니다. 월요일에 하루 더 중재를 계속할 것이고 점수가 목표 이상으로 유지된다면, 우리는 중재 자료의 난이도를 높이고 일주일 더 진행할 것입니다.

2주차: 이번 주에 난이도를 0-18의 더하기로 높였습니다. Allison은 금요일이 야외 견학일이었기 때문에 이번 주에 3일만 중재했습니다. 다음 주 중재에서 Allison의 현재 기술을 계속 지도할 것입니다.

3주차: Allison은 급속한 발전을 보였고 이틀만에 중재 목표에 도달했습니다. 우리는 교실에서 그녀의 진전도를 모니터링하여 Allison의 성공을 계속 유지시킬 것입니다.

중재 중 Allison의 진전도는 매주 학부모님과 공유할 수 있으며 중재가 완료되면 기록을 영구 보관한다.

학부모에게 전달되고, 다음 주 중재가 어떤 내용인지 학부모가 예상할 수 있도록 간략한 요약이 앞면에 제시된다.

중재 팀에 학부모 참여하기

효율성과 실용성의 문제로써 중재 수행에 대한 책임은 학교에게 있다. 학교는 모든 학습자의 요구를 충족시키기 위해 교수를 조정해야 할 책임이 있다. 아이들은 일정과 수업 일과 준수가 일관된 수업 전달을 조장하는 학교에서 대부분의 하루를 보낸다. 교사는 모든 학생들이 학습할 수 있도록 훈련을 받고 임무를 부여받는다. 따라서 학교에서는 학교 기반의 중재가 이루어져야 한다. 그러나 학교는 학부모를 중재 팀의 일원으로 참여시키기 위한 노력을 해야 한다. 학부모 참여를 위한 토대는 중재 필요성이 확인되기 훨씬 전에 시작된다. 학부모에게 자녀의 중재를 요청하기 전에 학부모는 학교 선별 검사의 목적과 학교 시스템 수준의 문제가 있는지 여부를 이미 이해하고 있어야 한다. 학부모는 학교의 모든 학생들의 학습 성과를 향상시키기 위한 노력에 대해 정기적으로 업데이트해야 한다.

> 학교는 학부모를 중재 팀의 일원으로 참여시키기 위한 노력을 해야 한다.

학부모에게 학생 평가 데이터가 중재 계획 수립에 사용되는 데이터 팀(특히 Tier 3에 있는)과 중재가 성공적이었는지에 대한 최종 결정이 내려지는 데이터 팀에 참여하도록 요청해야 한다. 학부모에게는 수집된 평가 자료에 대한 서면 요약본과 학생 중재 진전도 그래프가 제공되어야 한다. 최종 데이터 팀 회의의 목적은 중재가 성공적이라고 결정된 학교에서 계속 학습하고 더 많은 학습 효과를 얻을 수 있는 전략에 대해 논의하는 것이다. 집중중재 및 데이터 기반 조정에도 불구하고 중재가 성공적이지 않은 경우, 팀은 적격성 평가에 대한 학부모의 허가를 요청하여 잠재적으로 다른 배제요인을 확인한 후에, 특수교육을 통해 제공될 수 있는 보다 집중적인 교육 서비스를 제공할 수 있도록 고려해야 한다.

중재에 학부모 참여하기

마지막 부분에서, 우리는 학교에서 학교-기반 중재가 수행되어야 한다고 주장했다. 학교 기반의 중재를 수행하는 책임은 주로 학교의 손에 맡겨야 한다. 그러나 많은 경우 학부모는 보다 강력한 중재를 설계하고 전달하는 데 필요한 재능과 자원을 가질 수 있다. 개별 아동이 Tier 2 또는 3 중재가 필요하다고 확인되면, 학부모는 중재 프로토콜의 사본, 자녀의 진전도 상황에 대한 주간 보고서, 학교에서의 중재 효과를 보완하고 강화하기 위해 가정에서 사용할 수 있는 전략을 제공받아야 한다. 학생이 참여하도록 동기부여를 받을 수 있고 부모가 큰 어려움 없이 그러한 기회를 줄 수 있다면 추가적인 연습을 제공하기 위해 가정에서 사용할 수 있는 다양한 웹 기반 도구들이 있다(예: www.spellingcity.com, www.ixl.com).

> 학부모에게는 집중 중재를 계획하고 실시할 수 있는 재능과 자원이 있다.

중재 데이터는 학교가 부모들에게 성인의 작은 도움만으로 성공적으로 완성할 수 있는 교육 자료를 제공할 수 있도록 하기 위해 어떤 자료를 집으로 보내야 하는지 알려줄 수 있다. 숙제는 이상적으로는 자녀가 정확하고 독립적으로 수행할 수 있는 과제와 자료를 사용해야 한다. 읽기 영역에서, 평가 자료를 통해 자녀의 숙달수준을 알면 학교는 자녀가 성공적으로 읽을 수 있는 도서와 자료를 학부모에게 제공할 수 있다. 숙제를 능숙하게 읽기 위해서 학교에서 배운 기술을 연습할 수 있게 해야 한다. 새로운 기술을 배우는 기회가 되어서는 안 된다. (일부 학교는 가정에서 사용할 수 있는 시범 수업을 제공하는 Kahn Academy[www. kha-nacademy.org]와 같은 인터넷 기반 교육 사이트를 활용하고 다음 날 수업에서 교사들이 후속 활동을 제공하여 성공을 거두고 있는 것으로 알려져 있다). 아동이 학습된 학업 기술을 연습하는 것을 돕는 것 외에도, 학부모는 특히 행동 문제를 다루는 중재를 가정에서도 실시해야 한다. 종종 학교에서 정한 행동 목표는 가정에서도 이행되어야 하며 학부모는 적절한 학교 행동을 위해 가정에서 강화를 제공함으로써 학교의 긍정적인 행동 지원 프로그램에 참여할 수 있다.

학부모에게 충분하고 개별화된 평가에 참여할 수 있는 권리를 알리기

학부모는 학교 시스템을 통해 충분한 개별화 평가를 위해 의뢰할 권리가 있음을 알고 있어야 한다. 일부 학교 시스템은 특정 지역 규칙에 따라 이 요구를 해석하지만(예: 부모 요구는 항상 즉각적인 평가 의뢰와 함께 존중된다), IDEA를 통해 보장되는 자격은 학부모가 평가를 요구할 경우, 학교 기반 평가팀이 가용한 자료에 근거하여 적격성 평가가 필요한지 결정해야 한다.

많은 전문가와 학부모가 이해하기가 어렵지만, 부적절한 평가가 내려지면 진단 오류의 위험이 높으며, 이 오류는 학생에게 해를 끼칠 위험이 있다. 이러한 이유로 학부모는 적법 절차 권리(정당한 법 절차를 누릴 권리)를 가지고 있다. 대신, 학부모와 많은 전문가들 사이에서 평가는 위험이 거의 없다는 믿음이 종종 있으며, 개별화 평가는 종종 최종 예방 조치로 간주되며 "검사를 실시하고 실제로 무엇이 진행되고 있는지"에 대한 팀의 결정에 반영된다. 측정학적 적합성(검사에 대한 신뢰도와 타당도) 및 치료적 효용성에 근거하여 생각해보면, 검사 데이터가 학생들을 위한 결과를 향상시킬 것이라는 이러한 믿음은 그야말로 비현실적이다. 따라서 개별화 평가 자체로는 역부족이다. 의학에서 질병 상태가 의심되는 경우가 아니라면 진단 검사를 시행하지 않는다. 왜? 검사가 오류율을 지니고 있기 때문에, 위험 기준을 충족시키지 못하는 사람들에게 검사를 사용하면 오류율이 높아지고 그 결과로 진단을 받는 사람들에게는 부작용이 발생할 위험이 있다 (VanDerHeyden, 2011). 예를 들어, 맹장염은 수술을 통해 맹장을 제거함으로써 진정으로 진단할 수 있다. 그러나 복부 통증을 앓고 있는 모든 개인으로부터 맹장을 제거하는 것이 합리적이지 않기 때문에 진단 검사는 맹장염의 높은 가능성을 나타내기 위해 사용된다. 이러한 진단 검사에는 특히 CT(computed tomography) 검사가 포함된다. CT 스캔은 "올바른" 증상이 있는 사람에게 사용하면 꽤 정확하다. 문제는 진단가가 증상, 과거력 및 신체검사 소견에 상관없이 의료기관에 도착한 모든 사람에게 CT를 실시하고 싶을 때 발생한다. 임의의 검사에서 발생하는 거짓 긍정 및 거짓 부정 오류가 어느 정도 존재하며, "실제" 맹장염에 대한 확률이 있는 집단(즉, 그들은 다른 잠재적인 원인 없이 맹장염의 증상이 활발하다)에 검사를 실시하는 것보다 모두에게 검사를 실시하는 경우 오류율이 훨씬 더 높다. 두 번째, 이 검사는 방사선 노출의 부작용을 가져오고 환자의 안전을 위해 그 상태를 배제해야 하는 경우에만 정당화 될 수 있다. 셋째, 진단은 환자에게 위험을 초래하는 수술로 이어진다.

이 의사결정 패러다임은 우리가 맹장염에 대해 이야기하든지 특정학습장애에 관해 이야기하든지 간에 동일하다. 우리가 사용하는 검사는 거짓 긍정 오류(아동이 실제로 특정학습장애가 아닐 때 특정학습장애를 진단) 및 거짓 부정 오류(아동이 실제로 특정학습장애일 때 특정학습장애를 진단하지 못함)의 위험을 초래한다. 이러한 검사(진단, 진단하지 않음)를 기반으로 한 결정은 또한 학생들에게 결과를 초래한다. 그러므로 적절한 평가를 실시해야 한다.

학생의 권리를 보호하기 위해서, 학교는 학년 중에 내려진 결정과 그 결정이 미치는 영향에 주의를 기울여야 한다. 검사의 중재가 필요한 학생들을 어느 정도로 정확하게 측정할 수 있는가? 시간이 지남에 따라 중재가 학생의 실패 위험을 어느 정도로 감소시킬 수 있는가? 얼마나 많은 학생들이 Tier 2와 3에서 중재를 받는가? Tier 2와 3에서 성공적으로 중재를 받는 학생들의 비율은 얼마나 되는가? 중재를 시작하고 나서부터 중재에 성공하는 최종 결과에 도달하기까지 평균 시간은 얼마나 걸리는가? 중재를 받는 학생들은 계속되는 학기와 학년 동안에도 더 학업이 우수한가? 의사결정의 오랜 지체는 RTI가 잘 실행되지 않았다는 위험신호이다. 학교 시스템은 종합적인 개별화 평가가 지속되는 저조한 수행에 대한 다른 원인(예: 감각 결함, 지적장애)을 배제하고 학생에게 효과적인 교육을 제공하기 위해 필요한 장기적인 중재를 돕기 위해 유용한 정보를 제공하는지에 관해 한 학기 내에 결정할 수 있어야 한다.

또한 학부모는 초기 데이터 팀 회의에서 수집된 데이터가 학생의 중재 및 교육 계획에 사용되며 이러한 데이터는 중재하는 동안 배운 내용에 따라 종합적인 개별화 적격성 평가의 일부가 될 수 있음을 이해해야 한다. 학부모는 개별화 평가를 위한 공식적인 의뢰를 하기 위해 서명된 동의서가 필요하고 RTI 과정이 진행되면서는 평가 데이터가 가장 의미 있으며 RTI 과정에서 수집된 데이터는 평가 및 적격성 결정에 관한 정보를 제공하고 부모는 중재 중 그에 대해 매주 통보받으며 최종 데이터 팀 회의에 초대되어 중재 결과를 논의하고 다음 단계를 계획한다. 여기서 제안하는 단계는 단계적 시스템(RTI)에서 연속적인 중재를 제공함으로써 일부 부모가 장애 아동을 판별하는 데 과도한 지연을 초래했다고 설명하는 문제를 피하기 위해 고안되었다. RTI를 사용하는 학교는 특수교육 및 학력보충 서비스국(OSERS; 2007a)의 서한에 설명된 대로 신속한 평가와 장애 상태에 대한 잠재적 판별 및 특수 교육의 필요성에 대한 부모의 권리를 부주의하게 거부해서는 안 된다. 위에서 설명한 바와 같이, 진전도 모니터링 데이터를 주의 깊고 신중하게 분석하며 이 정보를 학부모에게 적시에 전달하여 이 문제를 적절히 다루어야 한다.

평가를 위한 학부모 동의 구하기

다시, 평가를 위한 기초 작업은 학교 전체의 선별 검사에서 시작하여 중재 과정을 통해 계속된다. 학부모에게 종합적인 적격성 평가에 대한 동의를 구할 때, 학부모는 학교에서 실시하는 일관되고 집중적인 중재 노력에도 불구하고 자녀가 학업 실패의 위험을 계속 나타냈음을 이해해야 한다. 학부모는 학교와의 정기적 의사소통이 중재 결과를 보여주기 때문에 교육적으로 뭔가 다른 것을 할 필요가 있다는 것을 인식해야 한다. 평가의 근거는 부적절한 교육이 부적절한 수행의 원인으로 배제되었기 때문에 아동이 특수교육을 통해 보다 집중적인 중재 서비스를 받을 수 있도록 특정학습장애 여부에 대해 신뢰할 수 있는 진단 결정을 내리기 위해 고안된 종합 평가를 실시하는 것이 바람직하다. 의뢰 전에 데이터를 수집하기 때문에 특수교육 서비스를 받을 수 있는 자격을 갖춘 학생의 비율이 증가하거나 매우 높게 유지되어야 한다(예: 90% 이상, VanDerHeyden et al., 2007). 이전 장에서 설명한 바와 같이, RTI를 사용하는 학교에서 허용하는 평가에는 많은 새로운 평가가 포함되지 않을 수 있는데, 특히 RTI(준거 2)보다는 능력－성취 불일치를 사용하는 전통적인 시스템에서 널리 사용되는 검사가 포함될 수 있다. RTI 시스템에서 허용하는 평가는 단계적 지원(3장과 4장 참조)을 제공하는 동안 수집된 데이터의 사후분석과 다른 조건을 배제하는 기술들을 포함할 수 있다. 지적장애가 제외될 필요가 없는 한 지능검사 실시 허가 요청을 포함하지 않을 것이다.

RTI를 사용한 종합 평가 결과 설명

우리는 특정학습장애 진단을 위해 혈액 검사를 하지 않는다. 우리는 아동이 특정학습장애를 "실제로 가지고 있는지", "실제로 가지고 있지 않은지"를 진정으로 알 수 없다. 따라서 특정학습장애는 학습 부진의 다른 원인을 체계적으로 검사하고 배제하는 경우에만 도달할 수 있는 진단이다. 따라서 특정학습장애는 흔히 "제외 진단" 또는 "배제 진단"으로 불린다. 특정학습장애를 가진 학생을 판별하기 위해서, 평가팀은 학생이 수행 수준과 향상률에 결함이 있다는 증거를 제공해야 하며, 다른 조건을 배제해야 한다. 종합 평가 과정에서 수집되고 문서화 된 이러한 모든 자료는 서면 보고서(9장 참조)와 직접 대면 회의를 통해 의미 있는 방법으로 학부모에게 제공되어야 한다.

이러한 정보를 제공하는 것 외에도, IDEA 규정은 학생의 학업 실패의 이유로서 적절한 교수의 부족을 배제해야 한다는 요구사항과 관련하여 학부모와의 의사소통에 특히 중점을 두고 있다. 핵심 교수 및 보충 중재(RTI 데이터 포함) 중에 수집된 정보는 이러한 결정을 내리는 데 중요하며, IDEA는 이 정보를 학부모에게 전달해야 한다고 규정한다. 특히, 학년과 학급에서 대부분의 학생들이 미래의 학습 성공을 예측하는 벤치마크 기준 이상으로 수행한다는 데이터가 제시되어야 한다. 의뢰된 아동이 그 벤치마크 기준을 밑도는 성적을 보였고 자신의 반에서 가장 성적이 낮은 학생 중 하나임을 나타내는 데이터가 제공되어야 한다.

교육 데이터는 효과적인 핵심 교수 프로그램이 충분히 제공되었으며, 향상된 수행에 대한 보상의 사용이 학생의 점수를 기준 이상으로 높이지 않았고, 연구 기반 Tier 2 중재를 충분히 성실하게 제공한 것이 학생의 점수를 기준 이상으로 높이지 않았으며, 올바르게 지원되고 잘 실시된 Tier 3 중재가 학생의 점수를 기준으로까지 높이지 않았다는 것을 입증해야 한다. 이 데이터는 특정학습장애 진단에 대한 증거를 제공하며 낮은 학업 성취의 원인으로 적절한 교수의 부족을 확실하게 배제할 수 있는 유일한 방법이다. 가장 중요한 것은, 이 정보를 학부모에게 충분히 구체적으로 전달함으로써 IDEA 규정을 의미 있게 준수할 수 있다는 것이다.

요약

많은 학교에서, 학교의 바람과 가족의 바람 사이에는 갈등이 있었다. 학교는 모든 학생들, 특히 취약한 학생들의 점수를 올리기를 원하는 경향이 있다. 학교는 부정적인 연간 진전도(AYP)를 보이는 것을 피하고자 하며, 부모와 지역사회가 학교에 대한 신뢰를 갖기를 바라고, 모든 아이들이 핵심 교수 과정에 접근할 수 있기를 원하며, 그들의 법적 의무를 이행하기를 원한다. 반면에 학부모들은 종종 더 넓은 관점을 가지고 있으며 자녀가 학교에서 행복하게 지내고 인생에서 성공할 수 있는 기술을 배우며 평생 동안 배움에 대한 즐거움을 키우고 균형 잡힌 독립적인 시민으로 성장할 수 있기를 바란다. 결국, 교직원과 학부모는 학생의 학문적 성공과 정서적 행복이라는 공동의 목표를 추구하는 데 있어 조화로운 관계를 원한다. 불행히도, 수년 동안 학교의 교육자 및 기타 조력 전문가들은 이러한 목표를 달성하지 못한 학교 시스템의 일부였다. 첫째, 학부모들은 대부분의 경우 많은 시험이 아이의 학습 결과를 변화시킨다는 근거 없는 신념을 가지고 있다. 이러한 믿음은 많은 부모들이 자녀들에게 많은 시험을 요구하도록 한다. 현재의 최선의 실제는 효과적인 교수가 제공되지 않았을 때 많은 시험은 도움이 되지 않으며, 실제로는 이익보다 해를 끼칠 수 있다고 대부분의 교사들은 말한다. 둘째, 일부 학부모는 특수교육을 통해 제공된 교수가 일반교육을 통해 제공되는 교수보다 우수하고 더 좋은 결과를 제공할 것이라고 믿게 되었다. 이러한 믿음은 연구 결과에 의해 뒷받침되지 않지만, 평가 과정의 문지기로서 대안적인 관점을 제공하려고 노력하는 전문가들은 많은 시험과 평가를 실시하여 특수교육을 받을 자격이 있는 아동을 찾는 일을 회피하려고 하는 것으로 인식될 수 있다.

　RTI의 등장은 이런 구도를 뒤바꿀 수 있는 기회를 제공하지만, RTI 그 자체가 더 생산적인 학부모－학교 파트너십을 보장하지 않는다. 언제 학생을 평가할 것인지 그리고 어떤 서비스를 제공할 것인지에 대한 개념을 바꾸는 것은 서비스가 일반교육을 통해 제공되든 특수교육을 통해 제공되든 학생의 학습이 향상될 때까지 데이터에 기반한 평가 팀에 의한 결정이 계속될 것을 보여주기 위해 시간과 신뢰 구축이 필요하다. RTI를 통해 학교－가정 파트너십을 구축하는 데 많은 시간을 할애하는 것은 많은 이점이 있다. 학생 데이터는 의사결정을 위한 명백한 근거를 제공한다. 학교는 이 데이터를 사용하여 학교 개선 목표를 수립하고 학교를 위해 정한 학교 개선 우선순위를 지원하기 위해 지역사회의 합의를 얻을 수 있다. 학부모는 그것이 실제로 효과적이라는 것을 이해할 때 효과적인 중재 지원의 역할을 중요시한다. 학부모는 또한 교육의 "거시적인(big picture)" 목표, 즉 교실 안팎에서의 장기적인 성공을 상기시키는 데 매우 중요한 역할을 한다.

　RTI를 실시하는 사람들은 학부모들이 대학수학능력시험 수준의 국어나 수학을 통과하는 것이나 입사시험을 통과하는 것과 같이 학생이 도달하기 힘든 비현실적인 교육목표를 세우지 않도록 해야 한다. 요약하면, 협력 및 신뢰 구축은 팀이 최적의 학생 학습 성과를 내는 데에 부적절한 소모적인 과제보다, 향상을 위한 생산적인 목표에 집중할 수 있도록 한다.

[서식 8.1]

학부모를 위한 선별검사 해석 예시1)

_____의 부모님께

　　우리 학교의 모든 학생들은 학업선별검사에 참여합니다. 이 검사는 몇 분에 끝나는 간단한 검사로, 지도가 얼마나 효과적인지 그리고 더 나은 결과를 얻기 위해 교사가 바꾸어야 할 부분은 무엇인지에 대해 파악할 수 있습니다.

　　읽기의 경우, 우리는 학년 수준의 이야기를 1분 동안 읽도록 합니다. 이 1분간의 읽기는 학생들의 요구를 보다 잘 충족시키기 위해 사용할 수 있는 강력한 평가 정보를 제공합니다. 읽기 교수는 의미를 위한 독해력 개발과 효과적인 쓰기 의사소통 기술 개발에 중점을 두는 훨씬 광범위한 것임에도 불구하고, 제한된 시간 동안의 읽기 능력은 어떤 학생들이 성공적인 독자가 될 가능성이 있고 그렇지 않은지를 나타냅니다.

　　우리 학교는 선별 검사에서 위험 범위에 해당하는 학생들에게 추가적인 도움과 중재를 제공합니다.

　　자녀의 학년 수준에서, 이 시기의 학생들은 성공적으로 읽기 위해서 분당 40단어를 정확하게 읽는 것을 기대합니다.

학년 수준에 해당하는 점수	자녀의 점수
분당 40단어를 정확하게 읽음	보상 없이 8단어 보상 제시 시 16단어

☐ 아동은 잘 하고 있는 것처럼 보입니다. 지금은 중재할 필요가 없습니다.

☐ 아동의 점수는 우리가 원하는 것보다 낮기 때문에, 중재할 필요가 없는지 확인하기 위해 자녀에게 몇 가지 후속 작업을 수행할 것입니다.

☑ 아동의 점수가 40점 미만인 경우 정규 학교 일과의 한 부분으로 수업일 중에 중재합니다. 소그룹이나 담임선생님과 함께 1:1로 자녀에게 추가적인 도움을 제공하고 싶습니다. 저희가 중재에 관해 이야기하고 학부모님께서 가질 수 있는 질문에 답할 수 있도록 학교 방문 일정을 전화로 알려주십시오. 우리는 즉시 중재를 시작할 것이며, 학부모님께서 편하신 시간에 회의 일정을 잡을 수 있습니다. 다른 문의사항이 있으시면 _____로 전화 주시기 바랍니다.

[서식 8.2]

편지 양식 예시2)

학부모님께

    우리 학교는 모든 학생들이 읽기와 수학의 중요한 기술을 배우고 습득하도록 열심히 노력하고 있습니다. 이러한 노력의 일환으로, 전교생을 대상으로 간단한 평가를 실시하여 어떤 아동, 집단 또는 학급이 추가 교육 지원이 필요한지를 파악하고자 합니다. 올해 우리 학교에서는, 모든 학급이 수학 교과의 목표를 달성하기 위해 추가 교육지원을 필요로 한다는 것을 확인했으며, 모든 교실에서 주 5일, 하루 15분 동안 학급 차원의 중재를 실시하였습니다. 이 과정은 학생의 진전에 대한 데이터를 제공하므로 학습 목표를 습득하기 위해 더 많은 교육적 지원이 필요한 개별 학생을 확인할 수 있습니다. 읽기 영역에서 소수의 학생들만이 핵심 읽기 교수시간에 받은 것 이상의 지원이 필요한 것으로 나타났기 때문에 학급 전체의 읽기 중재는 필요하지 않습니다.

    귀 자녀에게 _____에 대한 추가 교육이 필요하다는 점을 파악하였습니다. 우리는 매일 이러한 기술을 가르치기 시작했습니다. 제가 매주 자녀의 진전도를 확인하실 수 있도록 진전도 그래프를 가정으로 보내드리겠습니다. 궁금한 점이 있으시면 언제든지 전화 또는 이메일로 연락주시기 바랍니다.

    감사합니다.

    [서명 삽입]

[서식 8.3]

편지 양식 예시3)

학부모님께

    귀 자녀가 특수교육을 받기 때문에, 자녀의 교육 프로그램은 개별화교육계획(IEP)에 따라 진행됩니다. 저희는 ＿＿＿＿＿＿＿＿＿＿＿＿＿＿＿에 대한 추가 지도가 필요함을 파악하였습니다. 저희는 매일 이러한 기술을 가르치기 시작했습니다. 제가 매주 자녀의 진전도를 확인하실 수 있도록 진전도 그래프를 가정으로 보내드리겠습니다. 궁금한 점이 있으시면 언제든지 전화 또는 이메일로 연락주시기 바랍니다.

    감사합니다.

    [서명 삽입]

09

학습장애 특수교육
적격성 결정

9장

학습장애 특수교육 적격성 결정

– 종합 평가를 위한 모든 정보 수집하기 –

    3~7장에서는 특정학습장애를 정의하는 4개의 구성요소 각각을 다루는 평가 절차를 제시하였다. 이 장에서는 특정학습장애 범주에서 특수교육의 적격성을 결정하기 위해서 수집된 데이터를 사용하는 방법을 설명한다. IDEA 규정은 학생의 적격성을 결정하는 것이 준거 1에서 수준 미달이며, 준거 2에서 과학적 기반의 교수와 중재에 적절히 반응하는 것에도 실패하는 것이라고 지적한다. 다시 말해, 그 학생은 저성취와 느린 성장을 보일 것이다. 이 장은 적격성 기준 만족과 관련하여 "(성취가) 얼마나 낮고, (성장이) 얼마나 느려야 하는가?"라는 질문에 대해 다룬다. 이러한 지표들에 대한 연방정부의 지침이 없기 때문에, 여기서는 우리가 명백하게 효과적인 실제로 여기는 것으로 설명한다. 적격성 기준으로 특정학습장애 정의의 처음 두 요소를 제안하는 것과 함께, 우리는 다른 조건이나 상황의 배제(준거 3), 교수 부족의 배제(준거 4), 그리고 교실 관찰에 대한 것을 문서화하는 절차에 대해 기술한다. 마지막으로, 우리는 특정학습장애로 결정되는 학생과 그렇지 않은 학생을 보여주는 종합 평가에 대한 두 가지 사례 연구를

제시한다.

준거 1에서의 적격성 확정: 학습부진 수행수준 명세화

적격성 결정 팀의 과제는 1장에서 설명된 네 가지 준거 각각에 대해 학생의 자격을 평가하는 것이다. 첫 번째 준거에서, 팀은 "아동이 또래에 맞는 적절한 성취를 하지 못하거나 주에서 승인한 학년 수준 표준을 만족하지 못하는지"를 결정해야 한다(IDEA, 2006, §300.309[a][1]). 이러한 평가는 네 가지 조치를 수반한다: (1) 학생의 수행 수준에서 이용 가능한 데이터 수집, (2) 이 성취도를 비교할 기준 결정, (3) 기대 수준과 학생의 성취도를 비교하는 기준점 차이 분석 실시, (4) 이 준거에서 학생의 자격 결정. 이러한 분석은 "얼마나 낮아야 낮은 것인가?"라는 질문을 다룬다.

> 준거 I: 부진의 문서화
> - 데이터를 모은다.
> - 비교점을 세운다.
> - 기준점 차이 분석을 실시한다.
> - 준거 만족 여부를 결정한다.

데이터 수집

평가팀의 첫 번째 과제는 학생의 학업 성취 수준에 관한 이용 가능한 데이터를 수집하는 것이다. 앞의 장에서 언급한 것처럼, 팀은 다음의 것들을 문서화해야 한다. 국가 수준 학력 평가와 선별/기준점 평가에 대한 학생의 수행, 진전도 모니터링 측정에서의 최종 점수, 진전도 모니터링을 반영한 중재 동안 학생 수행의 전체적인 경향성, 학생의 기술 수준에 대한 드릴 다운을 통해 얻은 점수들, 규준 참조 검사 점수들(가능하다면)이 바로 그것이다. 이런 데이터 수집은 교사, 중재 전문가, 학교 심리학자, 학부모들로부터 정보를 얻는 것을 수반한다. 질적인 정보가 적절할지라도, 특히 학생의 IEP 개발을 위해서(적격한 것으로 밝혀진다면), 가장 적절한 데이터는 장기목표 도달을 예측하는 국가 규준과 기준점 준거와 비교될 수 있는 점수들이다. 점수들은 표준 점수, 백분위 점수, 비율 측정치(즉, 분당 정확하게 읽은 단어 수), 기준점 준거 참조 원점수들로 표현될 수 있을 것이다.

비교점 설정

평가팀의 두 번째 과제는 학생의 수행을 비교할 기준점을 결정하는 것이다. 먼저, 위에서 인용된 규정은 성취 비교가 학생의 나이나 학년 수준 표준에 근거하여 이루어져야 함을 요구한다는 것에 유의해야 한다. 이러한 비교는 IQ 측정 여부와 상관없이 학생의 IQ를 고려하지 않는다. 5장에서 언급한 것처럼, IQ 평가는 평가팀이 지적장애를 고려하고 있을 때만 적절하다. IDEA의 이전의 반복과 달리, 학생 성취와 비교되어야 할 표준은 학생의 나이나 학년이다. 특히, 이 준거―나이나 학년 수준 표준에 대한 성취 비교―는 RTI 이외의 절차들을 사용하는 것들을 포함하여(예: 강점과 약점의 패턴) 특정학습장애를 위한 모든 평가와 관련된다. 즉, 나이나 학년 표준과 불일치하는 성취를 보여주지 않는 학생은 특정학습장애 판별을 위한 자격이 없다.

적절한 비교점을 설정하기 위해서, 평가팀은 학생의 저성취 준거 만족 여부를 판단하기 위해 어떤 기준점을 사용할지를 결정해야 한다. 한 가지 유용한 출발점은 NCLB에서 교육의 성공 기준으로 제시한 숙달의 개념이다. 나이나 국가 표준에 상응하는 성취는 숙달된 수행일 것이다. 따라서, 비교점은 숙달된 수행을 나타내는 최저 수준일 것이다. 숙달에 상응하는 백분위 점수는 한 주 안에서의 다른 학년과 측정치, 다른 주들 간의 유사한 측정치 모두에서 천차만별이다. 이러한 이유로, 우리는 학생의 수행이 숙달 준거 이하이면서 규준 표본에서 성적이 가장 낮은 학생 10%에 속해야 한다는 결합된 준거를 제안한다. 이 결정 규칙은 위험군 학생이 매우 섬세한 방법으로 결정되도록 한다. 즉, 이 준거(미숙달과 백분위 점수 10 이하)를 따른다면 특수교육 서비스를 필요로 할 수 있는 학생들을 탐지하는 데 실패할 위험이 거의 없다. 이 준거는 소위 거짓-긍정 오류(즉, 존재하지 않는 특정학습장애를 있다고 하는 것)의 높은 가능성을 줄여 준다. 그러나 저성취에 대한 입증 후에는, 저성취를 유발할 수 있는 다른 조건(준거 3)과 적절한 교수의 부족(준거 4)에 대한 배제뿐만 아니라 학생의 RTI에 대한 평가(준거 2)를 포함하는 다른 준거가 적용될 것이다. 이 모든 준거에 대한 충분한 평가는 거짓-긍정 오류율을 줄이고 수용할만한 진단적 정확성에 도달하기 위해 필수적이다.

현재, 국가 전체 학생 수의 대략 6%가 특정학습장애 범주에 속하는 것으로 확인된다(USDOE, 2010). 더불어, 연구(Torgesen, 2004) 결과에 의하면 강력한 증거 기반 중재(RTI의 Tier 2와 3에서 제안하는 것과 유사한)의 실시는 읽기 부진 학생의 95% 이상에서 의미 있는 진전도를 이끌 수 있었다. Lyon(2002)에 따르면 현재의 일반교육 과정에서는 2~6%의 학생들을 제외한 학생들이 성공적일 것으로 기대할 수 있다. 나머지 학생들은 명백하게 성공적으로 기준점을 만족시킬 것이므로 이 수치는 특정학습장애로 인해 특수교육을 필요로 하는 학생들이 되는 것이다. 따라서 이 첫 번째 준거에 따르면, 최고의 규칙은 학생의 성취가 국가 표준에 대해 백분위 점수 10 이하가 되는 것이며, 이는 다른 3개의 준거들을 통해 더 많은 것을 알아보게 할 수 있다. 백분위 점수 비교 전략은 규준 참조 검사, 교육과정 중심측정(CBM) 또는 컴퓨터 적응 검사(CAT)를 포함하여 이러한 유형의 데이터를 제공하는 어떤 평가 측정에서든 사용될 수 있다. 앞 장에서 설명한 것처럼, 몇몇 평가 체계들(예: DIBELS Next)은 백분위 점수에 근거하여 기준점을 계산하지 않고, 대신 다음 기준점 성취에 대한 경험적으로 결정되는 조건부 확률에 근거한다는 점에 유의해야 한다. 따라서 3, 4장에서 설명된 비율 계산은 이러한 경우들에 적용될 수 있다.

여기서 우리의 생각을 특수교육이 필요한 것으로 판별되는 학생 수를 제한

하기 위한 임의적이고 변덕스러운 방법으로 해석해서는 안된다. 특수교육이 필요한 학생의 접근을 거부할 것을 권하는 것이 우리가 바라는 것은 아니다. 오히려, 우리는 충분히 구현된 단계적 시스템이 시간이 지남에 따라 숙달된 학생들의 백분율을 높여야 하고(즉, 85~90% 이상) 효과적인 Tier 1 중재와 연구 기반 Tier 2, 3 중재에 반응하지 않는 학생들은 특정학습장애를 가질 확률이 가장 높을 수 있다는 이해와 함께 이 관점을 취한다. 더욱이 우리는 중요한 결손을 보이는 학생들의 수(즉, 특정학습장애를 가진 학생들의 수)는 다소 적어야 한다고 믿는다. 우리는 85~90%를 모든 학교에 대해 바라는 목표로 설정했지만, 특히 여러 해에 걸쳐 지속적으로 낮은 성취를 보이는 학교들에서 그러한 목표의 달성이 매우 어려울 수 있다는 것을 안다. Tier 1 내의 교육이 효과적이라는 강력한 지표로서 시간 경과에 따른 성장을 조사하는 것 또한 중요하다. 예를 들어, 만성적으로 읽기 점수가 낮은 학교의 경우 RTI 실시 첫 해에 기준점에 도달한 학생이 초기에 35%에서 3년 후 70%가 되고 다음 2년 후까지도 70~75%로 수행을 유지하는 것은 실질적인 향상을 보여주는 것이다. 85~90% 정도의 바라는 목표에 도달하지 못할지라도, 전체 학생들의 이러한 수행 수준 향상과 유지는 효과적인 Tier 1 중재의 강한 지표이다.

기준점 차이 분석 실시

3장에서 설명한 것처럼, 평가팀은 다음으로 그 학생들의 학업 성취와 숙달된 학생들의 학업 성취를 비교함으로써 기준점 차이 분석을 수행한다. 3장에서 언급한 것처럼, 학업 결손의 범위는 백분위 점수와 비율을 나타내는 말(예: 기대 수준의 30%)로 문서화된다. 이러한 분석은 규준과 기준점 기대치에 비례하여 학생 현재 수행 수준의 정량적 설명을 제공한다. 일반적으로, 특정학습장애 판별의 적격성을 갖춘 학생들은 숙달 수준의 50% 이하의 기준점 차이 지수를 보여야 한다.

준거 1에 따른 학생의 특정학습장애 적격성 결정

준거 1을 위해 수집된 데이터를 고려할 때 평가팀의 마지막 과제는 비교점과 관련하여 여러 가지 자료를 통해 학생이 "나이에 맞는 적절한 성취를 하지 못하거나 주에서 승인한 학년 수준 표준을 만족하지 못한다"는 일관된 증거를 위한 데이터를 분석하는 것이다. 학업 기능의 여덟 개 영역(즉, 구어 표현, 듣기 이해, 작문, 기초 읽기 기술, 읽기 유창성, 읽기 이해, 수학 계산, 수학 문장제)에서 이런 준거를 만족시키기 위해, 다수의 데이터는 숙달된 기능 수준이라 고려되는 것으로부터 결손을 나타내야 한다. 따라서 위에서 설명한 것과 같은 저성취(기준점 이하이고 백분위 점수 10 이하, 기대 수행의 50% 이하인 기준점 차이 지수)는 CBM, CAT, 국가와 지역 수준 평가, 드릴다운 평가, 진전도 모니터링 측정에서의 최종 수행의 결과를 포함하여 분석에 포함된 모든 측정에서 명백해야 한다. 데이터 소스 간 불일치가 발생하면 평가팀은 왜 학생이 어떤 평가 조건에서는 유능한 수행을 보이고 다른 조건에서는 부적절한 수행을 보일 수 있는지를 분석해야 한다.

평가팀의 과제는 특정학습장애를 보이지 않는 수업 중 수행 문제와 특정학습장애의 중심적 측면인 학업 기초 기술에서의 실제적 결손을 구별하는 것이다. 이 첫 번째 준거는 학생의 부적절한 성취가 "아동의 나이와 주에서 승인한 학년 수준 표준에 맞는 학습 경험과 중재"의 제공에도 불구하고 명백하다는 검증을 필요로 한다(IDEA, 2006; §300.309[a][1]). 학급 수준, 학년 수준, 학교 수준의 문제를 배제할 때 증거가 되는 한 가지 중요한 자료는 학생의 학급, 학년, 학교에서 일반적으로 숙달된 수행 수준에도 불구하고 의뢰된 학생이 보이는 저성취이다(6장을 보라). 팀은 이 결정 규칙을 초기 데이터 분석에 적용할 수 있다. 학생의 학급 또는 학년에서 문제가 탐지되면, 정확한 특정학습장애 분류를 위해서 효과적인 교수(즉, 다른 동학년, 동급생에게 향상을 가져오는 교수)에도 불구하고 학생의 문제가 지속됨을 입증하기 위한 체계적인 중재와 진전도 모니터링이 필요하다. 이 규정의 오랜 조항은 평가팀이 학생의 학업 결손이 교수의 결핍에 의한 것이 아

그림 9-1 학생의 수행 수준 미달을 문서화한 보고서 발췌문

3학년인 John은 유치원 이후 지역과 국가 수준 읽기 평가에서 기초 수준 이하의 점수를 받아왔다. 가장 최근에 DIBELS를 활용한 보편적 선별검사에서(1월), John은 읽기 유창성에서 46(분당 정확하게 읽은 단어 수)을 받았다. John의 나이와 학년 수준인 또래 학생의 92(분당 정확하게 읽은 단어 수)와 비교하면, John의 기준점 차이 지수는 50%(2.0×결손)이다. DIBELS의 하위 검사인 무의미 단어 유창성 또한 실시하였다. John은 이 하위 검사에서 분당 20개의 무의미 단어를 정확하게 읽었다. 1학년 때 성취한 최종 점수 50점(분당 정확하게 읽은 단어 수)과 비교하면, John은 40%의 기준점 차이 지수(2.5×결손)를 가진다. John의 읽기 유창성 진전도 모니터링은 John이 집중적인 중재에도 불구하고 지속적으로 읽기에 어려움을 갖고 있다는 것을 보여주었다(세부사항은 이 보고서의 후반부에 제공됨). 3월의 마지막 주 동안, 가장 최근 세 개의 데이터 점수 중 최종 중앙값은 53(분당 정확하게 읽은 단어 수)이었다. John은 DIBELS Daze test에서 백분위 점수 7에 위치하는 4점을 받았다. 그의 읽기 수행과 대조적으로, John은 이번 겨울학기에 STAR Math CAT에서는 567점(백분위 점수 50 이상)을 받았는데, 이것은 수학 학년 수준 수행과 일치한다.

님을 문서화해야 한다는 요구 조건을 출발시킨 개념이다.

　　[그림 9.1]은 학생의 저성취를 문서화한 종합 평가 보고서의 발췌문 예시를 제공한다.

준거 2에서의 적격성 확증: 학생의 향상률에서의 부진 문서화하기

　　준거 2에서, 평가팀은 과학적인 연구 기반 중재에 대한 아동의 반응을 근거로 하여 "아동이 나이나 주에서 승인한 학년 수준 표준을 만족하는 충분한 진전도를 보이지 않는지"를 결정해야 한다(IDEA, 2006; §300.309[a][2][i]). 준거 1과 같이, 이 평가는 4개의 행동을 수반한다: (1) 향상률(ROI)로 정의된 학생의 RTI에 대한 데이터 수집, (2) 이 향상률을 비교할 표준 결정, (3) 향상률 진전도 모니터링과 학생의 향상률과 학년 수준 수행을 보인 학생의 향상률을 비교함으로써 기

준점 차이 분석 실시, (4) 이 준거에 따른 학생의 적격성 결정. 이러한 분석은 "얼마나 느려야 느린 것인가"라는 질문을 다룬다.

데이터 수집

4장에서 자세히 살펴본 것처럼, Tier 2, 3 동안 주의 깊은 진전도 모니터링의 결과로서 종합 평가에 의뢰된 학생은 계산된 향상율과 그래프 형식의 데이터로 표현된 자신의 RTI에 대한 방대한 자료를 가지고 그 과정에 들어간다. 학생의 RTI에 대한 두 가지 설명 방식은 평가팀에게 중요한 관점을 제공하고 종합평가 보고서에 문서화되어야 한다. 4장에서 설명한 것처럼, 그래프는 학생의 데이터 경로와 학년 수준 학생의 데이터 경로, 각각의 추세선을 포함해야 한다. 또한, 그 그래프는 표적 향상률을 나타내는 목표선과 Tier 2, 3에서 중재 변화를 나타내는 단계 변화 지표를 포함해야 한다. 이 그래프는 평가팀에게 정보를 제공하고 평가팀의 조사 결과들과 학부모에 대한 권고 사항들을 공유하는 가장 좋은 방법이다. 평가팀(부모를 포함한)은 위험 준거와 관련된 학생의 수행 수준과 집중적인 중재가 학생을 위험군에서 벗어나게 하는 데 충분한지를 한눈에 확인할 수 있다.

학생의 향상률에 대한 그래프가 평가팀의 의사결정에 도움이 될지라도, 그것만으로는 장애의 확증이나 특수교육 적격성 결정과 같은 고부담 의사결정을 하는 데는 충분하지 않다. 4장에서 살펴본 바와 같이, 학년 수준 학생들의 향상률뿐만 아니라 학생의 향상률에 대한 수학적 계산은 이 수준의 의사결정에서 필요하다. 4장에서 우리는 기준점 향상률과 향상률 진전도 모니터링을 포함하는 향상률을 결정하는 다른 접근에 대해 설명했다. 이 각각의 접근들은 주별 달성도 측정치(예: 주별 분당 정확하게 읽은 단어 수, 주별 표준 획득 점수)를 보여준다. 학생의 실제 향상률 진전도 모니터링을 계산하는 많은 절차들이 있다. 우리와 다른 연구자들(예: Christ et al., 2013)의 권장 사항은 시간 경과에 따른 학생의 전체 수행을 나타내는 가장 정확한 방법인 최소 제곱 회귀선을 사용하는 것이다.

학년 수준 학생들의 진전도 설정

적격성 결정을 위해 학생의 향상률이 상당히 낮은지 결정하기 위해서는 학생들의 향상률을 다른 학생들의 것과 비교하는 것이 필요하다. 우리는 4장에서 학년 수준 향상률 기준점에 대해 설명하였는데, 그것은 모든 학생들에게 기대되는 최소 수준을 만족시킬 수 있는 학년 수준 교수과정 중에 요구되는 성장을 나타낸다. 학년 수준 향상률 기준점은 최종 기준점 점수(예: 겨울학기나 봄학기)에서 원래의 기준점 점수(예: 가을학기)를 빼고 이 두 측정 간의 주 수로 나누어서 계산한다. 학생의 달성 향상률과 같이, 학년 수준 기준점 향상률은 주당 달성도로 표현된다. 또한, 우리는 학년과 학기당 측정치의 학년 수준 기준점 향상률 간의 변동성에 주목하였고, 전형적으로 가을학기－겨울학기와 겨울학기－봄학기의 향상률 간에 차이가 있기 때문에 우리는 학기당 측정치를 선호해 왔다. 특정 학년에서 학년 수준 향상률 측정치는 다양한 평가 도구(예: DIBELS, DIBELS Next, AIMSweb, STAR)에 의해 제공되는 기술적 정보에서 종종 발견될 수 있다.

진전도 모니터링과 기준점 향상률 차이 분석 실시

학생의 향상률과 학년 수준 향상률을 결정할 때, 다음 단계는 학생의 향상률이 학년 수준 학생들의 향상률과 비교하여 상당히 부족한지 결정하기 위해서 그것들을 비교하는 것이다. 우리는 4장에서 먼저 학생의 달성 향상률 진전도 모니터링과 학년 수준 기준점 향상률 간에 중요한 차이가 있는지를 결정하기 위한 절차들(즉, 향상률 진전도 모니터링 차이 분석)과 그 다음으로 기준점 도달 측면에서 그 향상률의 영향을 결정하는 절차(즉, 향상률 기준점 차이 분석)를 세부적으로 다루었다. IDEA 규정에서 나이나 주가 승인한 학년 수준 표준을 만족하는 충분한 진전도를 보이지 않은 학생은 학년 수준 동료들의 것에 비해 상당히 낮게 진전도 모니터링 차이를 보일 것이다. 그리고 그런 차이 때문에 앞으로의 기준점 평가에서 상당히 부족한 기준점 차이가 나타날 것이다.

준거 2에 따른 학생의 특정학습장애 자격 결정

지원이 단계적으로 제공되는 동안 수집되고, 의뢰된 학생의 종합 평가의 일부로 문서화된 데이터로부터 학생의 수행 수준과 달성 향상률은 잘 설정되었다. 그러나 특정학습장애로 지정되어 특수교육 서비스를 받을 자격을 얻기 위해 학생이 수준과 향상률에서 보여야 하는 결손의 정도에 관해 공표된 경험적 지침은 없다. 특정학습장애임을 나타내는 수준과 향상률의 패턴에 대한 연구는 아직 수행되지 않았다. 그럼에도 불구하고 평가팀이 지금 이런 결정을 해야 하기 때문에 RTI의 현장 실시를 통해 얻은 우리의 경험으로부터 나온 지침을 제공할 수 있다.

학생이 준거 1과 2에서 결손을 보여야 한다는 요건(즉, 이중 불일치)을 고려할 때, 제안된 변수는 특정학습장애를 가진 학생이 적당한 시간 동안 수용할 만한 수행을 달성하지 못함으로써 수행 수준에서 심각한 부진을 보이고 향상률에서도 상당한 부진을 보이는 것이다. 여기서 문제는 어떤 수행 수준과 향상률의 조합이 결과적으로 수용할만한 수행을 나타내는가이다. 이 문제는 2개의 질문을 제시한다: 수용할만한 수행은 무엇인가? 그리고 적당한 시간은 얼마인가? 여기서 우리는 이 질문들에 대한 답을 찾으려 애쓰지는 않을 것이다; 오히려 이 질문들은 학부모를 포함한 평가팀에 의해 사례별로 다뤄질 필요가 있다. 그러나 다시 말하지만, 몇몇 지침은 정리되어 있다.

> 학생이 준거 1과 2에서 결손을 보여야 한다는 요건(즉, 이중 불일치)을 고려할 때, 제안된 변수는 특정학습장애(SLD)를 가진 학생이 적당한 시간 동안 수용할만한 수행을 달성하지 못함으로써 수행 수준에서 중요한 부족을 보이고 향상률에서도 상당한 부족을 보이는 것이다.

첫 번째 질문과 관련하여 간단히 답하면 수용할만한 수행은 평가된 기술에서의 숙달(즉, 백분위 점수 40)이라는 것이다. 몇몇 평가팀은 학생의 목표로써 결과를 결정할 수도 있다. 대안적으로, 숙달된 수행은 궁극적인 목표인 반면, 수용할만한 수행 수준은 그 수준에 있는 학생이 더 이상 심각한 부진을 나타내는 한계점 아래에 있지 않은 정도(예: 백분위 점수 25)라는 것이다.

두 번째 질문은 학생의 현재 수행 수준과 달성 향상률에 근거하여 학생이 전술한 수준들(백분위 점수 25 또는 백분위 점수 40)에 도달하는 데 얼마나 걸려야 하느냐 하는 것이다. 평가팀은 학생의 나이, 학습사, 현재 RTI를 포함한 많은 요소들에 근거하여 그 결정을 내릴 필요가 있을 것이다. 예를 들어, 지속적인 노숙과 전학으로 인해 심각한 교수 결핍을 경험한 4학년 학생에게 평가팀은 현실적으로 학생이 수용할만한 수행 수준에 도달하려면 3년이 걸릴 것이라 결정할 수 있다. 이 학생의 경우, 그의 현재 수행 수준과 달성 향상률이 3년 후에 그 수준에 도달할 것으로 예상된다. 만약 그렇다면, 평가팀은 현재의 강력한 핵심 교수 프로그램과 보충적인 중재가 충분하다고 결정하고 그 학생을 특수교육이 필요한 것으로 판별하지 않을 것이다. 만약 그 학생의 현재 달성 ROI가 그 기간 안에 지정된 수준에 도달할 것으로 예상되지 않는다면(즉, 3년 이상이 걸린다면), 그 학생은 특정학습장애(SLD) 판별과 특수교육의 필요를 위한 준거 2를 만족할 것이다.

[그림 9.2]는 4학년 겨울학기 평가에서 기준점 수준 50%의 수행을 보인 학생의 향상률 궤적을 나타낸다. 3년을 예상하는 것(7학년 겨울학기)은 백분위 점수 25에 도달하기 위해 0.49(분당 정확하게 읽은 단어 수/주)의 달성 향상률과 백분위 점수 50에 도달하기 위해 0.74(분당 정확하게 읽은 단어 수/주)의 달성 향상률이 요구된다는 것을 뜻한다. 평가팀에 의해 결정된 수준에 따라 학생은 그 기간 동안 이 예상 ROI를 유지하거나 높여야 한다.

따라서 만약 학생의 현재 달성 향상률이 (백분위 점수 25 목표를 사용해서) 0.49(분당 정확하게 읽은 단어 수/주)보다 낮다면 그 학생은 특정학습장애 판별을 위한 준거 2를 만족할 것이다. 만약 학생의 달성 향상률이 0.49(분당 정확하게 읽은 단어 수/주)보다 높고 평가팀이 단계적 중재를 통해 그 향상률이 유지된다고 판단한다면, 그 학생은 현재의 일반교육 중재로도 목표 수준에 충분히 도달할 수 있으므로 특수교육이 필요한 것으로 지정되지 않을 것이다. 물론, 학생이 3

그림 9-2   예시에 사용된 달성 향상률 궤적의 그래픽 묘사

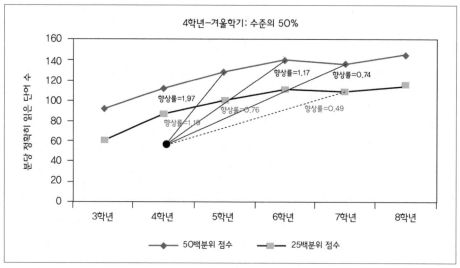

년 후에 더 높은 목표(백분위 점수 50)에 도달하거나 그보다 더 단기간에 더 낮은 목표에 도달하게 하는 달성 향상률은 평가팀이 더 확실한 결정을 내리도록 할 것이다.

　　대조적으로, 유치원 이후로 같은 학교에서 일관성 있는 명시적인 교수를 받아온 4학년 학생의 경우 평가팀은 학생의 현재 수행 수준과 달성 향상률이 1년 혹은 2년 후에 결정된 수용할만한 수준에 도달하게 할 수 있을지를 검토할 것이다. 만약 1년 후를 예상할 때 학생의 현재 달성 향상률이 그 기간 안에 원하는 수준에 도달하지 못한다면, 학생은 특정학습장애를 판별하기 위한 준거 2를 만족시킬 것이다. 만약 그의 달성 ROI가 결정된 수준에 도달한다면, 평가팀은 현재의 중재가 효과가 있으며 특수교육이 필요 없다고 결정할 수 있을 것이다. 따라서 그 학생은 특정학습장애로서 특수교육 적격성이 있는 것으로 지정되지 않을 것이다. 이 예에서, 4학년이 겨울학기 기준점 평가에서 50% 수준의 수행을 보인다면, 5학년 겨울학기까지(1년 예상) 백분위 점수 25 수준을 달성하기 위해

1.19(분당 정확하게 읽은 단어 수/주)의 달성 향상률을 성취해야 하고, 백분위 점수 50 수준을 달성하기 위해서는 1.97(분당 정확하게 읽은 단어 수/주)의 달성 향상률을 성취해야 할 것이다. 보다 낮은 수준의 예상(2년)은 학생이 백분위 점수 25 수준을 달성하기 위해 0.76(분당 정확하게 읽은 단어 수/주)의 달성 향상률을 성취하고, 백분위 점수 50 수준 달성을 위해서는 1.17(분당 정확하게 읽은 단어 수/주)의 향상률을 보여야 한다. 그래서 백분위 점수 25에 대한 1년 예상에서 달성 향상률이 1.19(분당 정확하게 읽은 단어 수/주)보다 낮으면 준거 2를 만족하고, 그보다 높으면 준거를 만족하지 않을 것이다.

　　[표 9.1]은 Hasbrouk과 Tindal(2006)이 제공한 읽기 유창성 기준점들을 근거로 한 향상률 산출값을 나타낸다. 이 기준점들은 보고된 여러 연구들로부터 산출된 규준 수준들을 모은 것이다. 이들은 실제 수집된 한 집합이나 규준 데이터를 나타내진 않는다. 그것들은 여러 연구들로부터 온 데이터라서 사용자들에게 "평균적인" 수행 척도 집합을 제공한다. 각각의 학년 수준에서 25%, 50%, 75% 수행을 보이는 학생들에게 1~3년 후에 백분위 점수 25나 백분위 점수 50을 달성해야 할 향상률에 대해서 향상률 궤적이 제공된다.

표 9-1　기준점 수준의 25%, 50%, 75%에서 시작하여 1~3년 후에 읽기 유창성에서 백분위 점수 50과 백분위 점수 25에 도달하기 위해 필요한 향상률

1학년: 겨울학기 읽기유창성

수준의 백분율	목표 백분위 점수	2학년	3학년	4학년
75%	50	1.52	1.04	0.88
(분당 정확하게 읽은 단어 수 17.25)	25	0.69	0.62	0.65
50%	50	1.68	1.12	0.93
(분당 정확하게 읽은 단어 수 11.5)	25	0.85	0.70	0.70
25%	50	1.84	1.20	0.98
(분당 정확하게 읽은 단어 수 5.75)	25	1.01	0.78	0.75

2학년: 겨울학기 읽기유창성

수준의 백분율	목표 백분위 점수	3학년	4학년	5학년
75%	50	1.06	0.81	0.68
(분당 정확하게 읽은 단어 수 54)	25	0.22	0.46	0.42
50%	50	1.56	1.06	0.84
(분당 정확하게 읽은 단어 수 36)	25	0.72	0.71	0.58
25%	50	2.06	1.31	1.01
(분당 정확하게 읽은 단어 수 18)	25	1.22	0.96	0.75

3학년: 겨울학기 읽기유창성

수준의 백분율	목표 백분위 점수	4학년	5학년	6학년
75%	50	1.19	0.81	0.66
(분당 정확하게 읽은 단어 수 69)	25	0.50	0.42	0.39
50%	50	1.83	1.13	0.87
(분당 정확하게 읽은 단어 수 46)	25	1.14	0.74	0.60
25%	50	2.47	1.44	1.08
(분당 정확하게 읽은 단어 수 23)	25	1.78	1.06	0.81

4학년: 겨울학기 읽기유창성

수준의 백분율	목표 백분위 점수	5학년	6학년	7학년
75%	50	1.19	0.78	0.48
(분당 정확하게 읽은 단어 수 84)	25	0.42	0.38	0.23
50%	50	1.97	1.17	0.74
(분당 정확하게 읽은 단어 수 56)	25	1.19	0.76	0.49
25%	50	2.75	1.56	1.00
(분당 정확하게 읽은 단어 수 28)	25	1.97	1.15	0.75

5학년: 겨울학기 읽기유창성

수준의 백분율	목표 백분위 점수	6학년	7학년	8학년
75%	50	1.24	0.57	0.47
(분당 정확하게 읽은 단어 수 95.25)	25	0.44	0.19	0.18
50%	50	2.13	1.01	0.76
(분당 정확하게 읽은 단어 수 63.5)	25	1.32	0.63	0.48
25%	50	3.01	1.45	1.06
(분당 정확하게 읽은 단어 수 31.75)	25	2.20	1.07	0.77

6학년: 겨울학기 읽기유창성

수준의 백분율	목표 백분위 점수	7학년	8학년	9학년*
75%	50	0.86	0.57	0.38
(분당 정확하게 읽은 단어 수 105)	25	0.11	0.14	0.09
50%	50	1.83	1.06	0.70
(분당 정확하게 읽은 단어 수 70)	25	1.08	0.63	0.42
25%	50	2.81	1.54	1.03
(분당 정확하게 읽은 단어 수 35)	25	2.06	1.11	0.74

* 3년 예상 8학년 규준. Hasbrouck과 Tindal(2006)이 제공한 읽기유창성 점수.

여기서 우리의 목적은 평가팀에게 의사결정 과정을 향상시킬 몇몇의 지침과 원칙을 제공하는 것이다. 따라서 특정학습장애임을 나타내는 수행 수준이나 향상률에서의 부진 범위를 보여주는 경험적으로 설정된 변수들의 이용가능성 대신에, 학생의 향상률과 학년 수준 수행을 보이는 동료들의 향상률 간 차이의 범위에 관해 의사결정할 때, 평가팀이 학생의 달성 향상률과 숙달을 위해 요구되거나 적어도 준거 1에 따른 적격성 요구 사항을 능가하는 수준에서 충분한 진전도를 만들어내는 향상률을 비교하기를 권한다.

그 개념은 학생이 수준 미달이고 예상 기간에 목표 수준보다 더 낮은 달성 향상률을 보인다면 특정학습장애의 적격성을 (준거 1, 2에 따라) 갖추었다는 것이다. 반대로 수준 미달이지만 지속적으로 지정 기간에 예상 점수에 도달하게 할 달성 향상률을 보이는 학생은 준거 1에 따라 자격을 얻지 못할 것이다. 물론, 평가팀은 제공된 중재가 이 기간 동안 향상률을 유지시킬 정도로 충분히 강력하다는 것을 자신해야 할 것이다. 그리고 규칙적인 진전도 모니터링은 원하는 향상률이 유지되고 있었는지를 명백히 하기 위해 필요할 것이다. 위에서 말한 것처럼, 몇 년을 예상할지와 목표로 할 점수(백분위 점수 25, 40, 50)에 대한 결정은 평가팀의 특권이며, 학생 개인에게 속하는 많은 요소들에 의존할 것이다. 이러한 접근의 이점은 의사결정팀의 중요 구성원으로서의 학부모들에게 학생의 수행이 얼마나 뒤떨어져 있는지, 얼마나 빨리 따라잡고 있는지, 현재의 중재가 효과가 있는지, 적절한 숙달 수준에 도달하려면 얼마나 걸릴지에 대한 명백한 설명을 제공한다는 것이다. 우리는 이러한 관점이 전통적인 평가 절차로는 달성될 수 없으며, 학부모들을 혼란스럽고 놀라게 할 것이라고 생각한다.

 그림 9-3 학생의 ROI에서의 학습부진 보고서 발췌문

> John은 현재의 중재 기간 동안 거의 진전도를 보이지 않았다. 중재 시작점에서 John은 읽기유창성 평가에서 43(분당 정확하게 읽은 단어 수)의 점수를 받았다. 10주의 Tier 3 중재 마지막에 그의 3개의 점수 중 중앙값은 46(분당 정확하게 읽은 단어 수)이었다. 이 기간 동안 John의 달성 향상률 진전도 모니터링은 0.3(분당 정확하게 읽은 단어 수/주)이었다. 동학년 학생들의 학년 수준 향상률(0.9(분당 정확하게 읽은 단어 수/주))과 비교하면, John은 33%(3.0x미달)이다. 만약 John의 현재 향상률이 지속된다면, 1년 후에 그는 58(분당 정확하게 읽은 단어 수)을 읽을 것인데, 이는 4학년에서 백분위 점수 10 이하에 속하는 것이다. 다음 해까지 백분위 점수 25에 도달하기 위해서 John은 1.13(분당 정확하게 읽은 단어 수/주)의 향상률 진전도 모니터링을 달성하고 유지해야 할 것이다. 2년 후에 백분위 점수 25에 도달하려면, John은 0.73(분당 정확하게 읽은 단어 수/주)의 향상률 진전도 모니터링을 달성하고 유지해야 할 것이다. John의 현재 향상률인 0.33은 가까운 미래에 최소 숙달 기준점을 만족시키기에 충분하지 않다. John에게 제공된 중재는 학년 수준 구절에서의 직접 교수를 포함한 기능적 학업 평가를 사용하여 개발되고, 수정을 위해 모니터링 되고, 학습에서의 더 강한 효과를 얻기 위해 주별로 강화되었다. 중재 중간에 약간의 향상을 보였고, 전제 향상률 진전도 모니터링과 최종 향상률(중재의 마지막 4주에 계산된 가장 높은 향상률)은 John을 위험군에서 벗어나게 하는 데 충분하지 않다.

[그림 9.3]은 향상률에서의 학생의 부진을 문서화한 종합 평가 보고서로부터 발췌된 예시(즉, 그의 RTI)를 제공한다.

준거 3에 따른 적격성 확정: 다른 배제 조건들의 명료화

준거 3(다른 조건의 배제)을 위한 문서화는 복잡하지 않다. 5장에서 서술한 것처럼, 평가팀은 시각장애, 청각장애, 운동장애; 지적장애; 정서장애; 문화적 요소들; 환경적 또는 경제적 어려움; 또는 제한된 영어 숙달을 포함하는 특정 조건들을 배제하는 선별 절차들을 사용한다. 대안적으로, 만약 어떤 조건이 배제될 수 없고 학생의 학업 문제를 야기할 수 있다면, 그 조건에 대한 더 형식적인 평가가 필요하다. 평가팀은 8개 조건 또는 상황들 각각을 고려하고 각각이 배제될 수 있는 증거를 제공해야 한다. 어떤 조건이나 상황을 배제하는 데에 실패하면 학생이 특정학습장애가 없다는 결과를 얻을 수 있다.

이 부분에 적절한 문서화는 평가팀이 그 조건을 학생의 학업 수행 문제의 원인으로 결정하는지 분석하기 위해 수행되는 선별 검사나 후속 평가의 결과 보고서로 구성된다. 또한, 이 조건들 중 어떤 것이 원인으로 판단되면, 특정학습장애로 판별되지 않는다. [그림 9.4]는 여덟 가지 조건의 배제를 문서화한 종합 평가 보고서에서 발췌한 예시를 제공한다.

그림 9-4 다른 장애나 조건의 배제 보고서 발췌문

- 감각 손상: 학교는 John의 시력을 매년 평가해 왔다. 시각적 문제는 발견되지 않았다(가장 최근 데이터 제공). 시력 문제는 John의 학업적 어려움의 가능한 이유로 배제된다. John의 청력 또한 학교가 매년 평가해 왔다. 청력 문제는 발견되지 않았다(가장 최근 데이터 제공). 청력 문제는 John의 학업적 어려움의 가능한 이유로 배제된다.

- 운동 문제: John은 교사의 보고와 학교 심리학자의 관찰에 따르면 학급에서 운동 문제를 보이지 않는다. 보건교사 또는 2학년 때 전체 학생을 대상으로 실시되는 학교 지원 신체 검사(John도 참여함)를 통해 운동 문제가 없는 것으로 판별되었다. 1분 동안 쓸 수 있는 문자의 수를 계산하여 평가하는 John의 "조작 운동"은 그의 동급생들의 것에 상응하였다. 이 정보에 근거하여 운동 문제는 John의 학업적 어려움의 가능한 이유로 배제될 수 있다.

- 지적 장애: John은 학년 수준 지적 능력을 가졌음을 보여준다. 유치원 이후로 주 평가와 보편적 선별검사를 포함하여 산수 기술 평가에서 그의 점수는 숙달 범위에 있었다. 그의 발달 이정표는 나이에 맞았고 그의 나이와 학년에 맞는 적응기술을 보인다. 이 정보에 근거하여, 지적 장애는 John의 학업적 어려움의 가능한 이유로 배제될 수 있다.

- 정서문제: John은 학급에서 적절한 행동을 보인다. 그는 친절하고 열심히 노력한다. 그는 또래 및 교사들과 잘 지낸다. 정서-행동평가시스템-2판의 결과에 따르면 그의 부모님과 교사는 외현화, 내현화 하위 척도 모두에서 학년 수준 행동을 보고한다. John은 읽기 학습의 어려움으로 자주 좌절하지만 이런 정서는 학습 문제에 대한 이차적인 증상으로 나타난다. 이런 데이터들을 근거로 하여, 정서적 문제는 John의 학업적 어려움의 가능한 이유로 배제될 수 있다.

- 문화와 언어: John은 모국어가 영어인 아프리카계 미국인 학생이다. John의 문화와 언어는 그의 학업적인 것과 관계가 없어 보인다. 문화 적응, 언어 또는 환경적 상황들은 John의 학업 문제에 대한 일차적인 원인이 아닌 것으로 보인다.

- 경제/환경적 어려움: John은 급식료를 면제해주거나 할인해주는 프로그램에 참여하지만, John 가족의 제한된 수입이 John의 학업 문제와 관련된 것 같지 않다. 그는 규칙적으로 학교에 출석하는 잘 관리되는 아동이고 준비물을 잘 챙겨 온다. 경제/환경적 어려움은 John의 학습 어려움의 일차적 원인에서 배제된다.

준거 4에 따른 적격성 확정: 교수 결핍의 배제 조건 명세화와 학부모에 대한 반복 평가의 정보 제공하기

종합 보고서의 이 부분에서, 평가팀은 교수 결핍이 학생의 학업 문제의 원인이라는 가능성을 배제해야 한다. 이 배제 절차를 수행하기 위해서 평가팀은 학생의 일반교육 프로그램에서 자격을 갖춘 교사에 의해 적절한 교수를 제공받아 왔음을 문서화해야 한다. 평가팀은 학생이 필요한 기술을 획득하게 하기 위해서 학생이 받아 온 핵심 교수 프로그램이 과학적 연구 기반이며 중재 충실도가 있었다는 증거를 제공해야 한다. 2006 IDEA 규정은 "ESEA 1208[3]에서 정의한 것처럼 '읽기 교수의 필수 요소'에 대한 이 분석과 관련하여 읽기 분야에 대해 특히 구체적이다(§300.306[b])." 6장에서 언급한 것처럼, 평가팀은 학생에게 읽기의 필수 요소를 체계적으로 어떻게 가르쳐 왔는지를 설명함으로써 이러한 필수 요소들을 문서화해야 한다. 즉, 평가팀은 학생의 핵심 교수 프로그램이 음운 인식, 파닉스, 어휘, 유창성, 이해를 어떻게 가르쳤는지 명시적으로 표현해야 한다. 규정에는 명시적으로 제시되어 있지 않지만, 학생이 그런 영역들에서 부진을 보인다면 학교의 수학과 쓰기 교육과정과 교수 프로그램의 유사한 분석이 이행되어야 한다. 평가팀은 학생의 교사들이 실시한 중재의 충실도를 보장하기 위해 중재 충실도 체크리스트와 핵심 교수의 수업 관찰 동안 학교 직원들이 사용하는 다른 평가 방법들을 포함하여 실시 방법들을 더 많이 제시해야 한다. 마지막으로 보고서에는 학생이 얼마나 오래 이 교수에 참여하였는지를 문서화해야 한다. 그 문서화는 2개의 형식을 가진다: 중재 충실도에 대한 평가를 포함하여 특정 학생이 어떻게 효과적인 정규교육에 노출되었는지에 대한 설명; 학교 교수 프로그램이 학생 대다수를 숙달로 이끌었다는 전체적인 설명이 그것이다.

효과적인 핵심 교수의 문서화에 덧붙여 평가팀은 Tier 2, 3 동안 이 학생에게 구현한 중재들에 대해 묘사하고 평가해야 한다. 핵심 교수의 분석과 함께 그 학생에게 사용된 중재들은 그것들이 연구 기반인지(즉, 어려움을 겪는 학생들에게 중재 효과성을 나타내는 실증적인 지지가 있음)와 자격을 갖춘 교사에 의해 제공되었는지의 범위에서 평가되어야 한다. 또한 평가팀은 특히 중재 충실도 체크리스트를 사용하는 관찰을 통해 구현되는 중재의 충실도를 평가하는 노력들을 문서화해야 한다. 마지막으로 중재들은 충분성의 관점에서 평가되어야 한다: 학생에게 도움이 될 만큼의 충분한 빈도와 지속 기간으로 구현되었나? 다시 말해, 그 문서화는 2개의 형식을 가져야 한다: 중재 충실도를 포함하여 학생에게 제공된 중재에 대한 묘사; 유사한 요구를 가진 학생들에게 이 학교에서, 그리고 실증적인 연구를 통해 실시한 중재를 보여주는 데이터가 바로 그것이다. 질 높은 RTI 실시 (그리고 그것을 통한 정확한 의사결정)의 체계적 증거 중 한 가지 중요한 자료는 학교에서 Tier 2, 3 중재를 받은 대부분의 아동들이 성공적인 반응을 보이는 것을 보여주는 것이다. [그림 9.5]는 교수 결핍의 배제를 문서화한 종합 평가 보고서 발췌문 예시를 제공한다.

그림 9-5   교수 결핍의 배제 보고서 발췌문

> John은 Lincin 초등학교에서 4년간 적절한 읽기 교수를 받아 왔다(K-3). 유치원 이후, John의 교사들은 SRA Reading Mastery 읽기 시리즈를 사용해 왔는데, 이는 "읽기 교수의 필수 요소"를 가르치기 위해 명시적 교수 절차를 사용한다. 이 연구 기반 프로그램은 80%의 현재 3학년 학생들을 숙달시키는 데 성공적이었다. John의 교사들은 모두 SRA로 광범위한 훈련을 받았다. 읽기 코치와 교장에 의해 수행된 충실도 체크는 SRA 프로그램이 높은 중재 충실도로 사용되었다는 것을 보여준다(충실도 확인 문서는 교장실에 파일로 보관된다).
>
> John은 2008년 9월 이후로 Lincoln의 RTI Tier 2와 3에서 집중적인 읽기 중재를 제공받았다. 그는 초기 읽기 중재(the Early Reading Intervention(ERI))(Scott Foresman) 프로그램을 사용하여 음운 인식과 해독 기술에서의 어려움을 다루는 소그룹 중재를 받았다. ERI는 읽기 연구를 위한 플로리다 센터에 의해 연구 기반 실제로 확인되었고, Lincoln 학교에서 Tier 2, 3 학생들의 숙달을 상당히 증가시켜 왔다. 지역 읽기 코디네이터에 의해 수행된 충실도 확인은 ERI 프로그램을 실시했던 읽기 교사들이 충실도가 높은 중재를 해 왔음을 보여준다(충실도 확인 문서는 교장실에 파일로 보관된다).

　IDEA 규정의 이 부분에서 두 번째로 요구되는 문서화는 의뢰된 학생을 대상으로 한 반복 평가의 필수적 사용에 대한 학교의 교수와 이러한 평가 결과를 학부모와 의사소통하는 범위를 보고하는 것이다. 최소한 이 평가들은 학생이 참여한 보편적 선별검사와 Tier 2, 3 중재 동안 수행된 진전도 모니터링을 포함할 것이다. 학부모에 대한 보편적 선별검사의 보고는 각 선별검사 후에 있어야 한다(예: 1년에 3회). 진전도 모니터링을 학부모에게 보고하는 빈도는 다양하며, 이는 종종 해당 학년도 내에서 교사-학부모 회의의 기능이 있다. 일반적으로, 학부모 보고의 빈도는 평가 빈도와 상응해야 한다. 만약 진전도 모니터링이 Tier 2에서는 격주로, Tier 3에서는 매주 실시된다면, 학부모 보고도 같은 스케줄로 진행되어야 한다. 일반적으로, 이 평가들의 결과(즉, 데이터)는 학생의 수준 미달(준거 1)과 RTI(준거 2)에 관한 증거의 일부로써 종합 평가 보고에 앞서 보고될 것이다. 따라서 이 부분은 데이터의 반복을 요구하지 않으며, 오히려 어떤 데이터가 부모에게 보고되었는지와 빈도의 문서화를 포함할 것이다. [그림 9.6]은 학생 수행의 반복 평가에 대해 부모에게 정보를 제공한 것을 문서화한 종합 평가 보고서의 발췌문 예시를 제공한다.

 그림 9-6 **평가의 반복 측정 제공 보고서 발췌문**

> 유치원 이후, John은 1년에 3회(가을학기, 겨울학기, 봄학기) 읽기에 대한 보편적 선별검사를 받아왔다. 이 평가들에서의 John의 수행에 대한 보고는 보고서 카드의 부록으로 부모에게 제공되었으며, 이는 각 선별검사 후 2주 안에 배포된다. 그가 올해 Tier 2, 3 중재에 속했으므로 John의 진전도는 주별 교육과정중심평가를 통해 모니터링 되어 왔다. 진전도 모니터링 결과는 월별 서면 보고서(그래프 형식의 데이터 포함)와 부모가 참석한 평가팀 회의를 통해 부모에게 제공되었다.

교실 관찰에서 얻은 정보 문서화하기

7장에 설명되어 있듯이, 특정학습장애 종합 평가에 의뢰된 학생에 대한 교실 관찰은 중요한 과정으로, 적격성 결정을 알려주고, 다양한 중재의 상대적 효과에 대한 유용한 정보를 제공한다. 그 장에서, 우리는 다양한 중재 상황에 대한 학생의 수행을 완전히 관찰하고 기록할 수 있도록 학교에서의 학생 행동 관찰(BOSS; Shapiro, 2011b)과 같은 정형화된 코드를 사용한 체계적 행동 관찰 기술의 사용을 주장했다. 의뢰된 학생은 어려움을 나타내지 않는 영역뿐만 아니라 중재가 필요한 영역(과목)에 대한 핵심 교수 상황에서 관찰되어야 한다. Tier 2와 3 중재 관찰 또한 유용하다. 이러한 다양한 중재 환경에서 학생의 행동을 비교하는 것은 중재에 대한 주의력과 전반적인 과제집중 행동에 기술 결손이 어떻게 영향을 미치는지에 대한 유용한 정보를 제공한다. 다양한 중재 상황에서의 반응으로써 학생의 수업방해 행동 빈도(비율)뿐만 아니라 과제집중 및 과제이탈 행동과 관련된 특정 데이터의 문서화는 특정학습장애 결정과 IEP에 포함되어야 하는 중재에 대한 정보를 알려준다.

학생의 특수교육 요구 결정하기

특수교육 적격성 결정은 두 가지 주요한 이슈를 포함한다: 학생이 장애를 가지고 있는가, 그렇다면 학생이 특수교육을 필요로 하는가? 우리가 지금까지 이 장에서 제시한 가이드라인은 첫 번째 질문에 대한 정보를 제공한다. 평가팀이 우리가 논의한 네 가지 준거와 더불어 교실 관찰과 학부모로부터 얻은 지원 정보를 활용하여 학생이 특정학습장애 준거를 충족하는지 결정한다고 가정한다면, 다음 단계는 학생이 특수교육을 필요로 하는지 결정하는 것이다. 중요한 문제는 학생이 기초학습기능 습득에서 의미 있는 진전을 이루기 위해 특수교육 프

로그램이나 서비스를 통해서만 가능한 특별하게 설계된 중재를 필요로 하는가
이다. 이론적으로는 학생이 특정학습장애로 판별되었으나 의미 있는 진전을 이
루기 위해 특수교육을 필요로 하지 않을 수 있다. 그러한 경우에, 학생은 특수교
육에 적격하다고 결정되지 않을 것이다.

많은 지원의 단계적 시스템, 특히 Tier 3이 광범위한 중재를 제공하기 때문
에 학생이 특수교육을 필요로 하는지에 대한 문제는 특히 어렵다. 이전 장에서
언급했듯이, 실무자들이 일부 Tier 3 중재가 기존의 특수교육 프로그램보다 빈
도, 기간, 그리고 강도 면에서 더 집중적이라고 주장하는 것은 드문 일이 아니
다. 본질적으로, 여기서의 질문은 "특수교육에서 무엇이 특별한가요?"이다. 즉,
학생의 의미 있는 진전에 필요하며, 일반(및 치료) 교육을 통해 제공될 수 있는
것 이상의 어떤 프로그램과 서비스가 특수교육을 통해 제공될 수 있는가?

Grimes와 Kurns(2003)는 학생 성장에 필요한 교육과정, 교수, 또는 환경적
조건이 같은 학년 학생의 필요와 다를 때, 학생의 요구가 일반교육에서 다뤄지
는 것을 넘어선다고 언급했다. Hardman, McDonnell과 Welch(1997)는 특별하게
설계된 중재에 일관된 노력, 시간 또는 자원이 요구되며 광범위하게 또는 학교
일과 내내 제공되어야 하고 사전계획과 특별한 자원이 요구된다고 주장했다.

> 학생 성장에 필요한 교육과정, 교수, 또는 환경적 조건이 같은 학년 학생의 필요와 다를 때,
> 학생의 요구는 일반교육에서 다뤄지는 것을 넘어선다.

아마도 Barnett, Daly, Jones과 Lenz(2004)가 중재 강도 변화에 대한 가장 포
괄적인 관점을 제시하였을 것이다. 그들은 중재 강도를 "강도가 높아질수록 일
반교육 환경에서 중재 지원을 어렵게 하는 시간, 노력, 또는 자원의 질로, 특별
한 서비스의 분명한 역할을 확립하는 것"(p. 68)으로 정의했다. Barnett과 동료들
은 관리 및 계획 개선, 전형적 교실 일과의 수정과 중재 회기의 종류, 자료, 중재
자 변경으로 구성되는 중재 강도 증가와 관련된 실행 계획적인 특징을 정의했
다. 저자들이 일반교육과 특수교육 사이에 선을 나누지는 않았지만, 학생의 요

구와 관련된 의사결정 통지에 이 틀을 사용할 수 있을 것이다. 특수교육 관리 및 계획의 개선은 학생 반응에 대한 더 빈번한 모니터링, 더 빈번한 진전도 모니터링, 더 명시적인 교사 프롬프트, 더 빈번하고 세밀한 학부모 및 전문가와의 의사소통을 포함할 것이다. 전형적인 교실 일과의 수정은 여러 유형의 교수적 과제와 사정, 중재 동안 학생 지원 증가, 추가적인 연습 기회, 학생 수행에 대한 피드백 강화와 목표 성취를 위한 특별한 수업 관리계획을 포함할 것이다. 특수교육에서는, 지속되는 기간 동안 사회적 기술 중재와 명시적 교수와 같은 여러 교수 형식을 볼 수 있을 것이다. 충분한 연습 기회와 기초학습기능의 명시적 교수를 가능하게 하는 교수 자료 또한 효과적인 특수교육 중재를 위한 기본적 요건이다. 마지막으로, 특수교육 제공은 교직원이 매우 명시적인 교수를 전달하고 학생들의 반응을 바탕으로 교수적 조정을 하도록 특별히 훈련되는 것을 전제로 한다.

학생의 특수교육 요구를 고려함에 있어서, 이러한 변수는 중요해진다. 판별된 학생은 특별한 교수 및 실행 계획적 특징이 학생이 의미 있는 진전을 이루는 데 필요한 범위 내에서 특수교육에 대한 적격성을 가진다. 이런 특징에 대한 세밀한 분석은 또한 전문가들이 학생이 이러한 진전을 이루는 데 필요한 강도 수준을 만들도록 도울 수 있을 것이다. 특수교육의 완전한 목적은 단계적 지원 제공 중에 드러난 것 이상으로 학생의 진전을 가속화할 수 있는 교수 프로그램을 고안하는 것이다. 일부 학교에서는, 이러한 특징을 조사하는 것이 "특수교육에서 무엇이 특별한가?"에 대한 질문의 재검토로 이어질 수 있다. 일부에서는, 학생들의 요구(예를 들어, 학습율 향상을 위한)를 충족시키기 위해서 현재 제공되는 수준을 넘어선 추가적인 강도가 필요할 수 있으며, 이러한 준거는 특수교육을 통해 제공되는 중재 강도 향상을 위한 행동 목록이 될 수 있다.

사례 연구

Candice

Candice는 3학년 학생으로 읽기는 뛰어나지만, 수학에서는 몇 년째 고군분투하고 있다. 그녀의 부모님은 수학이 Candice의 "문제 영역"이라고 하였으며, 여름 튜터링을 구했고, 학교생활 중에 그녀의 과제를 도와주었다고 보고하였다. 이전 학년에는 수학에서 합격점을 받았지만, 그녀의 부모는 3학년 수학을 "따라갈 수 없다"고 설명했다. Candice는 가장 최근(2학년 말)에 학교에서 주관한 수학 표준화 검사에서 숙달 범위 이하의 점수를 받았다. 겨울학기의 보편적 선별이 실시된 이후, 3학년 3월에 평가가 의뢰되었다. AIMSweb 수학 연산 점수와 비교한 Candice의 3학년 데이터가 [그림 9.7]에 제시되어 있다(봄 학기 데이터 또한 묘사되어 있으며, 사례 연구 후반부에 논의하고자 한다). 그림에서 볼 수 있듯이, Candice

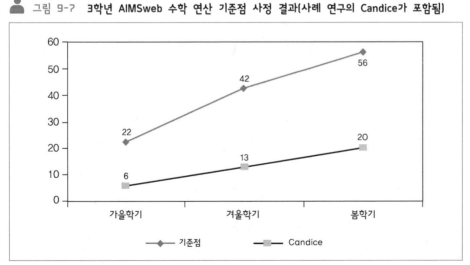

그림 9-7 3학년 AIMSweb 수학 연산 기준점 사정 결과(사례 연구의 Candice가 포함됨)

데이터는 정확하게 답한 자릿수로 표시됨.

그림 9-8 **3학년 AIMSweb 수 개념 및 적용 기준점 사정 결과(사례 연구의 Candice가 포함됨)**

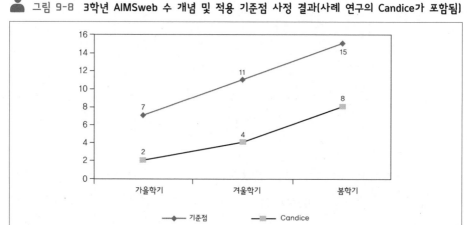

데이터는 총 점수로 표시됨.

의 수학 연산 기술은 기준점과 비교하였을 때 상당히 부진하다. AIMSweb 수 개념 및 적용에서의 기준점 검사 또한 실시되었으며, 기준점과 비교한 Candice의 수행이 [그림 9.8]에 제시되어 있다. 다시, 가을과 겨울학기 실시에서도 Candice 는 해당 기술의 기준점에 상당히 미치지 못하였다. 사실, 가을과 겨울학기 평가 둘 다, Candice의 점수는 백분위 점수 10 이하였다.

　　이런 데이터를 바탕으로, Candice가 완전히 익혔거나 익히지 못한 선행 기술을 드릴 다운하고 확인하기 위해 추가적 사정을 실시했다. 평가 결과에 따르면, Candice는 한 자릿수 덧셈과 뺄셈, 받아올림이 필요하거나 필요하지 않은 두 자릿수 이상의 덧셈과 뺄셈에 숙달되지 못하였는데, 이는 자릿값에 대한 개념적 이해 부족, 받아올림 절차에 대한 이해 부족, 덧셈과 뺄셈의 일반적인 유창하지 못함(빠른 수량 비교 및 수 모으기와 가르기의 유창성 부족을 의미함)을 의미한다. 잘못된 덧셈과 뺄셈 문제를 바로잡고, 덧셈과 뺄셈 문제를 해결하기 위해 그림을 그리는 Candice의 능력은 덧셈에 대한 개념적 이해를 보여주었다. 그러나, 덧셈과 뺄셈 문제를 해결하면서, 그녀는 느리고 힘겹게 답을 구했다.

　　지역에서 개발된 개별 기술 검사를 활용한 학교 데이터에 의하면, 대부분의

그림 9-9 곱셈구구 학급 숙달(사례 연구의 Candice 학급이 포함됨)

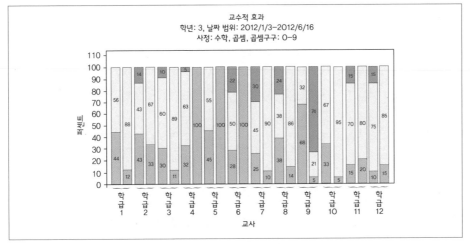

각 학급의 겨울 및 봄학기 선별결과가 제시됨. 막대그래프 아래의 어두운 부분은 선별에서 기준 이하에 속하는 학생의 퍼센트를 나타냄. 중간 부분은 교수 범위이거나 위험군이 아닌 학생의 퍼센트를 나타냄. 위쪽의 어두운 부분은 사정한 기술(들)에서 숙달 범위의 학생 퍼센트를 나타냄. 그래프는 iSTEEP로 제작됨.

해당 학년 학생들은 3학년 겨울학기에 제공된 수학 교수의 필수적 결과로 곱셈을 숙달하게 된다. [그림 9.9]에 나타난 것처럼, 겨울과 봄학기 선별 검사를 비교하였을 때, 기술을 가르치고 학생들이 교수의 효과를 보이면서 위험 범위의 학생 수가 겨울에서 봄학기까지 크게 줄어든다. Candice는 [그림 9.9]의 학급 9에 속하였다.

　봄학기 선별에서, 단지 학생의 5%만이 위험 범위에 속했다. [그림 9.10]은 봄학기 선별 시, Candice가 학급에서 보여준 수행을 나타낸다. Candice는 학급에서 가장 낮은 수행을 보이는 학생이면서 위험 범위에 속하였다. 그녀의 학급에서는 선별을 위해 받아올림이 필요한 두 자릿수 뺄셈 검사도 실시되었으며, Candice는 학급에서 두 번째로 가장 낮은 수행을 보이는 학생이면서, 위험 범위의 수행을 보였다([그림 9.11] 참조). 이 자료들을 종합해보면, Candice의 어려움은 학급 전반의 교수적 문제가 아님을 알 수 있으며, Candice가 유치원 이후로 이

그림 9-10 **0-9 곱셈 검사에서 Candice 학급의 모든 학생들의 수행(사례 연구에 포함됨)**

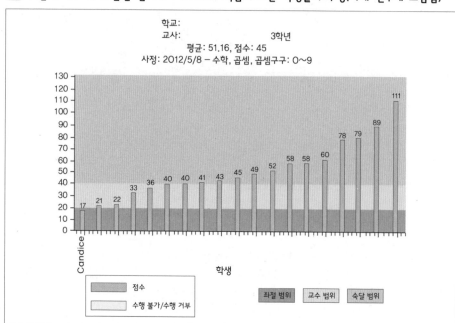

대부분의 학생이 교수(2분당 20–40 올바른 자릿수 점수에 속하는 중간의 어두운 배경, 위험군 아님)와 숙달(위쪽의 어두운 배경, 위험군 아님) 범위에 속함. Candice는 위험 범위에 속하며 학급에서 가장 낮은 수행을 보였음. 이 그래프는 iSTEEP로 제작되었음.

학교에 줄곧 있었다는 점은 적절한 교수의 부족으로 인한 것이 아니라는 증거가 된다.

드릴 다운 분석에 기초하여, 덧셈구구 유창성 습득을 위해 Tier 3 중재가 개발되었다. 중재는 0에서 20까지의 덧셈구구로 시작되었으며, Candice는 중재된 기술에서 빠르게 유창한 수행에 도달한 후 유지하였다([그림 9.12] 참조). 받아올림이 필요한 두 자릿수 이상의 덧셈을 목표로 하기 위하여, 중재는 2월에 조정되었다. Candice는 받아올림에 대한 개념적 이해를 보여주었고, 언제 그리고 왜 받아올림이 필요한지 설명할 수 있었다. 안내된 실제를 포함하는 중재 프로토콜에 따라 중재가 매일 실시되었으며, 여기에는 100% 정확한 반응을 보장하기 위해

 그림 9-11   또래와 비교한 대상 학생의 수행(사례 연구의 Candice가 포함됨)

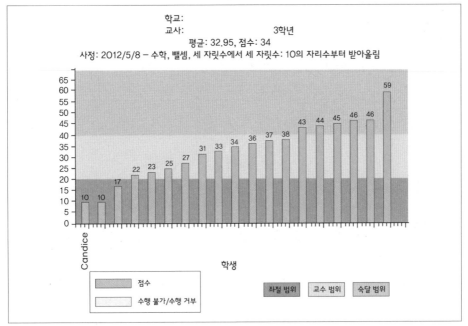

Candice는 두 자릿수 이상의 뺄셈 검사에서 가장 낮은 수행을 보이는 학생임. 이 그래프는 iSTEEP 로 제작됨.

교사가 즉각적으로 제공하는 교정적 피드백 및 도움과 함께 두 자릿수 이상의 덧셈 문제를 완성하는 안내된 실제가 포함되었다. 연습 간격에 따라, Candice는 자신의 지난 최고점을 넘기 위해 시간제한이 있는 학습지를 완성하였다. 2주 중재 이후에, Candice의 수행은 충분히 향상되지 않았다. 중재 코치는 중재 관찰을 실시하였고 중재가 정확하게 실시되고 있다는 결정을 내렸다.

또한, 이전 2주 동안 매일 완성한 활동지와 점수를 확인할 수 있었으며, 관찰 결과 Candice는 중재 동안 열심히 참여하였고, 내내 부지런하게 최선을 다하는 모습을 보였다. 관찰과 점수는 Candice의 오류율이 10% 정도에 머물러 있음을 보여주었다. 이러한 데이터를 바탕으로, (1의 자리 그리고/또는 10의 자리에서 받아올림이 가능한 세 자릿수 문제와는 반대로) 1의 자리에서만 받아올림이 필요한 두

그림 9-12 특정 기술의 진전도 모니터링 데이터(사례 연구의 Candice 포함됨)

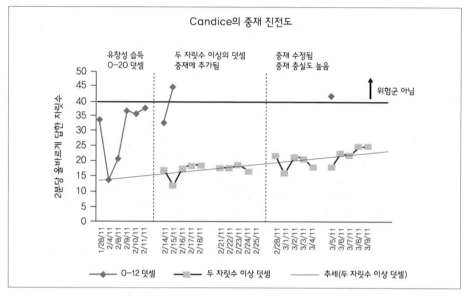

중재는 0에서 20까지의 덧셈에서 시작됨. Candice가 2분당 40자릿수를 정확하게 답하면 중재 내용이 두 자릿수 이상의 덧셈으로 심화됨. 일정 기간 동안 변화가 없었으므로, 훈련된 코치가 중재를 관찰하였으며, 중재 효과 향상을 위한 조정이 생김. 최종 단계에서, 두 자릿수 이상의 덧셈 중재가 지속됨. 학생의 향상률을 보여주기 위한 측정점에 따른 성장 선형 추세선.

자릿수 문제만을 포함하는 것으로 중재가 조정되었다. 올바른 반응을 위한 교사 지원과 함께 가리기-따라쓰기-비교하기 형식으로 중재가 변화하였다.

Candice가 특수교육에 적격한 것으로 평가되었기 때문에, 평가팀은 일반적인 성과 측정(AIMSweb 수학 연산)으로 주간 진전도 모니터링 또한 실시하였다. [그림 9.13]에 묘사된 것처럼, 이 측정에 대한 Candice의 주간 수행 수준이 매우 낮았으며, 그녀의 향상률이 주당 0.49개의 자릿수를 정확하게 답한 것으로 나타났다. Candice의 향상률은 전형적 학생 향상률의 45%(0.49/1.08)이었으며, Candice가 숙달 수준에 도달하기 위해 필요한 목표 향상률과 비교하였을 때 향상률의 15%(0.49/3.31)였다.

평가 과정 동안, Candice는 봄학기 보편적 선별에 참여하였다. [그림 9.7]에

그림 9-13 3학년 AIMSweb 수학 연산을 활용한 진전도 모니터링(사례 연구의 Candice가 포함됨)

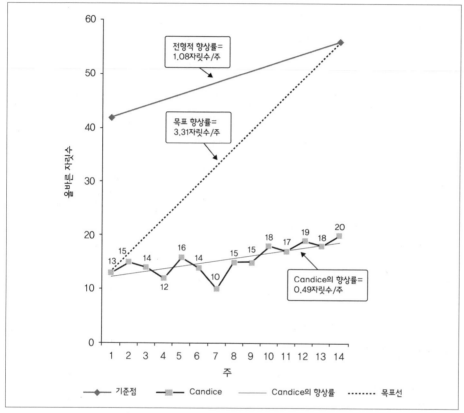

데이터는 정확하게 답한 자릿수로 표시됨.

제시된 것처럼 Candice는 계속해서 백분위 점수 10 이하를 받아 기준점 수준에 훨씬 미치지 못하는 수행을 보였다. 평가팀은 봄학기 선별 데이터의 수학 연산과 수 개념 및 적용에 대해 기준점 차이 분석을 실시하였다. 수학 연산의 기준점 차이 분석 결과에 따르면 중재 이전(겨울학기)에 Candice의 수행은 또래들과 3.2배(42/13) 차이를 보였다. 즉, 그녀는 당시 전형적 수행의 31%(13/42) 점수를 받았다. 중재에 따라, Candice는 2.8배(56/20)의 차이를 보이며, 학업 위험 범위를 벗어나기 위하여 필요한 점수의 36%(20/56) 점수를 받았다. 수 개념과 적용에서의 기준점 차이 분석 결과에 따르면, 중재 이전(겨울학기)에 Candice의 수행은 2.8배 (11/4)의 차이를 보였고, 전형적 수행의 37%(4/11)였다. 중재 이후(봄학기), Candice 는 1.9배(15/8)의 차이를 보였고, 전형적 수행의 53%(8/15)였다. 집중적 중재 이후 Candice가 겨울학기에서 봄학기까지 진전을 보였음에도, 여전히 또래보다 상당히 뒤처져 있었다.

Candice는 핵심 수학 교수에서 성장을 보인 학급에 속해 있었고, 수학에서 체계적 학습 문제를 보이지 않았다. 그녀는 중재 조정에도 불구하고, 학습 요구 와 부합하며 성실하게 전달된 증거 기반 중재를 받았음을 고려할 때, 충분한 성장을 보이지 않았다. Candice가 보인 진전율은 장기적 수학 실패나 현행 수행과 일반교육 환경에서 성공적 학습을 보장하기 위해 필요한 수행의 간격을 좁히기 에는 충분하지 않았다. Candice는 전반적 수학 교과과정에서 또래에게 더 뒤처지지 않기 위하여 해당 기술에서 더욱 빠른 진전을 보일 필요가 있다. 이러한 데이터를 바탕으로, Candice는 특정학습장애의 첫 번째, 두 가지 준거를 충족시킬 것이다.

학교 심리전문가는 BOSS를 이용하여 읽기와 수학 시간, 수학 보충수업 시간동안 Candice를 관찰했다. 읽기 시간에, Candice는 또래가 87%의 과제집중행동을 보인 것과 비교하였을 때 90%의 과제집중행동을 보인 것으로 간격 관찰되었다. 과제이탈행동은 평범한 수준이었으며 그녀의 수행에 지장을 주지 않았다. 반면에, 그녀의 수학 핵심 교수 시간에, 그녀는 관찰된 간격 동안 85% 과제집중행동을 보인 또래에 비해 과제집중행동이 단지 50%만 관찰되었다. 운동적 과제이탈행동이 간격의 20% 정도 관찰되었고, 구어적 과제이탈행동이 간격의 20% 정도 발생했으며, 수동적 과제이탈행동이 간격의 10% 동안 일어났다. 그녀는 수학 보충수업 시간에 더 과제집중적이었는데, 관찰 간격의 80% 동안 과제집중행동을 보였다(또래는 85% 동안 보임). 일반적으로, 이런 관찰은 그녀의 학업 수행과 일치하였다; 그녀는 일반적으로 자신이 뛰어난 영역(읽기) 수업 동안, 혹은 자신이 명시적 교수를 받는 영역(수학 보충수업) 수업 동안 과제에 집중하였으며, 개별화된 지원을 받지 않는 어려운 영역(수학 핵심 교수)에서 상당히 과제에 집중하지 못하였다.

이제 배제기준을 고려할 수 있다. Candice는 학교에서 규칙적으로 실시하는 감각 선별에 참여하였다. 현재 학년의 마지막 선별에서, 시각 또는 청각 손상이 발견되지 않았다. 운동 상의 문제도 의심되지 않았다. Candice의 학부모와 교사는 Candice가 매우 깔끔하게 작업하며, 일상적으로 제 시간에 쓰기 과제를 완성하고 필기 영역에서 평균 이상의 점수를 받았다고 보고했다. Candice는 학년 수준에서 평균 이상 범위로 읽었으며, 연령에 적절한 적응기술을 가지고 있었으므로 지적장애는 의심되지 않았다. Candice는 바람직한 행동 점수가 높았으며 또래와 잘 지냈으므로 정서장애도 의심되지 않았다.

수학 기술 부진과 그녀의 수학 학습 환경 요구(현행 기술과 기대되는 수행에 불일치가 있음)를 감안할 때, Candice는 숙제를 하거나 학교 수학 수업이 자신의 능력 수준 이상이어서 어려워했다. Candice는 영어를 모국어로 하는 백인 여학생이다. 문화적 및 언어적 장벽이 의심되지 않았다. Candice는 급식비를 면제받거나 감면받지 않았고, 학부모가 수학 학습 문제에 대해 외부 튜터링 지원을 요청하고 비용을 지불하였다는 점에서 경제적·환경적 불이익은 의심되지 않는다. Candice가 학습 요구에 맞춘 잘 조절된 중재가 주어졌을 때는 일정 수준의 성장을 보였으나, 그녀의 학습 격차를 좁히기에는 성장이 충분하지 않았으므로 교수 부족은 제외되었다.

Candice는 중재에도 불구하고 지속적으로 낮은 수학 성취를 보였다. Candice는 학습 성과를 촉진하고 유지하기 위해 빈번하게 진전을 모니터링하고 조정하는 등 낮은 학년 수준 기술에 초점을 둔 더 집중적이고 지속적인 수학 교수에 대한 요구를 보였기 때문에 특수교육의 필요성을 증명하였다. 중재가 없다면 Candice는 수학에서 장기간의 실패를 경험할 가능성이 있다.

Sam

3학년인 Sam은 읽기 학습에 상당한 어려움이 있어 종합 평가에 의뢰되었다. 대조적으로, 교사는 그가 수학에 뛰어난 기술을 가지고 있으며, 그가 보편적 수학 선별에서 기준점 이상을 유지했다고 보았다. 그는 학교 출석률이 좋았고 학업 습관과 학습 기술에서 만족스러운 점수를 받았다. Sam이 지난 3년간 다닌 학교는 읽기 지도에서 문학 기반의, 총체적 언어 접근법인 "안내된 읽기 모델"을 사용한다. 이 프로그램에서 문자−소리 대응과 음성 해독에 대한 명시적 교수는 실시되지 않는다. 오히려, 이 기술은 문맥화된 읽기에 기초하고 있고, 학생들은 그 기술을 간접적으로 습득한다고 가정한다. 1학년부터 3학년까지 Sam의 읽기 유창성 점수가 [그림 9.2]에 제시되어 있다. 지역의 읽기 전문가가 CORE 파닉스 설문조사(CORE Phonics Survey)를 포함한 CORE 다중 측정(CORE Multiple Measures)을 실시하였다.

결과에 따르면, Sam은 빠르고 자동화된 해독과 단어 분석 기술에 어려움이 있다. 그는 단모음 및 이중모음을 자주 혼동하였으며 특히 'oo'와 'ea' 이중모음, 'sh'와 'gh'의 이중자음, 'e'로 끝나는 문자에 어려움을 보였다.

이런 어려움에 대한 반응으로, 데이터 팀은 Sam의 확인된 오류를 특히 강

표 9-2 **가을, 겨울, 봄학기 기준점 점수 및 3학년 DIBELS Next 읽기 유창성 향상률(사례연구의 Sam이 포함됨) 기준점과 비교함.**

학년	읽기 유창성 점수			향상률		
	가을학기	겨울학기	봄학기	가을에서 겨울학기	겨울에서 봄학기	가을에서 봄학기
1(기준점)	n/a	23	47	n/a	1.33	n/a
1(Sam)	n/a	10	20	n/a	0.56	n/a
2(기준점)	52	72	87	1.11	0.83	0.97
2(Sam)	21	30	38	0.50	0.44	0.47
3(기준점)	70	86	100	0.89	0.78	0.83
3(Sam)	34	71	n/a	2.06	n/a	n/a

주의: 읽기 유창성은 분당 정확하게 읽은 단어 수(wcpm)으로 표시됨. 향상률은 분당 정확하게 읽은 단어 수/주로 표시됨.

조한 문자-소리 대응에 대한 명시적 교수; 소리내어 읽기와 음소 합성에 대한 명시적 교수; 새로운 글자 소리의 체계적 도입; 이전에 학습한 글자 소리와 새롭게 학습한 글자 소리의 대응관계를 구별하기 위한 변별 훈련; 그리고 문맥화된 읽기를 위해 조절된 어휘로 이루어진 해독 가능한 이야기의 활용을 포함하는 중재 패키지를 개발하였다. 이런 중재는 9월에 시작되었으며, 핵심 언어 교수와 더불어 주당 4회 30분 회기로 실시되었다.

　　평가팀은 Sam의 중재 반응에 대해 진전도 모니터링 차이 분석을 실시하였다([그림 9.14] 참조). 그의 한 주간 1분당 1.90단어를 정확하게 읽은 (읽기유창성에 기반을 둔) 진전도 모니터링 향상률은 전형적인 3학년 학생이 보이는 비율(분당 0.89단어를 정확하게 읽음/주)의 213%였다. Sam은 겨울학기까지 기준점에 도달하

그림 9-14　**4DIBELS Next 읽기 유창성 활용한 진전도 모니터링 데이터(사례 연구의 Sam이 포함됨)**

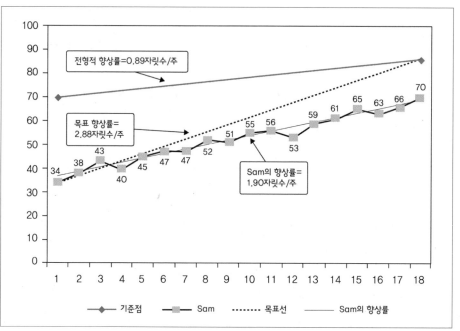

기 위해서는 한 주간 1분당 2.88단어를 정확하게 읽는 진전이 필요했다. 그가 보인 1.90향상률은 목표 비율의 66%였으며, 평가팀은 이를 매우 의욕적이라고 판단했다. 평가팀은 Sam의 가을학기와 겨울학기 기준점 점수에 대해 차이 분석을 실시하였다. 가을학기에서 겨울학기까지, Sam은 기준점의 49%에서 기준점의 83%로 향상되었다. 여전히 기준점 이하였지만, Sam은 이제 분당 68개 단어를 정확하게 읽는 위험군 수준을 넘어섰다.

1년 후, Sam의 향상률을 예상했을 때, Sam이 같은 향상률(분당 1.90단어를 정확하게 읽음/주)을 유지할 수 있다면, 그는 겨울학기 기준점 평가까지 분당 68단어를 더 정확하게 읽어 139단어로 향상될 것이며, 그 때쯤에는 분당 103단어를 정확하게 읽는 것보다 훨씬 높은 수준이다. 사실, Sam이 내년에 전형적인 향상률(분당 0.83단어를 정확하게 읽음/주)의 진전을 보인다면, 그는 겨울학기 기준점(분당 103단어를 정확하게 읽는 것에 비해 101단어를 정확하게 읽음)보다 낮을 것이다.

학교 심리학자들도 핵심 교수와 단계적 중재 기간 동안 전형적 또래와 비교하여 과제집중행동과 과제이탈행동을 기록하는 시간 표집 행동 평가를 활용하여 중재 전후에 Sam을 관찰했다. [그림 9.15]에 묘사된 것처럼, 비교집단 또래가 대부분 과제집중행동을 보였던 것에 비해, Sam은 핵심 교수에서 관찰된 간격의 절반 정도만 과제에 집중하였다. 그의 과제집중행동은 중재 환경에서 상당히 향상되었는데, Sam과 비교집단 또래의 과제집중행동은 관찰 간격의 80%였다. 중재 후에도, Sam은 비교집단 또래에 비해 핵심 교수 동안 과제집중행동이 향상되었다.

평가팀은 이를 자신의 특별한 교육적 요구를 목표로 한 매우 강력한 중재를 받은 후 극적으로 향상된 학생을 나타낸 데이터로 해석하였다. 그들은 성공적인 중재의 결과로 Sam이 기준 1(수준)이나 기준 2(RTI) 하에서 특정학습장애 판별에 적합하지 않다고 결론지었다. Sam은 더 이상 학년이나 주 기준에서 부진을 보이지 않았기 때문에, 이전의 문제에 대한 원인으로써 다른 조건을 배제할 필요는 없었다. 오히려, Sam이 보인 이전의 부진한 수행은 기초 읽기 학습 기능에 대한 명시적 교수 부족에 의한 것이다. 평가팀은 Sam이 기준점에 도달할 때까지 단계

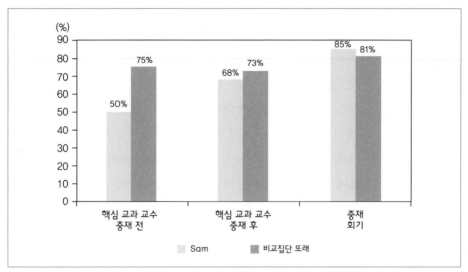

그림 9-15 세 가지 교수 상황에서 대상 학생(사례 연구의 Sam이 포함됨)과 비교집단 또래의 과제집중행동

적 개입을 지속할 것과 그래프를 이용한 주간 보고서를 통해 그의 진전도를 학부모에게 보고할 것을 권유하였다.

사례 연구를 위한 논의

본 사례 연구에서는, 두 가지 시나리오를 제시하였다. 첫째는 학생이 특정 학습장애 판별에 필요한 이중 불일치를 보인 것이고, 둘째는 학생의 긍정적 RTI 가 특수교육 적격성 판별 필요를 없앤 것이다.

본 연구의 결과가 [표 9.3]에 제시되어 있다. 첫 번째 연구(Candice)에서, 학생은 수학 연산 수준에서 중재 전후 모두 상당한 부진을 보였으며, 중재 동안 부진한 향상률을 보였다. 평가팀은 중재가 다른 학생들에게는 효과적이었다고 판단했고, 교수 부족을 배제하였으며, 나아가 학생의 수학 부진이 다른 장애나 다른 조건 때문은 아니라고 판단했다. 두 번째 연구(Sam)에서, 학생은 기초 읽기 학습 기술 획득에 2년간 어려움을 보인 후 평가에 의뢰되었다. 드릴 다운 사정에 의하면, 특정 음소에서의 약점을 보였으며, 이는 보충 기간 동안 실시된다면 적 중재의 기초가 되었고, 핵심 교수 동안의 편의제공을 포함하였다. 학생은 중재 패키지에 강력한 반응을 보였으며, 전형적인 학생들에게서 나타나는 것보다 훨씬 높은 향상률을 달성했다. 18주의 중재 이후에, 학생은 기준점에 도달하지는 못했지만, 간격을 상당히 좁혔고 다음 해 안에 숙달된 수행을 거둘 것처럼 보였다. 그 결과, 평가팀은 학생이 특정학습장애 진단 기준을 충족하지 않음을 확인했다. 학생이 잠재적 장애에 대한 종합 평가에 의뢰되었을 때 어떤 일이 발생할 것인가의 관점에서 이러한 사례 연구를 제시하였음을 유의해야 한다. RTI 인프라가 견고한 학교에서는, Sam의 긍정적 RTI가 평가팀에서 주목받았을 가능성

표 9-3 **사례 연구 요약**

	Candice	Sam
목표 영역	수학	읽기
중재 전 기준점 차이	31%(3.2배)	49%(2.1배)
중재 후 기준점 차이	36%(2.8배)	83%(1.2배)
드릴 다운 사정	공식적 수학 사정	핵심 다중 측정
중재	숫자와 두 자릿수 이상의 덧셈 유창성 기르기	명시적인 파닉스 교수
진전도 모니터링 향상률	분당 0.49단어를 정확하게 읽음/주	분당 1.90단어를 정확하게 읽음/주
진전도 모니터링 향상률 격차 (전형적 향상률과 비교됨)	전형적 향상률의 45%	전형적 향상률의 213%
관찰 데이터	핵심 수학 교수의 50% 과제에 집중함; 중재 중 80% 과제에 집중함	핵심 및 보충 읽기 교수의 80% 이상 과제에 집중함
다른 장애 및 조건의 배제	다른 장애나 조건 배제함	해당 없음; 학생이 더 이상 부진을 보이지 않음
교수 부족의 배제	교수 부족 배제함	교수 부족 가능성 있음
결정	특정학습장애(수학)	적격성 없음

이 높고, 평가 의뢰도 나오지 않았을 것이다.

　두 사례 연구 모두 의사결정의 핵심 원칙을 제시한다. 평가팀은 결론에 다다르기까지 다수의 자료를 활용하였고, 단계적 과정에서 실시되는 것과 같은 강도의 교수 과정이 지속될 경우 예측된 결과를 검토하는 지침을 따랐으며, 직접적이고 체계적인 관찰을 통해 교실 맥락에서 학생의 행동을 고려하였다. 보편적 선별 및 진전도 모니터링 데이터와 중재 과정 동안 얻은 다른 데이터도 모두 검토하였다. 평가팀은 이 데이터를 함께 사용함으로써 특정학습장애 결정을 위한 네 가지 주요 준거를 활용하여 실증적으로 뒷받침될 수 있는 결정을 하였다.

10

IEP 작성을 위한
RTI 데이터 사용

10장

IEP 작성을 위한 RTI 데이터 사용

9장에서 설명한 바와 같이, 종합 평가를 받은 몇몇 학생들은 특수교육이 필요하다고 판단된다. IDEA가 처음 제정된 1975년부터, IDEA는 종합 평가가 다음의 두 가지 결과를 나타내도록 한다. 많은 범주 중의 하나에 대한 학생의 적격성 결정과 양질의 특수교육 프로그램을 실시할 수 있는 개별화 교육 계획(IEP)의 개발을 위한 방대한 정보들이다. RTI 과정은 특정학습장애 범주에서 특수교육 서비스를 받을 사람을 구체화 하는 진단의 정확성을 높인다. 아동이 특정학습장애 서비스를 받는 데 적격한 것으로 판별이 되면, 목표는 교수의 강도와 특수교육을 받는 학생들의 학습 결과를 향상시키는 것으로 변한다. 특수교육 교수는(즉, 특별하게 설계된 교수) 학교가 전달할 수 있는 가장 집중적인 것이다. [표 10.1]은 효과적이고 집중적이며 특수교육에서 사용되어야만 하는 교수전략들을 요약하였다. 특수교육을 통해 전달되는 교수들의 질과 효과들은 학교들과 시스템들에 따라 매우 광범위하게 다양하다.

대체로, 데이터 팀들은 특수교육을 받는 아이들이 특별한 교수로 인해 성장하고 시간에 따라 학업 실패 위험이 감소함을 확인해야 한다. 집중중재를 받는 모든 학생들을 지켜보는 것은 모든 학생들의 학업 성장을 얻는 한 부분이지만, 이러한 접근은 시스템의 패러다임을 바꾸는 것을 나타낸다. 특수교육은 RTI의 끝이 아닌 오히려 더 집중적인 중재를 할 수 있도록 가능하게 하는 교수적 자원을 만드는 방법이다.

만약 RTI가 잘 진행되면, 이후 특수교사들은 어떠한 교수전략들이 매력적이고 학생들의 학업에 어떤 효과가 있었는지 확인해야 한다. 특수교사들은 또한 단계적 교수와 중재의 제공 시 생성되는 방대한 평가 데이터에 접근한다(3장 참고). 이 정보를 통해 특수교사는 기술 위계에서 학생의 수행 수준을 파악하고, 교수를 계획하는 데 필요한 추가 평가가 무엇인지 구체화하며, 교수를 위한 목표를 설정할 수 있다. 만약 중재가 확정되고 사용되어 학생의 학업에 긍정적인 효과를 주었지만, 학생이 위험 범위에서 벗어나기에 충분하지 않았을 때, 중재계획은 좀 더 잦은 진전도 점검을 하면서 집중적인 교수들이 제공되어야 할 것이다. 그러나, RTI를 실패한 경험이 있고, 시도된 교수전략들에 향상되는 반응을 나타내지 못한 학생들에게는 다른 과정이 필요하다. 본 장에서는, 우리는 현재 수행 수준을 구체화하고, 중재계획을 세우며, 중재를 조절하고, 학교 시스템 성장에 정보를 줄 시간에 따른 특수교육 효과를 측정하는 데 사용될 수 있는 학생 데이터를 어떻게 사용하는지에 대한 단계적 제안을 한다. 이미 실시된 RTI 시도에서 이러한 데이터를 얻을 수 있다. 다른 경우, 다음은 특정학습장애로 판별된 학생들에 대한 효과적인 특수교육 서비스를 계획하기 위해 필요한 데이터를 모으는 데 지침이 된다.

표 10-1 **집중교수 특징**

중재는 아동 평가와 연계된다.
- 기술 숙달 분석은 목표행동을 확인하고 교수성과들을 일반화한다.
- 아동의 목표행동에 대한 수행은 오류와 그 기술 수행력의 유창성에 대한 오류를 결정하며 평가된다.
- 중재는 정확한 반응을 하고 유창함을 높이고 일반화를 촉진하도록 계획된다.

교수의 특징은 다음과 같다.
- 정확하고, 부정확한 반응의 방법적인 시연
- 정확한 반응을 확신할 수 있는 즉각적인 교정 피드백과 체계적인 프롬프트를 제공하는 안내된 연습
- 오류 발생 시 반복적인 연습(예: 오류를 즉각적으로 발견하고, 정확하게 교정해주며, 학생에게 다시 문제를 제시한다).
- 아동의 오류비율이 적게 나타나면, 지연된 교정 피드백을 제시하며 많은 기회를 제공한다.
- 촉진과 모델링 같은 선행 지원을 시스템적으로 감소시킨다.
- 학생의 수행에 따라 교수 회기에 대한 과제 난이도를 체계적으로 증가시킨다.
- 구조화된 과제에서 일반학급에서 사용되는 과제들로 체계적으로 바꾸어 간다.
- 목표설정, 진전도 그래프, 작은 강화 또는 최종 최고점수를 받는 학생에게 특권을 주는 것, 보너스 상, 동기 부여 요인, 어려운 과제와 쉬운 과제를 섞어서 제시하기를 포함하는 동기 전략을 사용한다.
- 매일 학생의 진전도 평가를 하고 매주 교수계획을 조정한다.
- 일반교사와 학생의 팀, 교사들과 그래프를 공유한다.

현재 수행수준의 구체적 명시

학생이 숙달한 것을 이해하는 것은 교수계획의 기본이다. RTI 시스템이 잘 사용되었다면, 종합 평가에서 얻어진 데이터는 매우 유용하다. 만약 RTI 데이터가 이용가능하다면, 종합 평가는 IEP팀에 학생이 일반교육에 정확히 반응하는 데 필요한 기술들(예: 학기별, 학년 수준별 선별 과제)과 학생의 또래들이 할 수 있는 것(예: 선별데이터)을 알려준다. 게다가, IEP 팀은 단계적 지원이 제공되는 동안 교수된 기술들과 하위기술들에 대하여 정확히 분석한 모든 결과를 알아야 한다.

교수를 계획하기 위해서, 이 분석을 통해 특수교사는 과제 위계 또는 기술 위계에서 아동 학업을 어느 수준에 맞추어야 하는지 알 수 있다. 기술 위계는 목표 기술들을(예: 선별 과제에서 제시된 기술들) 제시하는 한 가지 방법이며 아동이 목표 기술을 수행하기 위해 갖추어야 할 기초적 기술을 구체화할 수 있도록 한다. 기술 위계는 기존의 평가 결과들을 특수교육 교수계획, 수행목표 설정, 진전도 점검, 학생 성장을 담보하는 중재 조정으로 해석하기 위한 지도가 된다.

IEP 목표설정

보편적 선별에서 수집된 선별 데이터는 기대되는 기술들의 일련의 과정을 세우는 것에 기초틀을 제공한다. 종합 평가의 데이터는 중재 목표를 구체화하고 학생의 학업 단계가 습득, 유창, 일반화, 또는 적용 단계인지 확인하여 효과적인 교수전략이 무엇인지 나타내주는 데 유용하게 사용된다. [표 10.2]는 각 학업 단계별 학생들이 일반적으로 보이는 학업적 특징과 각 단계별 효과적인 교수들이 요약되어 있다. 단계적 지원 과정에서 실시된 평가 과정(3장 참고) 동안 수집된 드릴 다운(drill-down)은 학생의 요구에 따른 교수적 전략들의 유형들과 학생이 숙달하거나 그렇지 못한 기술 및 하위기술이 무엇인지 알게 해주는 기본 자료가 된다. IEP 목표를 설정할 때, 단기 목표들을(예: 학생은 총 20개까지 숙달 기준에 도달한다)과 일반화된 과정을 반영하는 목표들, 더 나은 전반적인 수정(예: 시간이 지남에 따라 선별에서 위험한 정도를 감소하고, 학기말 검사 점수를 향상한다)을 구체적으로 제시하는 것이 도움이 된다. [그림 10.1]은 심층적 기술 분석에 따른 IEP 예시 목표들을 나타낸다.

명세화된 교수설계

> 특수교육 서비스를 받는 학생들은 일반교육의 학생들과 비슷한 속도의
> 교수적 향상을 하기 위해 필요한 것들을 제공받아야 한다.

　　교육자와 전문가들이 모든 학생들의 일반교육과정 접근의 중요성을 말할 때, 어려움을 겪는 학생들을 위한 접근은 반드시 정확하고 유창한 수행을 위한 체계적 지원과 함께 점진적으로 제공되어야 한다. 그리고 학생이 학업을 잘 따라가고 있다는 것을 확인해 줄 수 있는 진전도 모니터링이 반드시 이루어져야 한다. 정확한 어려움의 수준에서 교수를 제공하는 개념은 단순히 쉬운 과제를

표 10-2　**일반적인 학생들을 위한 다양학 학습 단계에서의 효과적인 교수전략**

학생수준	포함되어야 할 교수전략
습득 느리고, 주저함 오류비율 10% 이상	• 아동의 선행과제 숙달 여부 확인 • 잘 통제된 교수 재료 사용 • 모델링, 촉진, 정확한 피드백을 제공하는 안내된 연습 지원 • 더욱 정교화된 정확한 피드백 • 반복연습 • 정확한 반응 모니터링 • 학생 수준의 증가에 따른 점진적인 과제 난이도 향상 • 학생이 정확하게 이해하고 반응이 정확한지, 부정확한지 확인
유창성 훈련 정확하나 느림 90% 또는 그 이상 정확히 반응	• 많은 반응 기회 제공 • 지연된 정확한 피드백 • 아동이 정확하고 독립적으로 반응할 수 있도록 잘 통제된 교수 재료 • 더욱 유창한 수행을 할 수 있는 목표설정과 동기부여 전략 • 분당 정확한 반응 모니터링 • 학생 수준의 증가에 따른 점진적인 과제 난이도 향상
일반화와 적용 훈련된 상황과 다른 환경에서 정확하고 빠른 유창함	• 과제 자료들의 의도적 변화(예: 난이도의 약간의 증가, 문제 형태의 변화, 연습하지 않은 자료의 소개) • 자료에 변화가 있을 때 분당 정확한 반응의 지속적인 모니터링

제공하는 것과 구별된다. 특수교육을 받고 있는 학생들을 위한 형평성은 동일한 내용과 교수들을 제공하는 것이 아니라 결과 또는 성취에 대한 형평성이다. 특수교육 서비스를 받는 학생들은 일반교육의 학생들과 비슷한 속도의 교수적 향상을 하기 위해 필요한 것들을 제공받아야 한다(VanDerHeyden & Harvey, in press). Tier 2, Tier 3은 아동의 능력을 빠르게 향상시키는 데 매우 효과적이어서 핵심 교수는 그들의 숙달 수준에 더 잘 맞을 수 있다. 독자들은 이것을 학습환경의 요구에 따라 학습자의 적합성을 향상시키기 위해 학습자를 조정하는 것으로 생각할 수 있다. 유용한 Tier 2, Tier 3 전략들은 체계적인 사전안내와 연습전략을 사용하여 선행기술 숙달을 목표로 한다. 그러나 Tier 2, Tier 3 교수가 잘 제공되었을 때 학습에 어려움을 겪는 학생들은 강력한 학업성취를 얻기 위해서 좀 더 교수의 정교화가 필요하다. 다른 말로 표현하면, 핵심 교수에 잘 반응하는 학생들은 일반적으로 덜 통제된 교수상황에서 학습이 가능하다. 즉, 이러한 이유로 일반교육에서 전달되는 수업을 반복하고, 이것이 특수교육 수업에서 기술을 형성하는 데 갑자기 효과적이길 바라는 것은 헛되고 보람이 없는 접근이 된다.

　　만약 학생들이 정확히 같은 내용을 받지 않았다면, 어떻게 그들의 교수 내용이 결정되는가? 3장에서 설명하였듯이, 특정 기술들에 대한 학생의 학습 단계를 이해하는 것은 교수계획에 매우 유용하고 효과적이다. 학생의 학습 단계를 아는 것은 교사에게 교수, 연습, 피드백의 필요한 유형과 언제 난이도를 높이거나 과제 제시에 속도를 높일지를 알려주며, 교수 기간 동안 어떻게 교수적 효과를 극대화할지 알려준다.

그림 10-1 심층 기술 분석에 따른 IEP목표 예시

개념적 이해 증명하기

문제: 6×7
- 아동이 문제에 대답할 수 있다. 아동은 7개의 묶음 또는 6을 7개 묶음으로 대답한다. 아동은 덧셈문제로 나타낸다(예: 7+7+7+7+7+7).
- 아동은 해결 과정을 설명하기 위해 "소리내어 생각하기(think aloud)"를 사용하거나 해결 방법을 얻기 위해 "교사에게 설명하기"를 할 수 있다. 아동은 문제가 수세기, 합치기, 또는 합계를 나타는 것을 포함하는 문제를 설명할 수 있다. 아동은 "더 쉬운" 곱셈(예: 5×6=30)을 나타내고 식을 먼저 쓰고, 7을 두번 더하거나 그 합을 더하는 (5×6)+7+7 or (5×6)+14라고 설명할 수 있다.
- 아동은 문제 세트에서 정답과 오답을 확인할 수 있다. 아동은 수비교의 정답과 오답을 나타낼 수 있다(예: [6×7] < [6×8]). 아동은 6×7=7×6이 참인지 아닌지 수량비교를 통해 알 수 있다. 아동은 6×7이 6×6보다 6이 한 묶음 많아짐을 나타 낼 수 있다.
- 아동은 오답을 정정하고 무엇을 정정하고 이유가 무엇인지 설명할 수 있다. 아동은 관련 있는 곱셈방정식을 똑같게 만들거나, 한쪽 양이 다른 양보다 크거나 작도록 만들 수 있다. 아동은 6×7≠36의 이유를 구체적으로 나타내어 정답을 나타내고 #와 같은 표식을 사용하여 첫 번째 답이 왜 정답이 아닌지 나타내고 두 번째 답의 정확성을 확인한다.

유창한 수행 증명
- 0-12 숫자를 사용하는 다양한 문제들이 무선적으로 주어졌을 때, 아동은 2분 내에 자릿수 점수 80점을 얻는다.

일반화 수행 증명
- 아동은 수학 곱셈이 필요한 문장제 문제들을 풀 수 있다. 아동은 곱셈 지식을 연산 영역의 문제들을 푸는 것에 적용할 수 있다.
- 아동은 곱셈 지식 또는 역연산(예: □×7=42)의 지식을 사용하며 "빈칸에 알맞은 숫자 넣기"를 할 수 있다. 아동은 역관계를 보여 줄 수 있도록 한 개의 곱셈에서 두 개의 공식을 쓸 수 있다.
- 아동은 관련 나눗셈 문제를 계산할 수 있다.
- 아동은 42를 만들 수 있는 수들을 나타낼 수 있다.

    습득 단계에서 기술은 아직 확립되지 않았다. 습득 교수의 목표는 개념적 이해를 확립하는 것이다(Harniss et al., 2002). 습득 전략은 올바른 반응과 개념적 이해를 확립하기 위한 것으로, 정확하고 부정확한 반응을 모델링하고 구조화된 촉진과 즉각적인 교정적 피드백으로 반응할 수 있는 안내된 연습 기회를 제공하는 등의 전략을 포함한다. 습득 교수 중 교정적 피드백은 종종 매우 정교하여, 왜 반응이 정확하고 또 다른 반응이 아닌지에 대한 설명을 제공한다. 습득 과정에서의 피드백은 일반적으로 반복 회기를 강조하여 학생의 반응이 정확하지 않거나 반응하는 데 간섭이 있었다면, 아동이 스스로 정답을 답할 수 있도록 문제를 반복한다. 예를 들어, 교사가 읽기에서 안내된 연습을 제공하고 아동이 단어를 잘못 읽으면, 교사는 그 단어에서 첫 번째 소리를 제공함으로써 아동에게 촉진을 줄 수 있다. 그러면 아동은 단어의 첫 소리를 반복하고 중간 소리를 시도하면서 오류를 범할 수 있다. 그러면 교사는 중간 글자를 가리키며 "이 단어가 끝에 e가 있을 때 무슨 소리가 나지요?"라고 촉진하고, 아동이 대답하지 않으면 "기억하세요, 마지막에 e 소리는 자기 이름(e) 소리로 발음됩니다."라고 말할 수 있으며, 아동이 여전히 답하지 않으면 교사가 중간 소리를 제공할 수 있다. 교사의 도움으로 학생이 그 소리를 내면, 교사는 아동이 그 단어를 다시 큰 소리로 말해야 한다는 것을 알려주면서 단어의 시작을 가리키게 될 것이다. 교정적 지원이 제공된 후 아동이 단어를 독립적으로 읽도록 하는 것은 정확하고 독립적인 반응을 확립하기 위한 강력한 전략이다. 습득단계에서 교사는 교사의 도움 없이 시도한 간단한 과제에 대한 수행 정확도를 모니터링하고 개념적 이해를 평가한 후, 유창성 훈련 지도로 나아가야 한다. 일단 아동이 교사의 도움 없이 90% 이상의 응답에 정확한 개념적인 이해를 보여줄 수 있다면, 아동은 그 과제에 대한 유창성 훈련지도를 받을 준비가 되어 있다.

학습의 유창성 훈련 단계에서, 기술은 이미 학습되었다. 즉, 아동은 올바르게 반응하거나 정답을 얻는 방법을 이해한다. 유창성 훈련 교수의 목표는 아동이 정확하게 반응하는 것을 용이하게 하는 것이다. 습득단계 교수 중, 일반적으로 올바른 응답의 비율을 측정해, 반응의 정확성을 모니터링해 왔다. 일단 아동이 유창성 훈련 단계 교수에 들어가면, 추가적인 숙달도 향상을 감지하기 위한 시간적 차원이 반드시 있어야 하고, 이것은 분당 정확한 응답을 반영하는 점수를 사용하여 이루어질 수 있으며, 1분간의 시간제한 시험 결과 또는 좀 더 긴 시간제한 시험을 분당 수행으로 나타낸 결과에서 얻을 수 있다.

유창성 훈련 교육 단계에서, 가장 중요한 교수 전략 중 하나는 효과적인 연습을 제공하는 것이다. 왜냐하면, 아동이 정확하게 반응하고 있고, 아동의 반응과 교사가 제공한 교정 피드백 사이의 지연은 용인될 수 있고 실제로 바람직하다고 여겨지기 때문에 아동이 올바르게 반응하는 것을 판단하기 위해 아동의 수행에 간섭하는 것(유창성 정의에 의해, 유창성 훈련 단계 기술들은 그 아동이 정확하고 독립적으로 수행할 수 있는 기술이다.)은 도움이 되지 않으며 연습 기회를 줄일 수 있다. 이를 운동 선수에 비유할 수 있다. 운동 선수들은 유창성을 쌓기 위한 연습의 중요성과 숙달하기 위한 유창성의 중요성을 이해하고 있다. 예를 들어, 훌륭한 주자들은 더 나은 주자(더 인내하고 빠른)가 되기 위해서는 꾸준하게 뛰어야 한다는 것을 이해한다. 학업 성취도 다르지 않다. 배운 기술이 숙달되기 위해서 반드시 연습해야 한다.

유창성 훈련 단계에서 효과적인 교육 전략으로는 반응할 기회를 여러 번 제공하고, 연습 간격이 끝난 후 지연된 교수적 피드백 제공 전략을 사용하고, 연습 회기당 분당 정확한 반응을 모니터링하며, 보다 유창한 수행을 위한 목표를 설정하고, 작은 보상과 강화를 이용하여 더 능숙한 수행을 촉진하는 것이다. 많은 교실에서, 교사들이 새로운 내용을 도입하지만, 학생들이 좀 더 향상된 과제로 넘어가기 전에 도입된 내용에 대해 숙달하는 것을 확실히 하지 않는 것은 매우 일반적인 교수적 실수이다(National Council for Teachers of Mathematics, 2006). 효과적인 유창성 훈련 교육은 배운 기술들을 기억하고, 더 긴 시간 동안 인내하며, 새로운 문제를 해결하기 위해 다른 맥락에서 적용될 수 있는 결과를 낳는다(Haughton, 1980). 이러한 교수적 결과는 REAPS(유지, 인내, 수행기준 적용, Binder, 1996)라고 한다. REAPS는 기술이 학생의 미래 학습에 유용할 수 있는 수준으로 숙달되었음을 제시하는 교육의 기능적 목표다. 보통 분당 정확한 높은 반응률에 의해 반영되는 아동의 수행 속도가 정확성을 잃지 않고 빨라지면 아동은 일반화 교육을 받을 준비가 되어 있다.

훈련 상황과 다른 상황에서 학습된 기술을 쉽게 사용할 수 있는 경우도 있다. 예를 들어, 두 수의 세로셈을 배운 학생은 가로셈이나 문장제 문제에도 정확하고 쉽게 반응할 수 있다. 그러나 때때로 아동(특히, 특정학습장애아동)은 다른 맥락에서 또는 다른 방식으로 제시되는 과제에서 학습된 기술을 사용하기 위해서 지원이 필요할 수 있다. 유능한 교사는 아동에게 훈련 중 사용한 것과 다른 상황에서 학습된 기술을 사용할 수 있는 체계적인 기회를 제공한다. 일반화 교육은 학생이 접할 수 있는 모든 다양한 훈련 기술을 가르치는 것이 불가능하며, 대부분의 경우 필요하지 않기 때문에 중요하다. 일반화 교육은 학생들이 상황에서 배운 기술을 사용하거나 훈련 조건 동안 직면하는 것과 다른 과제를 해결할 수 있는 기회를 제공하는 것을 포함한다. 만약 아동이 긴 /a/ 소리를 이용하여 장모음을 다루는 해독규칙을 배웠다면, 아동에게 긴 /o/ 소리를 포함하는 단어를 제시하고 아동이 학습된 규칙을 적용할 수 있는지를 보는 것은 아동이 학습한 장모음 규칙을 일반화할 기회가 된다. 마찬가지로, 학습의 적용 단계에서, 아동들은 새로운 문제를 해결하기 위해 학습된 반응을 바꾸는 것을 배운다. 아동이 10씩 세기를 배웠고 서수의 위치에 대한 유창한 이해가 있다면, 두 자릿수의 덧셈이 도입되기 전, 20＋19를 20씩 두 묶음 더하고 거꾸로 1을 세는 방법을 통해 39라는 답을 얻을 수 있을 것이다. 학생이 자신의 답과 추론을 설명할 기회를 제공하는 것은 학습의 일반화 및 적용 단계에서 중요한 교육 전략이다. 교사는 일반화 지도 과정에서 학생의 반응 정확성에 주의하고 오류가 다시 나타나지 않는지 확인해야 한다.

특수교육 서비스를 받는 학생의 연간 진전도 평가 및 교육을 위한 진전도 점검 도구 확인 및 활용

특수교육을 학생들에게 잘 제공하기 위해서는, [표 10.3]과 같이 여러 가지 유형의 결정을 내릴 수 있는 자료가 있어야 한다. 첫째, 위에서 논의한 바와 같이, 우리는 학생의 현재 수행 수준을 결정하고 교육 결과에 대한 목표를 설정하기 위한 데이터를 가지고 있어야 한다. 둘째, 우리는 목표 기술을 확립하며 더 폭넓고 더 장기적이며 전반적인 학업적 이익을 만들어내기 위한 중재의 효과를 평가할 수 있는 데이터를 가지고 있어야 한다. 교수 중에 목표가 되는 기술에 대해 자주 평가하는 것을 추천한다. 교수 회기의 일부로 매일 측정을 할 수 있으며, 진전이 충분하지 않은 경우 교수적 변화가 매주 이뤄질 수 있다. 우리는 [그림 10.2]와 같은 중재 요약본을 제공하여 매주 모든 이해관계자들과 공유할 것을 제안한다. 우리는 또한 학교가 모든 학교 평가에서 모든 학생들을 포함시킬 것을 제안한다.

> 특수교육을 받는 아동들이 시간이 지남에 따라 취약성이 줄어드는
> 경험을 하고 있다는 것을 보여주는 것이 중요하다.

특수교육을 받는 아동들이 시간이 지남에 따라 취약성 감소를 경험하고 있다는 것을 보여주는 것이 중요하다. 이러한 보다 전반적인 향상을 평가하는 것은 몇 가지 지표를 검토함으로써 이루어질 수 있다. 첫째, 학교 시스템은 특수교육을 받는 아동과 특수교육 서비스를 받지 않는 아동의 수행 정도를 살펴볼 수 있다. 학교 시스템은 특수교육 서비스를 받는 학생들이 더 낮은 수행을 보일 것이라고 예상할 수 있다(Deno, Fuchs, Marston, & Shin, 2001). 특수교육 서비스를 받는 학생들이 다른 또래 학생들보다 낮은 성적을 보이고 있는 경우, 이 시스템은 그 학년 동안 격차를 줄이기 위해 특수교육을 받는 학생들의 진전도를 높이는 목표를 정할 수 있다. [그림 10.3]에서 일반교육을 받는 학생들의 향상률은 첫 8주간의 교육을 바탕으로 1학기 동안 예측된다. 특수교육을 받는 학생들의 진전도는 처음 8주간의 교육을 바탕으로 같은 그래프에 나타낼 수 있다. 이 그래프에서 특수교육을 받은 학생과 특수교육을 받지 않은 학생의 수행 간에 차이가 존재하지만 향상률은 같다는 것을 알 수 있다. 특수교육을 받는 학생의 진전도를 같은 학년의 일반교육 학생의 진전도와 비슷하게 하는 것을 목표로 설정할 수도 있다. 처음 8주를 기준으로 하면 이 목표가 달성되고 있다. 주기적인 점검

표 10-3 중요한 특수교육을 결정을 위한 데이터 자료들

결정 사항	데이터 자료
학습 목표의 계열성을 확인하기	선별검사부터 시작하라. 선별검사는 학생들이 그 학생의 학년 수준에서 숙달했을 것으로 예상되는 핵심 기술을 반영해야 한다. 선별검사로부터 거꾸로 작업하면, 하위기술을 파악할 수 있고, 기술을 난이도의 "청크(chunks)"에 따라 정리할 수 있다. 이것은 선별검사와 관련된 일련의 기술을 제공하며, 시간 경과에 따른 진행상황을 비교하기 위해 아동 자신의 학교/등급으로부터 규준 자료를 이용할 수 있다. 주 표준과 공통 핵심 표준은 모든 내용 영역에서 핵심 기술을 확인하기 위해 사용될 수 있다. 교사들은 각각의 표준에 대한 하위 기술을 정하기 위해 역순으로 일할 수 있다.
현재 수행수준을 결정하기	학생들의 선별검사에서의 수행을 평가하고, 내용 영역의 예상 기술 및 관련 하위기술에 대한 학생들의 학습 수준이나 학습 단계를 파악할 수 있게 거꾸로 더 쉬운 내용을 통해 자료를 평가한다. 교육과정 중심 측정은 현재 수행 수준을 결정하는 데 이상적이다.
효과성을 확인하기 위한 교수적 전략의 평가와 교수적 변화 만들기	훈련된 기술에 대한 정확성과 유창성을 표준화된 평가 절차에 따라 매주 1~2회씩 엄격하게 통제된 자료로 평가하고 최적의 수행의 가능성을 최대화한다(즉, 향상을 위한 보상, 연습 문항, 1회 이상 시험의 사용). 교육과정중심측정은 학생들의 진전도를 평가하고 교수적 수정을 하는 데 이상적이다.
연간 진전도 평가하기	숙달된 목표 비율: 학년말 평가에 대한 숙달도 향상으로 반영된 위험 상태 감소, 보편적 선별검사에서 위험 범위 이상 수행, 하위 Tier의 중재에 성공적으로 반응함.

을 실시함에 따라, 일반교육 학생의 성장 속도에 버금가는 특수교육 학생의 성장을 달성한다는 학교의 목표를 충족시키기 위해 데이터를 분석할 수 있다.

그림 10-2 학교 교직원들과의 공유를 위한 정보의 요약

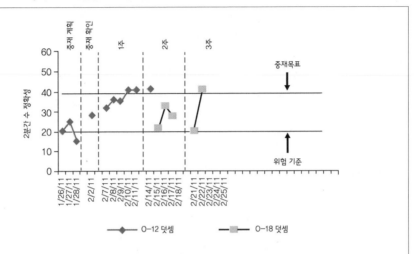

1주: Allison은 이번 주에 빠른 진전을 보였고 0~12 덧셈에 대한 숙달 목표를 넘어섰다. 우리는 월요일에 하루 더 중재를 계속할 것이고 만약 그녀의 점수가 목표 이상으로 유지된다면 우리는 중재 자료의 난이도를 높이고 1주일을 더 계속 할 것이다.

2주: 우리는 이번 주 난이도를 0-18 덧셈으로 높였다. 금요일이 현장학습일이었기 때문에 Allison은 이번주는 3일만 중재를 받았다. 우리는 다음주에 이 기술을 계속하여 중재할 것이다.

3주: Allison은 빠른 진전을 보여 이틀 만에 중재 목표에 도달했다. 우리는 그녀가 성공을 유지하는지 확인하기 위해 교실에서 그녀의 진전도를 지켜볼 것이다.

그림 10-3 **특수교육과 일반교육의 8주간 다른 진전도의 그래프**

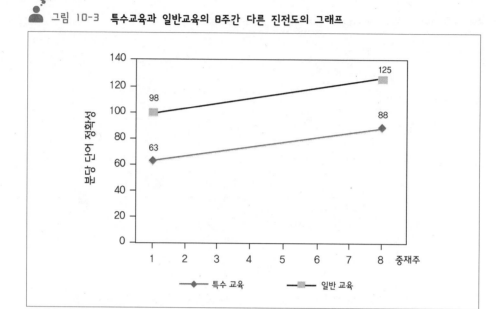

특수교육 서비스의 성과를 학교 교직원 및 학부모와 공유하는 방법

8장에서 언급한 바와 같이, 학부모들은 자녀들이 학교와 인생에서 성공하는 데 도움이 될 수 있는 교수를 통해 얻는 유익과 숙달도에 도달하는 정도에 대해 투명하게 보여주는 지표를 제공받을 권리가 있다. 두 가지 유형의 자료는 학생들을 위한 교육의 효과를 특징짓기 위해 중요하다. 첫째, 한 주에 필요한 교수회기의 빈도를 반영하는 데이터를 제공해야 한다. 둘째, 기술 숙달도 비율, 특정 기술 숙달도에 대한 단기 성장을 감지하도록 설계된 민감한 평가에서의 성장, 그리고 시간의 경과에 따른 일반화된 학습 성과를 포함한 학생들의 진전도를 반영하는 데이터를 자주 수집해야 한다. 이러한 데이터는 최적의 학습 성과를 보장하기 위해 교수적 조정을 하는 기초가 되며, 정기적으로 수집될 때 학생 진전도 기록 및 재평가 수행과 관련된 서류 작업을 간소화할 수 있다. 시간이 지남에 따라 그리고 기술 목표 전반에 걸쳐, 이러한 데이터는 학생들이 학습한 기술을 성공적으로 숙달하고 유지하며 적용하고 있는 정도를 보여주는 강력한 지표가 된다. 따라서, 교육 전략의 사용과 학생 학습에 미치는 영향에 관한 데이터를 수집해야 하며, 데이터 팀은 향상이 관찰되지 않을 때 이러한 데이터를 사용하여 교육 내용을 중간에 변경해야 한다. 학생 진전도 자료와 학년 내내 이루어지는 교수적 조정은 연간 IEP 회의의 기초가 될 수 있는 교수와 학생 반응에 대한 기록을 만든다.

지속적인 적격성 결정을 위한 재평가에 교수적 자료를 사용하는 방법

필요한 향상의 영역을 정확히 파악하기 위해 데이터를 수집하고, 그러한 향상을 추진하기 위한 중재가 시행되고 있으며, 중재가 문제를 성공적으로 해결하는지 검증하기 위해 데이터가 수집되고 있기 때문에, 특수교육의 지속적인 적격성을 결정하는 데 사용할 수 있는 데이터 세트가 생성된다. 다시 말하지만, 학교 시스템에서는 특수교육 서비스를 받는 아동들을 포함한 모든 학생들이 보편적인 평가에 포함되도록 하는 것이 중요하다.

지속적 적격성을 결정하는 것은 간단하며 이미 존재하는 데이터를 수집하고 3년마다의 재평가와 관련된 시간과 필요한 서류의 양을 줄이는 것을 포함한다. 팀들은 학생들의 점수가 보편적인 선별검사에서 위험 범위에 있는지 학년말 시험에서 숙달 기준 미만의 점수에 있는지, 위기의 아동이(선별검사와 학년말시험에서) 특수교육 과정 중에 줄어들었는지, 학생의 IEP에 명시된 특별한 단기 및 장기 목표가 충족되었는지 고려해야 한다. 일반적인 위기 상태가 개선되지 않지만 단기적인 진전이 이루어지고 있는 경우에는 적격성을 계속 유지해야 한다. 그 특수교육 프로그램은 아동에게 혜택을 주고 있지만, 특수교육 서비스에서 학생을 일반교육으로 환류시키기 위한 충분한 진전이 이루어지지 않고 있는 것이다. 일반적인 위기 상황이 개선되지 않고 단기적인 진전이 이루어지지 않을 경우, 적격성 요건은 계속되지만, 확인 가능한 이득이 발견되지 않기 때문에 학생들에게 제공되는 교수를 강화하기 위해 문제해결을 해야 한다. 학생이 위험 범위 이상의 성과를 거두고 단기 목표를 달성한 경우 특수교육은 중단될 수 있다. 특수교육 서비스를 중단하는 것은 어려운 일이 아니다. 왜냐하면 주기적인 선별은 학생이 위험 범위로 복귀하는지 여부를 감지할 수 있고, 학생들에게 오랜 지연 없이 다시 중재 활동을 시작할 수 있기 때문이다.

학교 시스템 개혁에서 다루어질 수 있는 "적신호(Red-Flag)" 실시 문제들을 확인하기 위해 특수교육 서비스의 결과를 활용하는 방법

본 장의 앞부분에서 언급한 바와 같이, 모든 아이들은 보편적 선별검사 및 학생 성적 책무성 평가(accountability assessment)에 포함되어야 한다. 특수교육 서비스를 받는 학생과 특수교육 서비스를 받지 못하는 학생의 선별 과제에 대한 수행 차이를 추적하는 시스템을 갖추어야 한다. 밝혀진 수행 차이는 격차 해결을 목표로 교수적 강도를 결정하기 위한 근거가 되어야 한다. 시간 경과에 따라 격차가 줄어들고 특수교육 서비스를 받는 학생의 취약성이 낮아지는 정도를 판단하는 데 주기적인 선별검사를 사용할 수 있다. 학년말 학생 성적 책임 평가에서 숙달도 기준에 도달하는 학생의 비율은 특수교육에서는 더 적을 수 있지만, 학년 수준을 넘나드는 강화된 교육을 통해 개선이 이루어져야 한다. 특수교육의 학생들이 시간이 지남에 따라 위험 감소를 경험하지 않을 때, 학교 시스템은 주의를 기울여야 하며 특수교육을 받는 학생들이 의도된 이익을 어느 정도 얻고 있는지를 고려해야 한다. 특수교육에서 학생들의 향상된 결과를 보장하려면 특별한 경계심이 필요하다. 왜냐하면, RTI를 사용하는 많은 학교 시스템은 특수교육을 중재에서 성공을 경험하지 못하는 학생들을 위한 최종점으로 보기 때문이다. Tier 3에서 제공되는 중재는 특수교육을 통해 제공될 수 있는 것보다 종종 더 집중적이다. 이러한 현실은 학교 시스템의 교수적 실제가 특수교육 학생들의 교육에 새로운 강도를 가져오고 모든 학생들의 향상에 우선순위를 두도록 변화될 것을 요구한다. 흔히 이상적인 특수교육 실제보다 덜 나타나는 RTI 실시의 적신호에는 특수교육 대상 학생의 높은 비율, 다수의 평가 의뢰, 부적절한 의뢰 및 적격성 결정(인종, 성별, 빈곤 상태), 선별에서 의뢰 결정까지 오랜 지연(선별에서 중재 시작까지 30일 이상, 중재 시작부터 최종 중재 결정까지 30일 이상), 높은 중재 실패율(Tier 3를 받은 학생의 10% 이상) 그리고 시간 경과에 따른 특수교육 학생의 숙달도와 위험 감소의 점진적인 증가 실패를 포함한다. 적격성 결정에 따라 데이터 팀의 초점은 특수교육을 받는 학생들을 위해 충분한 수준의 강도로 교육을 제공하는 것으로 바뀐다. 모든 아동(즉, 특정학습장애로 특수교육 서비스를 받는 아동)을 포함하는 지속적인 보편적인 선별 데이터는 교육 강도의 정도에 초점을 맞추는 것과 학교 시스템에서 특수교육 서비스를 받는 학생들에게 이익을 만드는 진전도 모니터링에 유용한 지표가 된다. 학생 데이터는 보다 집중적인 교수를 계획하고 전달하는 데 사용될 수 있으며, 교수 중에 수집된 진전도 모니터링 데이터를 사용하여 지속적인 적격성을 결정하고 IEP 목표를 설정하고 구체화할 수 있다. RTI 데이터는 일반교육과 특수교육팀이 협력하고 학교의 모든 학생들의 학습 성과를 가속화할 수 있는 기회를 제공한다. 주요 학습 목표에 대한 모든 학생의 수행을 반영하는 학생 데이터의 가용성은 팀들이 교육 프로그램의 잠재적인 약점 영역을 확인하고 필요할 때 조정할 수 있게 해준다.

> 특수교육에서 학생들의 향상된 결과를 보장하려면 특별한 주의가 필요하다.
> 왜냐하면, RTI 시스템은 특수교육을 중재에서의 성공을
> 경험하지 못하는 학생들을 위한 최후 종착지로 보기 때문이다.

11

RTI와 특정학습장애에
대하여 자주 묻는 질문

11장

RTI와 특정학습장애에 대하여
자주 묻는 질문

　이 장에서 우리는 학교 개혁 계획으로서 처음 도입된 RTI가 이후 장애아교육법(IDEA)에서 특정학습장애 학생을 판별하기 위한 대안적 절차가 되면서 제기된 질문에 대해 다루고자 한다. 이 답변은 장애아교육법(IDEA)과 그 규정에 대한 이해, 연방 교육청 특수교육·재활서비스사무국(OSERS)으로부터의 문건, 그리고 우리의 최선의 경험에 기반한다. 이 답변은 당국의 법적 의견으로 이해되어서는 안 된다.

학생들은 평가를 위해 언제 의뢰되어야 하는가?

　학교 시스템 개혁과 RTI 통합 효과의 목표는 모든 아동들이 가능한 가장 효율적인 (즉, 신속한) 방법으로 중요한 학습 기준점(benchmark)을 충족하는 데 필요한 지원을 얻도록 돕는 것이다. 잘 실시된 RTI 시스템을 통해 학생들은 과거에 가능했던 것보다 훨씬 빠르게 중재를 받을 수 있다. 모든 아동은 일상적으로 선별되기 때문에 학부모와 교사가 중재가 절실히 필요하다고 확신하기 전에 중재를 시작할 수 있다. 달리 말하면, 학생이 지속적인 학업 실패 기간을 경험하기 전에 중재를 제공할 수 있다는 것이다.

효과적인 중재 제공은 RTI의 가장 핵심이자 가장 큰 위협이다. 효과적인 중재 시행은 대부분의 학교 시스템에서 강력하고 지속적인 과제다. RTI의 체제가 제대로 실시되지 않은 경우, 학생들에게 더 빠르고 효과적인 지원에 대한 이상은 실현되지 않을 것이다. RTI의 목적은 적격성에 대한 평가 의뢰를 지연시키는 것이 결코 아니다. RTI가 잘 실시되는 경우, RTI 과정은 학생에게 RTI의 종합 평가 요구 기간 동안에 해를 끼칠 위험보다는 학생에게 그리고 적격성 결정에 더 많은 잠재적 이득을 제공한다. RTI의 실시가 잘된 사례의 경우, 의뢰되기 전 혹은 종합 평가의 일부로서 RTI 과정을 갖추는 것이 현명하다. RTI가 제대로 시행되지 않는 경우, 교사 또는 학부모가 학생에 대한 우려를 표명하고 의뢰 의사결정을 내리는 데 긴 지연이 따르는 위험이 있다. 그 사이에 중재를 제공하지 못할 때, 이러한 지연 동안 중재의 기회를 잃게 되고 문제가 교사나 학부모에게 알려지기까지의 시간 간격 사이에 학생의 실패는 계속 될 수 있다. RTI의 예지력있는 한 행정가는 초기에 RTI가 일차적으로 일반교육에 속해 있는 것을 인식하였으며 학교 개선 목표에 부합하고(Batsche et al., 2005) 주 및 학교 시스템 학생 성적 책임 평가 지표(예: 학년말평가에서 실패의 위험 감소)를 통한 추적에 적합한 체제를 고려했다. RTI 실시 동안 누가 위험에 처해 있으며 점점 더 집중적인 중재가 주어질 때 그 위험이 지속되는지 그리고 특수교육 서비스의 장점은 무엇인지에 대한 의사결정의 정확성은 전적으로 실시된 RTI 체제의 질에 달려있고 정확한 의사결정은 그 데이터에 기반하여 이루어진다.

평가팀은 의사결정 사이의 시간, 후속 선별검사를 통한 위험에 처한 학생의 비율, Tier 1 교수 및 Tier 2 및 3 중재에 성공적으로 반응한 학생의 비율, 그리고 교수가 이루어지는 동안 수행 차의 감소와 같은 RTI 실시의 질을 반영하는 학교 시스템 지표를 따라야 한다(Shapiro & Clemens, 2009). 첫째, 팀은 RTI 실시의 질을 고려해야 하며 체계적으로 실시를 조정하여, 시간이 지남에 따라 질을 향상시켜야 한다. RTI 실시의 질을 향상시키면 모든 RTI 결정의 정확성이 향상된다. 우리는 Tier 3 중재가 충실하게 실시되었는지 확인하기 위해 고심했던 한 지역에 대해 알고 있다. 이 지역교육청은 제출된 중재 보고서를 검토하고, 학생 RTI에 대한 결정을 허용하기에 충분한 충실도를 가지고 중재가 수행되었는지 여부를 결정하기 위해 지역교육청 수준에서 위원회를 설립하기로 결정하였다. 위원회가 중재 충실도가 충분하지 못하다고 결정하는 경우, 학생은 중재가 충실하게 완료될 때까지 이후 단계의 자격 심사를 진행할 수 없었다. 이 접근법은 중재 오류가 "잡혀서" 고쳐지지 않고, 오히려 계속 확인되지 않도록 하는 시나리오를 만들기 때문에 잠재적으로 해를 입힐 수 있다. 이 접근법은 RTI 결정이 내려지지 않은 많은 학생들을 만들고 "학생들의 실패를 보고 있는" 실제 위험을 초래할 가능성이 있다(Reynolds & Shaywitz, 2009). 학교 시스템들은 그들이 만든 정책과 체계들이 모든 학생들에게 더 빠르고 효과적인 서비스를 제공하도록 보장해야 한다. 대체로, RTI 실시의 오류로 인해 의뢰 과정이 완전히 중지되지 않아야 하며, 그보다 RTI 실시가 시기적절하게, 양질로 제공됐는지를 입증하는 주요 지표들에 대한 문제해결과 재평가가 이루어져야 한다.

평가팀은 RTI 실시의 질을 반영하는 시스템 지표를 준수해야 한다.

RTI를 사용하는 학교 시스템에서는, 어떤 분기점(tipping point)이 있다. 너무 빨리 학생을 의뢰하는 것은 의뢰와 적격성 결정의 정확성을 떨어뜨리고 자원을 낭비할 수 있으며, 학생이 특정학습장애를 갖고 있지 않더라도 특정학습장애로 판별하여 해를 끼칠 수 있다. 너무 늦게 학생을 의뢰하는 것은 도움이 필요한 학생이 이용할 수 있는 교수적 자원을 지연시킬 수 있다. 실용적인 답은 바로 RTI를 양질로 실시하고, 정기적으로 의사결정을 하며, 의사결정의 정확성을 떨어뜨리는 위협 요소들을 수정하고, 팀이 특수교육 서비스 없이 장기간 학업 실패를 막기에 가능하고 충분한 학습 효과가 없다고 의심할 때, 평가를 의뢰하는 것이다. 우리는 또한 팀이 특수교육 서비스를 제공할 때 학생들이 시간이 지남에 따라 더 큰 성공과 위험 감소를 경험하는지 확인하기 위해 특수교육 교수 전달을 따를 것을 제안한다.

선별검사와 적격성 평가의 차이점은 무엇인가?

평가팀은 흔히 수집된 데이터로 어떤 결정을 내릴지 먼저 질문하지 않고 어떤 평가들을 실시할지 결정한다. 6장에서 상세히 설명한 것처럼, 평가팀은 그들의 학교에서 모든 평가가 명확한 목적과 용도를 가지고 있는지 검증하고, 중복 평가를 체계적으로 제거하며, 한 가지 평가 목적에 대해 여러 평가가 이용 가능할 때 가장 강력한 평가를 선택하기 위한 "평가 인벤토리"를 사용할 것을 제안한다. 선별 과정에서, 학생(또는 학생 그룹)이 학업 실패의 위험에 처해 있느냐 하는 것을 결정한다. 왜냐하면, 학교 시스템의 모든 학생들은 선별검사에 참여해야 하므로 가능한 가장 간단한 평가가 사용되어야 한다(2장과 3장에서 적절한 선별검사의 특성을 자세히 설명함).

학교 시스템들은 선별에 소요되는 교수 시간을 최소화하도록 주의를 기울여야 한다. 선별검사의 목적은 위험하지 않은 학생을 배제하기 위한 것이므로 민감한(즉, 실제로 학생이 실패의 위험에 있는지 확인하는 것) 평가방법을 채택해야 한다. 민감한 선별 준거가 적용되며 선별 준거보다 높은 학생은 "배제되어" 위험 수준에 있지 않은 것으로 간주된다. 이 선별 과정은 학생들을 걸러서 학업 실패의 위험이 있는 학생들을 남긴다. 그러나 선별된 위험군의 표본 중에서, 일부 학생들은 잘못 판별될 것이다. 즉, 어떤 학생들은 실제로 중재 없이 잘 하더라도 위험군 학생으로 판별될 수 있다. 이 학생들은 거짓긍정 의사결정 오류로 간주된다(예를 들어, 선별검사는 학생이 실패할 것이라고 예측하지만 중재 없이도 정말 잘할 수 있다). 선별 이후 위험군 학생으로 걸러진 표본을 대상으로 더 특이성을 갖춘 측정 도구를 사용하여 (즉, 중재 없이 성공하는 학생을 정확하게 예측하는) 더 많은 평가가 수반되기 때문에, 거짓긍정 의사결정 오류는 선별 시 피해를 주는 것으로는 간주되지 않는다. 그러나 선별에서 거짓긍정 오류는 잠재적으로 낭비되거나 잘못 지시된 자원을 나타내고, 학교 시스템에 부담을 줄 수 있으며 전반적인 실시 효과를 약화시킬 수 있다. 실제로 위험에 처한 학생을 찾아내는 데 실패하지는 않지만, 최종 결과가 따라갈 수 없는 중재 요구로 학교 시스템에 과중한 부담이 되는 수많은 학생 선별을 하지 않는 선별 기준을 선택해야 한다. 이런 이유로, 민감도는 선별의 첫 번째 우선 조건이다.

적격성 평가는 최종 의사결정이며, 그 목적은 조건을 공식적으로 정하는 것이다. 중요한 것은 특정학습장애와 같이 어떤 조건을 정하려고 할 때 평가 기준의 특이도가 우선순위가 되는 것이다. 적격성 결정에 사용되는 평가의 특이도는 배제 기준이 적절하게 적용되었는지 여부에 따라 체계적으로 영향을 받는다. 3장과 4장에서 지적했듯이, 특정학습장애 판별을 고려 중인 학생에 대한 종합 평가가 보편적 선별, 드릴 다운 평가 및 빈번한 진도 모니터링을 포함한 광범위한 평가 절차를 포함할 때 특이도가 향상된다. 만약, 연속적인 평가들이 선별 준거를 초과하거나, 선별을 통과하거나, 충실도 있는 단기간 중재가 제공되었을 때 준거를 초과하는 학생을 배제했다면, 선별된 위험군 아동 표본은 "진짜 특정학습장애"인 확률이 높아진다. 이러한 상황에서 저성취와 느린 성장은 특정학습장애로 불리는 상태를 정하는 데 매우 구체적인 지표이다. 팀은 의사결정이나 진단 정확도 지표를 이해하고 진단의 정확도가 강화되었거나(그렇지 않은) 상태들을 이해하는 기능을 가져야만 한다. 단순히 아동에게 학생의 성취와 강점 및 약점을 알 수 있는 자세한 평가를 포함한 종합 평가를 제공하는 것은 명확한 평가라고 할 수 없으며, 높은 민감도를 가진 평가 과정이 표본을 걸러내는 과정(즉, 체계적으로 위험군이 아닌 학생을 배제하기)을 따르지 않을 때에는 적격성 판정에 유용하지 않다.

RTI를 이용하는 특정학습장애는 누구인가?

> 특정학습장애 학생은 학업 수행이 상당히 부진하고, 교육과 중재에 대한 반응이 상당히 부족해서 집중적인 특수교육 프로그램 없이는 최소한의 숙달도를 달성하지 못할 것이다.

9장에서 설명했듯이, 지역교육청이 RTI를 특정학습장애라고 생각되는 학생을 위한 종합 평가의 일부로 사용할 때, 특정학습장애 학생의 새로운 정의가 출현한다. 우리의 견해로는 특정학습장애를 가진 학생은 학년 수준의 규준 및 주 표준에 비해 성취 수준이 유의하게 낮다는 것을 나타내며, 높은 수준의 중재 충실도를 지닌 핵심 교수와 과학적 기반의 중재에 대해 유의하게 낮은 반응을 보여 집중적인 특수교육 프로그램 없이는 최소한의 숙달 수준도 성취하지 못하는 학생이다. 게다가, 수준과 향상도에서 학생의 부진은 배제 준거(5장에서 설명됨) 또는 효과적인 핵심 교수와 강력한 중재(6장에서 설명)의 결핍을 포함하여 특정학습장애 이외의 요인으로 설명되지 않는다. 특정학습장애의 존재를 규정하는 검사가 없다고 하더라도, 학교에서 평가 의뢰된 아동의 종합 평가의 일부분으로 RTI를 사용할 때, 학습장애 특수교육서비스를 요구하는 대부분의 아동들은 판별되었다.

"느린 학습자"는 특수교육을 받을 자격이 있는가?

특정학습장애를 결정하기 위한 능력-성취 불일치 기준의 불만스러운 점 중 하나는 성취도 낮고 IQ 또한 낮은 학생은 학습장애 서비스를 받을 자격이 없지만, 명백하고 지속적인 학업 실패를 경험할 가능성이 높았다는 것이다. 이 책에 설명된 특정학습장애 기준에 따르면, 교실에서 또래나 국가 규준에 비해 저성취를 보인 학생은 효과적인 중재를 제공하거나 강력한 중재를 더 받았을 때 향상도를 보이지 않고, 특수교육을 통해 제공되어야 하는 강력한 교수적 지원이 필요하다고 결정된 학생이었다. 따라서 이러한 "느린 학습자"들은 만약 지역교육청이 RTI를 사용할 경우 특수학습장애로서 판별 가능하지만, 능력－성취 불일치 모델을 사용한다면 적격성이 없다. 이러한 학생들을 특정학습장애로 판별하는 것은 많은 사람들이 특정학습장애를 어떻게 이해하는지 그 구조를 변화시키며 생각의 패러다임 변화를 필요로 한다.

능력-성취 불일치는 특정학습장애 적격성을 결정하기 위한 유효한 기준인가?

능력－성취 불일치는 학생의 강점과 약점 패턴을 파악할 수 있는 하나의 방법이기 때문에 특정학습장애 규정의 준거 2에 따른 선택사항 중 하나로 여전히 법적으로 사용될 수 있다. 그러나 1장에서 지적한 바와 같이, 학생을 특정학습장애로 판별하는 능력－성취 접근을 계속 사용하는 것에 대한 지원은 거의 없다. 이 접근은 특수교육을 받을 자격이 있는 어린 학생들이 어린 아동의 능력과 성취도 평가를 포함하는 통계적 결과에 따른 격차를 보여주지 않기에 "실패를 기다리는" 딜레마로 이어졌다. 둘째, 능력－성취도 불일치 접근법에 사용된 검사들은 학생을 잘 구별할지 모르지만 특수교육을 가장 필요로 하는 학생을 반드시 판별하지는 않는다. IQ는 학생들이 기본 기술을 쉽게 배우거나 배우지 않을 것이라는 유효한 예측 변수가 아닌 것으로 밝혀졌다(특히 읽기, Fletcher et al., 1994). 이러한 검사들은 또한 효과적인 특수교육 프로그램의 기초를 구성하는 개별화 교육 계획(IEP)을 준비하는 데 사용되는 평가 시스템에 필요한 주요 특징인 '교수에 대한 정보'를 제공하지 못한다. 마지막으로, 능력－성취 불일치 접근법은 느린 학습자의 개념을 재확립하는 것으로 이어지며, 이는 IQ가 오로지 기초기술 습득을 제한한다는 치명적으로 잘못된 개념에 기반하여, 전체 학급 학생들이 특수교육을 받지 못하도록 조작적으로 배제시킨다.

지역교육청이 RTI와 능력-성취 불일치(혹은 강·약점의 패턴)를 모두 사용하여 특정학습장애 학생을 판별할 수 있는가?

장애아교육법(IDEA, 2006, §300.307)은 주정부가 특정학습장애 학생을 판별하는 기준을 채택해야 한다는 것을 나타낸다. 이 기준에 따르면, 지역교육청은 능력-성취 불일치 접근법을 사용하도록 요구해서는 안 되며, RTI를 꼭 적용하도록 해야 한다. 이전에 언급했듯이 특정학습장애의 정의 준거(§300.309)는 특정학습장애의 두 번째 준거에 관해 지역교육청이 강·약점 패턴(능력-성취 불일치 접근법 포함) 혹은 RTI를 사용할 수 있다고 규정한다. 이 상황에서 "혹은"은 주 정책과 관련하여 다음과 같은 가능성을 허용한다. (1) 주정부가 모든 특정학습장애 평가에 사용되는 것을 명령할 수 있거나, (2) 주정부가 지역교육청에 강·약점패턴 혹은 RTI의 사용을 선택하도록 허용할 수 있다. 후자에 관해서, 주정부는 지역교육청이 강·약점 패턴 접근법이나 RTI를 법적 준거(준거 2) 중 하나를 채택하도록 하거나, 지역교육청이 강·약점 패턴 접근 또는 개별 평가를 위한 RTI를 선택할 수 있게 허가할 수 있다. RTI의 사용을 금지하지 않을 수도 있다. 덜 명확한 것은 지역교육청이 강·약점 패턴과 RTI를 둘다 사용하는지 여부이다. 한편, 특수교육·재활서비스사무국(OSERS, 2007b)이 배포한 질의응답 문건은 지역교육청(지방 교육기관)이 표준 절차(준거 2)와 RTI 및 능력-성취 불일치 모델 중에서 선택할 수 없음을 나타내는 것처럼 보인다. 그러나 법령에서 명확하게 지시했기 때문에 RTI와 능력-성취 불일치 모형(또는 강·약점의 패턴) 사이의 선택이 일정 수준에서 이루어져야 하는 것처럼 보일 것이다. 우리의 판단으로는, 지역교육청들은 모든 특정학습장애 평가에 RTI 또는 강약점 패턴을 사용하도록 권고되는 것이 최선이다(그리고 우리는 RTI를 명확하게 더 선호한다). 그렇지 않으면, 일부 의뢰에서는 강·약점 패턴 접근 방식을 사용하고 또 일부는 RTI를 사용한다면, 이는 지역 정책을 혼란스럽게 하고, 판별 절차를 일관성 없게 만들며 의사결정이 임시적으로 또는 변덕스럽게 만들어진 것처럼 보일 수 있다.

특수교육·재활서비스사무국(OSERS, 2007a) 문건에 나와 있는 권고 사항의 예외사항은 지역교육청에서 단계적 시스템 실시를 단계적으로 시행하는 다양한 학교(예: 초등학교부터 시작하여 나중에 중고등학교로 확장하는 경우)의 상황이다. 이 시나리오에서는 높은 중재충실도를 갖춘 RTI를 실시하는 학교에 대해서는 평가 과정에 RTI를 통합하고, 인프라를 구축하고 있는 학교에 있어서는 강·약점 패턴을 활용하는 것이 현명하다(그리고 허용될 수 있다). 특수교육·재활서비스위원회 문건은 지역교육청의 모든 학교가 결국 일관된 절차를 사용할 것이라는 기대를 암시한다.

> RTI(혹은 다른 과정)은 특정학습장애 판별을 위한 방법으로만 사용되는 것은 아니다.

이 얽히고설킨 문제들을 다룰 때, 특수교육·재활서비스사무국 문건에서 한 가지 분명한 사실은 RTI(또는 다른 절차)가 학생을 특정학습장애로 판별하는 유일한 방법으로 사용되지 않을 수도 있다는 것이다. 이 책 전반에 걸쳐 지적했듯이, RTI는 준거를 다루는 데 사용될 수 있으며 어느 정도는 준거 4에 대한 정보(교수 부족의 배제)도 제공한다. 교실 관찰 요구와 더불어 여러 가지 다른 평가 절차가 네 가지 준거에 대한 정보를 제공하기 위해 필요하다. 우리의 관점은 지역교육청이 단계적 지원 프로그램을 제공하면서 이러한 데이터의 대부분을 만들어 나가야 한다는 것이다.

우리 학교가 특정학습장애 판별에 능력-성취 불일치를 사용하지만 단계적 지원 시스템에서 RTI를 사용하면 어떠한가?

우리는 단계적 지원 시스템을 구현하기 위해 선의의 노력을 기울이고 있지만 아직 특정학습장애에 대한 종합 평가 절차의 일부로서 RTI를 사용할 수 있는 수준의 충실도를 달성하지는 못한 많은 학교를 만났다. 그럼에도 불구하고 많은 사례의 경우에, 학생의 수행 수준에 관한 데이터, 특히 증거 기반 중재에 대한 반응으로 학생의 향상도와 같은 적격성 결정 과정에 유용한 상당량의 데이터를 생성한다. 지역교육청이나 학교가 여전히 강·약점의 패턴을 사용하고 있는 이러한 상황에서 RTI 제공 중에 수집된 데이터는 준거 1(수행수준 관련 부진), 준거 3(다른 조건 배제), 특히 준거 4(교수 부족 배제)의 증거로 사용될 수 있다. 그러나 이 자료는 RTI 대신 강·약점패턴 접근법을 사용하기로 선택했기 때문에 준거 2에 근거한 증거가 될 수 없다. 예를 들어, 학생이 특정학습장애 판별 준거(즉, 준거 1, 2 및 4)를 모두 충족하고 향상도가 부족하지만 강·약점의 패턴(예: 능력−성취 간 불일치)을 나타내지 않는 경우, 학생은 특정학습장애가 있는 것으로 선별되지 않는다. 이 경우, 능력−성취 불일치 데이터가 RTI의 데이터보다 "선호되어" 버린다. 그러나 RTI 데이터는 학생의 개별화 교육 계획(10장 참조) 개발을 돕기 위해 사용될 수도 있고 사용해야 할 수도 있다.

　　강·약점 패턴 접근법보다는 RTI를 사용하기로 선택한 반대의 학교에서도 마찬가지다. 예를 들어, 학교는 학생의 성취와 향상도(준거 1과 2) 수준에 대한 광범위한 데이터를 가지고 있지만, 학교심리사는 (예를 들어, 지적 장애 역시 의심되고 배제될 필요가 있기 때문에) 지능검사도 실시한다. 만약 지능검사의 결과에 따라, 학생의 IQ가 지적장애의 범위에 있지 않고, 또한 학업성취 평가와 어긋나지 않는다면, 이 결과는 지역교육청이 능력−성취 불일치 접근법을 사용하지 않고 있기 때문에 특정학습장애의 적격성을 결정하는 것과 관련이 없다. 이 경우, RTI 증거가 지능검사의 결과보다 "선호되어" 버린다.

인지처리과정 평가는 RTI 접근법에 얼마나 부합하는가?

　　장애아교육법(IDEA, 2004)이 통과되기 전과 그 이후, 많은 심리학자들은 특정학습장애 평가의 필수 요소로 아동의 인지처리과정이나 신경심리적 기능을 종합적으로 평가해야 한다고 주장해 왔다(Hale, Kaufman, Naglieri, & Kavale, 2006; Hale, Naglieri, Kaufman, & Kavale, 2004). 장애아교육법은 특정학습장애가 "하나 이상의 기본적인 심리적 과정에서의 장애"라고 기본 정의를 내렸으며, 따라서 그러한 과정들은 이러한 장애의 결정에서 철저히 평가되어야 한다고 했다. 이러한 유형의 평가는 "아동에게 특정학습장애가 있는지 여부를 결정하기 위한 다른 연구 기반 절차"를 구성한다고 가정한다(IDEA, 2006, § 300.307 [a][3]).

이러한 주장은 2006년 장애아교육법 법령 작성에 이르는 기간 동안 제기되었으며, 이는 법령에 대한 서문에 이 관련 코멘트를 포함함으로써 반영되었다. 이에 대응하여, 법령을 공표하는 책임을 맡고 있는 미국교육국은 인지처리과정에 대해 반대하는 자세를 분명히 밝혔다.

미국교육국은 아동이 특정학습장애를 가지고 있는지 여부를 결정하는 데 심리적 또는 인지처리과정에 대한 평가가 요구되어야 한다고 생각하지 않는다. 그러한 평가가 특정학습장애 판별에 필요하거나 충분하다는 현재의 증거는 없다. 또한, 이러한 평가는 적절한 중재 결정을 하는 데 사용되지 않았다. 그러나, 만약 평가팀에서 특정학습장애 판별과 관련 있는 정보를 고려한다면, 법령 300.309(a)(2)(ii)가 허가하지만 요구하지 않는, 강·약점 패턴의 고려 혹은 지적인 발달과 관련 있는 것을 모두 고려할 수 있다. 그러나 많은 경우에 인지처리과정은 단순히 중재에 도움이 되지는 않고 검사의 부담만을 가중시킨다. 특수교육프로그램사무국 학습장애회담(Learning Disability Summit)의 연구 합의(Bradley, Danielson, & Hallahan, 2002)에서 요약했듯이, "처리과정 결핍이 특정학습장애"(예를 들어, 음운처리과정이나 읽기)와 약간의 연관이 있음에도 불구하고, 직접적인 다른 연관성이 아직 확립되지 않았다. 현재, 많은 처리과정상의 어려움들을 측정하기 위해 이용 가능한 방법들은 불충분하다. 따라서 체계적인 처리과정상의 어려움과, 그 어려움과 치료와의 연관성은 아직 실현 가능하지 않다. 인지처리과정 결핍은 분류 준거에서 제외되어야 한다(p. 797.) … Cronbach(1957)는 적성−처치 상호작용을 위한 탐색을 매우 혼란을 야기하는 "거울의 방"으로 묘사했는데, 이는 인지처리과정의 평가에 대한 다른 접근법이 나타났기 때문에 지난 몇 년 동안 개선되지 않은 상황을 의미한다.

또한, 수년 동안 장애아교육법(IDEA)의 개정과 함께 발표된 법령에서 주목할 만한 점은, 특정학습장애를 가진 것으로 의심되는 학생들의 종합 평가의 일부로 인지처리과정에 대한 공식적인 평가가 수행되어야 한다고 결코 규정하지 않았다는 점이다. 오히려, 법적 정의는 2006년 RTI 조항이 도입될 때까지 장애아교육법(IDEA)의 각 상호작용에서 능력－성취 차이를 법적 정의로 운영해 왔다. 인지처리과정 논쟁을 평가하기 위해서는 두 가지 질문이 적절하다: (1) 학생들의 인지처리과정에 대한 평가가 특정학습장애로 학생을 판별하는 정확성을 향상시킬 것인가? 그리고 (2) 학생들의 인지처리과정에 대한 평가는 특정학습장애 학생들의 학업 성과를 반드시 향상시킬 수 있는 강력한 중재로 이어질 것인가? 규정에 대한 미국교육국 성명에서 드러나듯이, 두 질문에 대한 답은 "아니오"로 나타난다. 인지처리과정에 대한 평가가 특정학습장애 판별의 정확성을 증가시킨다는 가설을 지지하는 연구는 거의 없는 것으로 나타난다. 예를 들어, Fletcher 등(1994)은 읽기 부진 학생들의 인지 프로파일을 연구했고, 음운 인식의 측정치만이 장애가 없는 독자와 장애가 있는 독자를 구분할 수 있는 강력한 것임을 확인했다. 인지처리과정에 대한 다른 어떤 방법도 그와 같은 차이를 만들어내지 못했다. 비슷하게, 능력－성취 불일치 모델(Hoskyn & Swanson, 2000; Stuebing et al., 2002)의 타당도에 대해 수행한 메타분석에서도 IQ(즉, 어휘)와 관련된 지표들 외에 특정학습장애를 가진 학생들의 특별한 지표를 확인하는 데 실패했다. 오히려, 읽기가 부진한 모든 학생들은, 그들이 능력－성취 불일치를 보여주었는지 여부에 상관없이, 핵심적인 음운론적 문제를 보여주었다. 이러한 연구 결과와 기타 사항(Vellutino, Scanlon, & Tanzanman, 1998)은 읽기 실패가 읽기 수행을 직접적으로 측정함으로써 예견될 수 있고 조기 중재가 읽기 실패를 예방할 수 있음을 시사한다. 인지 프로파일은 진단적 정확도를 높이거나 교수적 결과를 개선하지 않는다. 최근, Stuebing, Fletcher, Branum－Martin, Francis(2012)는 시뮬레이션 기술을 사용하여 특정학습장애 판별에 있어 인지적 결핍에 대한 평가를 포함하도록 개선된 세 가지의 통용되는 절차가 기술적으로 적절하지 않았고, 특정학습장애 진단을 향상시키지 못했다고 판단했다.

　　RTI가 "가장 중요한 포함 준거"로 간주될 수 있다면(Fletcher & Vaughn, 2009, p. 49), 특정학습장애를 가진 학생을 판별하는 데 입증되지 않은 인지처리과정 접근을 이용하려 할 때 문제 시나리오가 나타난다. 특정 영역에서 유의한 학습 부진을 보일 뿐 아니라 중재에 대한 반응에서도 특정학습장애를 가진 것으로 판별될 수 있는 학생들이, 만약 인지처리과정 혹은 신경심리적 검사 배터리에서 특정한 강·약점들을 보이지 않는다면, 특수교육 서비스에서 배제될 수 있다. 이 시나리오는 프로파일을 구성하는 검사에서 검사의 하위척도 간 높은 상관으로 인한 결과로서 "평평한" 프로파일을 나타내는 학생들에게 특히 적용될 수 있을 것이다.

유용한 중재(개선된 IEP 포함)로 이어지는 인지처리과정 평가의 실패는 1970년대 초반부터 확장된 긴 연구 역사와 적성 – 처치 상호작용을 확인하려는 특수교육자들의 무의미한 시도(Kavale & Forness, 1987; Mann, 1979)를 포함한다. 특별히 설계된 중재가 기초학습기능의 습득을 향상시키기 위해 인지력을 향상시키는 것을 목표로 하는 치료적 활동에 초점을 맞춰야만 한다는 개념은 한 번도 경험적으로 뒷받침된 적이 없었다(Fletcher et al., 2002; Melby–Lervag & H). Fletcher, Coulter, Reschly, Vaughn(2004)이 요약한 것처럼, "인지처리과정과 중재 사이의 연관성은 지난 30년 동안 광범위한 노력에도 불구하고 검증되지 않은 실험 가설이다."(p. 321) 실제로, 이러한 시도들의 결과는 성공적이지 못한 교육적 치료였으며, 더 강력하고 경험에 기반한 전략에서 멀어졌다.

학부모가 능력-성취 불일치 또는 강·약점 패턴 접근법을 사용하여 평가를 요청하고, 지역교육청이 준거 2를 평가하는 절차로 RTI를 사용할 경우 어떻게 되는가?

학부모들은 자신의 아이가 장애를 가지고 있고 특별한 교육이 필요하다고 믿는다면 언제든지 평가를 요청할 권리가 있다. 비록 지역교육청이 학부모가 요구하는 평가를 거절할 수 있는 특권을 가지고 있지만, 많은 지역교육청들은 그러한 요구에 대해 포괄적인 지원을 제공함으로써 대응한다. RTI를 준거 2에 대한 표준 절차로 만든 지역(기관 평가 기준에 표시된 바와 같이)에서, 해당 지역교육청은 종합 평가에 필요한 데이터를 수집함으로써 학부모 주도형 평가 요청에 응답할 것이다(이 책 전반에 걸쳐 설명됨). 이러한 도구들은 적격성 결정의 기초가 되지 않기 때문에 학부모가 특별히 요구한다면 강·약점 패턴 접근법과 관련된 지능 또는 기타 시험을 수행해야 할 것이다. 해당 지역교육청은 평가 절차를 수행하는 데 동의할 수 있지만, RTI 데이터보다 이러한 평가 결과가 "선호"되지는 않는다. 십중팔구, 학부모가 장애로 의심하는 학생이 평가를 요청하는 기간에 Tier 2 또는 3 지원을 받을 수 있으므로, 그 평가는 RTI의 조항에 따라 존재하는 데이터를 공식적으로 수집하는 것으로 구성될 것이다. 만약 학생이 Tier 2와 3 지원을 받지 않는다면, 학생이 판별이 요구되는 수준으로 부진(준거 1)을 보이지 않는다는 것을 나타내야 한다. 이러한 경우, 학부모와 함께 그들의 문제 성격과 특정학습장애의 연방 정의에 대해 더 철저한 논의가 이루어져야 할 것이다.

학교는 IQ-성취 불일치를 사용한 '사설기관 평가'를 어떻게 다루어야 하는가?

장애아교육법(IDEA) 법령은 지역 교육기관(예: 지역교육청)이 종합 평가 수행 방법에 대한 기준을 수립해야 함을 나타낸다. 지역교육청이 특정학습장애로 간주되는 학생들을 위한 종합 평가의 일부로 RTI를 사용하는 경우, 수행과 향상도의 수준 평가를 포함하여 외적 요건들과 교수의 부족을 어떻게 배제하는지에 대한 평가 수행의 구체적인 절차가 지역교육청 정책에 명시되어야 한다. 지역교육청에서 실시하는 모든 평가는 이 지침을 따라야 한다. 또한, 이러한 지침은 지역교육청이 승인하는 독립적인 교육 평가의 토대가 되며, 민간 심리사들이 학부모와 계약하여 특수교육 고려에 대한 보고서를 지역교육청에 제출할 때 따를 것이다. 따라서 모든 외부 평가자는 지역 평가 정책 지침을 따라야 한다.

특정학습장애 판별에서 변화하고 있는 실제 가운데 한 가지 우려스러운 것은 많은 임상가들, 특히 학교 환경 밖에서 일하는 사람들이 특정학습장애를 쉽게 판별할 수 있는 최근의 진단·중재의 실제가 무엇인지 모를 수 있다는 것이다. 지역교육청이 RTI를 사용하는 것에 상관없이 사설기관 임상가들은 특정학습장애 진단의 한 부분이 되어야 하는 '학업 부진을 야기하는 교수 결핍'을 고려하지 않는 단일 검사 배터리를 사용하는 경향이 있다. 중요한 것은, 학업 부진을 초래하는 교수 결핍을 적절히 배제하는 과정을 포함하지 않는 진단 평가는 특정 학습장애 적격성을 결정하는 데 유용하지 않다는 것이다.

학부모 및 교사 인터뷰와 같은 절차와 평정 척도는 학생 학습에 대한 교육적 효과를 평가하기 위한 적절한 기준이 아니다. 하지만, 사설기관 임상가들은 또래와 관련하여 학생의 성취도와 성공 혹은 실패를 예측하는 기준점 준거(즉, 학교 전체의 선별 데이터)를 이해하는 데 사용할 수 있는 많은 데이터가 있다. 게다가, 그 사설기관 임상가들은 표준화된 기능적 학업 평가 또는 학생의 필요에 잘 맞고, 중재충실도를 잘 갖춘 RTI를 직접 평가하는 간단한 실험 분석에 따른 교수적 시도를 수행할 수 있다. 제4장에서 기술한 대로, 중재 기간의 조정과 학생의 향상률을 평가하는 것만으로, 사설 평가는 기관의 평가 지침에 반영된 바와 같이, RTI를 이 준거에 대해 선택된 평가 절차로 사용하는 지역교육청에서 특정학습장애 적격성에 대한 준거 2를 충족할 수 있다. 이 정보가 없다면, 제공된 평가는 준거 1과 3에 대해서만 증거를 제공하는 것으로 간주될 수 있다.

장애아교육법(IDEA)에 따르면 지역교육청에서는 외부 평가자가 제공하는 모든 데이터를 고려해야 하지만 공교육 기관 기준을 충족하지 못하는 평가(즉, 능력-성취 불일치 평가 결과로만 구성됨)의 영향은 최소 수준일 수 있다. 학교는 학부모 및 지역사회 이해관계자들과 함께 가장 최신의 특정학습장애 평가 관련 정보에 대한 캠페인을 벌이고 그들에게 주의를 환기시키는 것이 도움이 될 수 있다. 왜냐하면, 사설기관의 평가가 학교의 교육과정을 반영하지 못하고, 지역 및 국가 표준을 반영하지 못하며 직접적인 중재효과를 측정하기 위한 절차를 포함하지 않기 때문에, 학교 시스템에서 적격성을 결정하기 위한 충분한 종합 평가로 받아들여질 수 없기 때문이다.

특정학습장애의 적격성 결정을 돕기 위해, 사설기관 임상가가 의미 있고 타당한 데이터를 제공할 수 있는 방법은 무엇인가?

우리는 지역사회 사설기관과 학교기반 심리 평가 서비스 간의 협력을 강화할 것을 제안한다. 만약 학부모들이 사설기관 평가를 받고 비용을 지불하기를 원한다면, 그러한 평가가 가능한 한 유용하기를 바란다. 따라서 학교 시스템은 지역수준 학업 표준과 주기적인 학생 모니터링 데이터를 공유하기 위해 준수할 수 있는 절차(지역사회 사설기관 평가자가 학부모의 동의를 얻어 평가를 실시하는 학생 이외의 다른 학생의 익명성을 보호하는 것)를 확인해야 한다. 일반적으로 학교 환경에서 수행되는 모든 나머지 평가는 사설기관 임상가가 다음과 같은 자료들을 가지고 있는 한, 사설기관에서 실시할 수 있다.

(1) 학교에서 사용되는 교육적 계열성에 따라 잘 조정된 적절한 교육과정과 평가자료
(2) 사설기관에서 실시되는 일련의 평가에서 위험을 결정하기 위한 증거기반의 결정 규칙
(3) 학생의 요구에 잘 맞는 일련의 증거기반 중재들을 선택할 수 있는 충분한 데이터
(4) 올바르게 실시된 중재
(5) 교육적 배치 변화 없이도 계속되는 위험을 예측하는 중재 성공에 대한 최종 판단

배제 준거(즉, 감각적 결핍)를 적용하는 것은 특정학습장애에 대한 진단 결정에 도달하기 위한 최소한의 작업이다. 사설기관 임상가들은 학교 수행 데이터와 두 환경 간의 담당자 간 협업을 수반하는 교육 환경에서 학생의 수행을 이해하기 위해 특정한 절차를 포함할 수 있다. 모든 진단 전문가는 의뢰된 학생이 교육 환경에 있는 다른 많은 학생들과 일관된 방식(수행 수준과 진전도)으로 학습하는

지 또는 눈에 띄게 뒤처지는 방식으로 학습하는지 여부를 고려해야 한다. 지역사회 사설기관 평가의 일반적인 위험 중 하나는 학생들의 성취를 규준 참조 평가를 통해 국가적인 기준과 비교하고, 학생이 실제로 같은 학년 또래와 비교되는 수행을 보일 때 학습장애가 있다는 결론을 내리는 것이다. 이와 관련하여, 학습 부진을 포함한 모든 학생 문제들이 교육 환경 내에 존재하는 것을 고려할 때, 사설기관 임상가들에게 "학생의 기능을 완전히 파악하려면, 학교 상황에 대한 관찰을 잘 해야 한다"고 조언해야 할 것이다.

사교육 기관(private schoos) 학생들을 위해 RTI를 사용할 수 있는가?

종합 평가를 수행하는 공립학교는 RTI를 사용하고 평가하기 위해 요구되는 교수, 중재, 평가 시스템의 인프라를 사전에 갖출 능력이 거의 없기 때문에, 준거 2에 대한 결정을 위해 사교육 기관에 다니는 학생에게 RTI를 사용하는 것은 문제가 된다(2장에서 자세히 설명함). 준거 2에 따라 RTI의 적격성을 평가하는 유일한 절차로 채택한 지역교육청에는 두 가지 옵션이 있을 것으로 보인다. 첫째, 그것은 공식적으로 사교육 기관의 교사 및 관리자와의 인터뷰를 통해 사교육 기관의 교육 환경을 평가할 수 있다. 핵심교수가 어떻게 제공하고 학생 평가에 기초하여 중재가 어떻게 설계되고 충실하게 이행되는지를 결정하기 위해 학업적 행동의 기능적 평가(Yseldyke & Christenson, 2002)와 같은 도구를 사용할 수도 있다. 어떤 면에서, 이러한 유형의 평가는 RTI를 사용하지 않더라도 교수의 결핍을 배제할 필요가 있기 때문에(준거 4), 그러한 모든 사교육 기관의 의뢰와 관련된다. 대안적으로, 지역교육청은 기관 규준에서 RTI의 준거 사용에 대한 예외로써 사교육 기관의 의뢰에 대해 준거 2 절차로 강·약점 패턴 접근법을 이용할 수 있다. 하지만, 사교육 기관의 교육 수준이 충분한지 평가하기 위한 노력이 여전히 이루어져야 한다.

> 학교심리전문가 양성 프로그램은 학교심리사가 학생, 교사, 학부모를 지원하는
> 다양한 활동을 준비하도록 한다.

능력-성취 불일치 접근 대신에 RTI를 사용한다면 여전히 학교심리사들이 필요한가?

당연히 그렇다. 현대의 학교심리훈련 프로그램은 학교심리사가 학생, 교사, 부모를 지원하는 다양한 활동을 준비하도록 한다. 사실, 검사 자체는 학교심리사들에 의해 훈련된 과정들 중 일부이다. 학교심리사들은 일반적으로 학업 중재, 진전도 모니터링, 협력적 팀 구성 절차를 포함한 단계적 지원 시스템의 구성 요소에 대한 광범위한 교육을 받는다. 그들은 또한 학생들의 행동과 정신 건강을 다루는 중재를 깊이있게 다룬다. 이 광범위한 교육은 학교심리사들이 데이터 팀 참여, 선별 및 진도 모니터링 데이터 관리, 중재 개발, 학부모와의 상호작용, 전반적인 프로그램 효과 평가 등, RTI의 모든 측면에서 중요한 역할을 할 수 있도록 한다. 학교심리사들은 또한 RTI가 제공되는 동안 수집된 데이터가 타당한 적격성 결정을 할 수 있도록 충분한 질을 보장하는 데 있어 중요하다.

참고문헌 QR코드

본 QR코드를 스캔하시면 [중재반응(RTI) 기반 학습장애 진단 평가]의
참고문헌을 참고하실 수 있습니다.

저자 소개

Joseph F. Kovaleski 박사는 펜실베이니아 인디애나대학교의 학교 심리학 전공 교수이자 학교 심리학 박사 과정의 전공주임이다. 그는 국립학습장애센터(National Center for Learning Disabilities, NCLD)에 있는 RTI 실행 네트워크(RTI Action Network)의 자문위원회에서 활동하고 있고, School Psychology Review의 편집위원회에 있다. 2005년에 Edward S. Shapiro와 함께 펜실베이니아주에서 펜실베이니아 교육 및 기술 지원 네트워크(Pennsylvania Training and Technical Assistance Network)를 통해 RTI를 시작하였다. 그는 RTI 관련 논문, 책 챕터, 웹 기반 콘텐츠를 발행하였고, 또한 학교 개혁 및 학교 심리학 관련 다른 주제들을 연구하였다.

Amanda M. VanDerHeyden 박사는 여러 학교에서 근무한 상담사이자 연구자, 교사 연수전문가이고, Alabama의 Fairhope에 있는 Education Research and Consulting 회장이다. NCLD에 있는 RTI 실행 네트워크(RTI Action Network)의 자문위원회에서 활동하고 있고, NCLD의 교육 프로그램 위원회(Education Programs Committee)의 구성원이자 미국 교육부 교육과학연구소의 패널리스트이기도 하다. 미국심리학회(American Psychological Association, APA)의 16분과(학교 심리학)에서 Lightner Witmer Early Career Contributions Award를 수상하였다. 또한, School Psychology Review의 부편집장이고, RTI에 관한 다수의 논문 및 저서를 출판하였다.

Edward S. Shapiro 박사는 Lehigh University의 사범대학에서 학교 심리학 전공 교수이자 연구실천진흥센터(Center for Promoting Research to Practice)의 책임자로 활동하고 있다. APA 16분과에서 우수과학자상(Senior Scientist Award)을 수상하였고, 많은 책의 저자 및 공저자이며 교육과정 중심 평가 및 학업기술 문제의 비표준화 평가방법과 관련한 연구로 가장 잘 알려져 있다. 현재 펜실베이니아주 교육부와 협업하여 주의 RTI 수행을 개발하고 있다.

역자 소개

김동일 교수

  서울대학교 사범대학 교육학과 교육상담전공 교수 및 대학원 특수교육전공 주임교수, 서울대학교 대학생활문화원 원장, 장애학생지원센터 상담교수, 서울대 특수교육연구소 소장으로 재직하고 있다. 서울대학교 교육학과를 졸업, 교육부 국비유학생으로 도미하여 미네소타대학 교육심리학과에서 석사, 박사학위를 취득하였다.

  Developmental Studies Center, Research Associate, 한국청소년상담원 상담교수, 경인교육대학교 교육학과 교수, 한국학습장애학회 회장, 서울대 사범대 기획실장, 국가 청소년보호위원회 위원, (사)한국교육심리학회 회장 등을 역임하였다. 국가수준의 인터넷중독 척도와 개입연구를 진행하여 정보화역기능예방사업에 대한 공로로 행정안전부 장관표창 및 연구논문/저서의 우수성으로 한국상담학회 학술상(2014-2/2016)과 학지사 저술상(2012)을 수상하였다.

  현재, BK21FOUR 혁신과 공존의 교육연구사업단 단장, SSK중형단계 교육사각지대학습자 연구사업단 단장, 한국아동청소년상담학회 회장, 한국특수교육학회 부회장, 여성가족부 학교밖청소년지원위원회(2기) 위원, 국무총리실 사행산업통합감독위원회(중독분과) 민간위원 등으로 봉직하고 있다.

  <지능이란 무엇인가>, <학습장애아동의 이해와 교육>, <청소년상담학개론>을 비롯하여 50여 권의 (공)저·역서가 있으며, 300여 편의 등재 전문학술논문(SSCI/KCI)과 30여 개 표준화 심리검사를 발표하였다.

한국아동청소년상담학회 교육사각지대연구총서 1

중재반응(RTI) 기반 학습장애 진단 평가

초판발행	2021년 3월 15일
지은이	Joseph F. Kovaleski · Amanda M. VanDerHeyden · Edward S. Shapiro
옮긴이	김동일
펴낸이	노 현
편 집	배근하
기획/마케팅	노 현
표지디자인	이미연
제 작	고철민 · 조영환
펴낸곳	㈜ 피와이메이트
	서울특별시 금천구 가산디지털2로 53 한라시그마밸리 210호(가산동)
	등록 2014. 2. 12. 제2018－000080호
전 화	02)733-6771
f a x	02)736-4818
e-mail	pys@pybook.co.kr
homepage	www.pybook.co.kr
ISBN	979-11-90151-36-8 93370

* 파본은 구입하신 곳에서 교환해 드립니다. 본서의 무단복제행위를 금합니다.
* 역자와 협의하여 인지첨부를 생략합니다.

정 가   20,000원

박영스토리는 박영사와 함께하는 브랜드입니다.